EREC

VON

HARTMANN VON AUE

HERAUSGEGEBEN

VON

ALBERT LEITZMANN

MAX NIEMEYER VERLAG / HALLE/SAALE

1939

Altdeutsche textbibliothek, begründet von H. Paul †,
herausgegeben von G. Baesecke
Nr. 39

Druck von C. Schulze & Co., GmbH., Gräfenhainichen

Dem andenken

MORIZ HAUPTS

(Erec 1839)

Vorwort.

In meinem aufsatz über die ambraser Erecüber-
lieferung (Beitr. 59, 143) hatte ich den versuch einer
neuen textrevision von Hartmanns erstlingsroman in
aussicht gestellt, wie sie sich aus meinen untersuchun-
gen in verbindung mit den sonstigen forschungen
über sprache und stil des dichters aus dem letzten
halben jahrhundert als notwendig ergab.   Nicht
ohne zagen lege ich das ergebnis dieser revision im
folgenden den fachgenossen vor, soweit sie bei den
heutigen strömungen unsrer wissenschaft für eine
reine erforschung dessen, was gewesen ist, und die
dafür unentbehrliche „andacht zum unbedeutenden"
überhaupt noch interesse haben.   Denn weit weniger
als anderswo ist es in diesem einzelfalle möglich, bei
dem traurigen zustande der überlieferung, wie ich
ihn in der oben genannten arbeit zu schildern und
psychologisch auszuwerten versucht habe, überall zu
sicheren oder auch nur einigermaßen befriedigenden
resultaten vorzudringen, und der fast ständige zwie-
spalt zwischen der konservativen rücksicht, die dem
einzigen, wenn auch späten quellenzeugen doch immer
noch gebührt, und dem fortschrittlichen auftrieb, den
die begründete erkenntnis von Hartmanns art und
kunst und das geschulte sprachgefühl für die mhd.
rede gewähren, kann zuweilen quälende formen an-
nehmen, ja sich zu dem so oft zitierten, völlig ent-
mutigenden zuruf verdichten, den die inschrift von
Dantes hölle dem beschauer entgegenhält.   Hier
hilft nur der trost des bewußtseins, nach augenblick

lich bestem wissen und können entschieden zu haben, und die aufforderung des Horaz:

„si quid novisti rectius istis,
candidus imperti: si non, his utere mecum."

Nach dem üblichen schema unsrer editionstechnik wird man nun eine ausführliche einleitung erwarten, die alle mit dem gedicht zusammenhängenden probleme historisch-kritisch behandelt. Ich glaubte von einer solchen aus verschiedenen gründen absehen zu können und zu sollen. Einmal nämlich lassen sich die Erecfragen nirgends reinlich von den untersuchungen abscheiden, die sich im allgemeinen mit Hartmann, seinem leben, dem verhältnis zu seinen quellen, seiner sprache, der entwicklung seines stils befassen. Weiterhin haben wir das glück, aus neuerer und neuster zeit zwei darstellungen zu besitzen, die allen dahingehenden anforderungen im vollsten maße gerecht werden: Ehrismanns behandlung Hartmanns in seiner Geschichte der deutschen literatur bis zum ausgang des mittelalters (2, 2, 1, 141) und Sparnaays ausgezeichnete monographie, die soeben ihren abschluß gefunden hat (Hartmann von Aue, studien zu einer biographie, Halle 1933—38) und die zugleich durch die ausführliche bibliographie (2, 107) eine neue zusammenstellung auf diesem gebiete überflüssig erscheinen läßt.

Der student, der durch den Erec sich den zugang zu Hartmann erobern will, sei an die bekannten tatsachen der literaturgeschichte kurz erinnert. Vom leben des ritterlichen dichters, der eine beachtliche gelehrte bildung im sinne seiner zeit genossen hatte, wissen wir so gut als nichts. Seine heimat war das alemannische sprachgebiet; er hat 1189 am kreuzzuge Friedrich Barbarossas teilgenommen, da er Saladins, der 1193 starb, als eines noch lebenden gedenkt; Gottfrieds Tristan preist ihn um 1210 als den bedeutendsten lebenden epiker, während Heinrich von dem Türlin in seiner krone um 1220 seinen tod beklagt. Seine literarische tätigkeit fällt in die jahre

1185—125. Sie begann mit einer reihe lyrischer schöpfungen, darunter frauenmonologe, kreuzlieder und die ergreifenden klagen um den tod seines geliebten herren. Für diese minnedichtungen wie überhaupt für seine ganze persönlichkeit charakteristisch ist sein selbstbekenntnis (Greg. 798): *ich engewan nie liep noch ungemach, ich enlebe übele noch wol.* Nach vollendung des büchleins, eines streitgedichts zwischen herz und leib über fragen der liebestheorie, fand er sein kongeniales arbeitsfeld in der epischen erzählung: zwei Artusromane, Erec und Iwein, rahmen die ritterliche legende von Gregorius und die fromme novelle vom armen Heinrich ein. Der Erec eröffnet für uns den mhd. Artusroman, der bald in den mittelpunkt des künstlerischen interesses der höfischen gesellschaft treten sollte. Er ist eine neugestaltung des stoffes, den Chrestien von Troyes, der vater des höfischen romans, um 1150 mit glänzender, strafferer technik in realistisch-französischem geiste behandelt hatte. Hartmanns verhältnis zu Chrestien ist freier als im späteren Iwein, in vielem durchaus selbständig. Daneben hat er noch zwei weitere quellen benutzt, die für uns durch das keltische prosamärchen (mabinogi) von Geraint und die altnordische prosasaga nur sehr unvollkommen vertreten werden, im wortlaut aber nicht erhalten sind. Die überlieferung unsres Erec ist leider schlecht. Ohne anfang und auch sonst nicht lückenlos ist er uns nur in der großen ambraser sammelhandschrift mhd. epen und novellen. dem sogenannten heldenbuch an der Etsch, erhalten, die in den ersten dezennien des 16. jahrhunderts im auftrage des kaisers Maximilian I. verfertigt wurde: sprachlich und stilistisch ist hier der text stark modernisiert, zumal der schreiber vieles nicht mehr verstehen konnte. Daneben haben wir aus älterer zeit nur ein nicht sehr umfängliches bruchstück, das in Wolfenbüttel gefunden wurde: auch dieses ist nicht fehlerfrei und hat schon eine metrische umgestaltung durchgemacht, tritt aber glücklicherweise ergänzend in die größte lücke des ambraser codex ein. Eine weitere ältere handschrift, über deren vorhandensein wir eine notiz haben, war schon vor hundert jahren verschollen und ist es, wie ich feststellen konnte, noch heute.

Aber ich will nicht unterlassen, mehr aphoristisch hier ein paar einzelne punkte zu besprechen, die mir am herzen liegen oder deren bisherige behandlung nicht unwidersprochen bleiben darf.

1. Ich wiederhole, was ich schon vor ein paar jahren ausgesprochen habe (Beitr. 59, 166), daß mir durch Sievers' letzte abhandlung in der festgabe für Strauch, deren erscheinen er nicht mehr erleben sollte, vier für die persönlichkeit des Erecdichters wichtige erkenntnisse endgültig und unwiderruflich festgestellt zu sein scheinen: 1. seine abstammung aus der Schweiz; 2. die schon von Saran wahrscheinlich gemachte unechtheit der schlußpartie des büchleins; 3. die unechtheit der witwenklage; 4. das definitive ende des „monsieur Saladin". „Damit entfällt die an sich schon so unwahrscheinliche nachahmung Reinmars und wir gewinnen den kreuzzug Barbarossas als sicheres datum für des dichters leben; alle sonstigen chronologischen kombinationen fallen haltlos in sich zusammen" (ebenda s. 168). Es ist sehr bedauerlich, daß sich Sparnaay, abgesehen von der ersten, die nicht neu war, diesen erkenntnissen verschlossen hat, ohne auch nur den versuch einer widerlegung zu unternehmen. Was die kreuzzugsfrage und den bereits durch Naumann wieder aus der versenkung hervorgeholten „monsieur Saladin" betrifft, dem schon 1815 die brüder Grimm ohne aufhebens den garaus gemacht hatten, darf ich wohl auf meine frühere erörterung (ebenda s. 165) verweisen. Pauls und Sarans ältere beweisführung liegt lange vor entdeckung und verwertung der schallanalytischen methode, die nur die letzte bestätigung gegeben hat, und wenn Sparnaay in seiner unglücklichen polemik (Germ.-rom. mon. 22, 477), sich auf die von Sievers

selbst als problematisch bezeichnete berechnung des querindex versteifend, verlangt, man solle den sachbefund dem klangbefund vorziehen, so war das ja gerade in der kreuzzugsfrage geschehen, die für Sievers, wie ich aus persönlichen gesprächen weiß, lange jahre vor der entdeckung des querindex im sinne Pauls entschieden war. Auch die künstlichen konstruktions- und interpretationsversuche Vogts konnten daran nichts ändern. — Die schilderung des bergwassers bei der burg Brandigan (Erec 7874) mutet echt schweizerisch an: ich wundere mich, daß hier, soviel ich sehe, noch niemand einen reflex alpiner szenerie erkannt hat. — Die vielbehandelte, auch mit dem kreuzzug verquickte frage nach dem zobel aus Connelant (2003) löst sich, wie ich glaube, in der richtung, die Fourquet (Zs. fda. 71, 268) gewiesen hat, als eins der häufigen mißverständnisse französischer worte bei unsern mhd. dichtern (vgl. Bartsch, Germ. 7, 183; Germ. stud. 2, 114), nicht als „naturphilosophischer unsinn" (Sparnaay 1, 7; man sehe nach, was Rosenhagen an der hier zitierten stelle wirklich sagt).

2. Die behandlung der quellenfrage des Erec, des verhältnisses der deutschen dichtung zu dem Erecroman des Chrestien von Troyes, die analyse der abweichungen von diesem und ihres ursprungs bei Sparnaay (1, 63) finde ich bis in nahezu alle einzelpunkte hinein klar und scharfsinnig, ohne wilde vorurteile, wie sie in der Artusromanliteratur so oft heftig in geistiger tjost aufeinander geprallt sind, und von wohltuender, überzeugender ruhe und nüchternheit, aller kombination ins blaue hinein abhold. Gar mancher leistung auf diesem vielbeackerten gebiete könnte man Grillparzers altersverse zum motto setzen (Sämtliche werke 3, 230 Sauer):

„Einfälle sind keine gedanken:
der gedanke kennt die schranken,
der einfall setzt sich drüber weg
und kommt in der ausführung nicht vom fleck."

— Eigenartig ist die von Sparnaay (1, 85) herausgehobene stelle: Chrestien erzählt (3126), der knappe, der Erec und Enite begegnet und sie bewirtet, sollte kuchen, wein und fettkäse eigentlich den heumähern des grafen Galoain bringen; Hartmann erklärt demgegenüber (3497), für wen schinken, brod und wein bestimmt war, sei ihm nicht gesagt worden. Sparnaay denkt an eine sprachunkenntnis unseres dichters: sollte etwa ein witz vorliegen (vgl. auch 6127)? Oder hatte er diesen kleinen zug aus dem gedächtnis verloren? Hatte er überhaupt den französischen text bei der arbeit immer vor augen? Ich möchte das für sehr unwahrscheinlich halten. — Man beachte auch, wie die an sich bedeutungslosen zahlenangaben in vielen fällen bei beiden dichtern übereinstimmen (Hartmann 1093 = Chrestien 1034, 1135 = 339, 1917 = 1942, 2078 = 1987, 2085 = 1988, 2194. 2215 = 2125, 2873 = 2297, 2895 = 2343, 3298 = 2927, 3442 = 3085, 4461 = 3818, 7236. 7260 = 5220).

3. Eine historische ableitung von Hartmanns stil im Erec, dessen weiterentwicklung über die späteren werke bis zum Iwein wir übersehen und einigermaßen beurteilen können, ist noch ein ungelöstes problem und dürfte es wahrscheinlich für alle zeiten bleiben. Wer waren seine dichterischen vorbilder? Denn aus dem nichts hat er seinen stil nicht erschaffen und ein genie war er auch nicht. Aber wir können nur von dem wenigen wissen und das verwerten, was der zufall uns bis heute erhalten hat, und das genügt nicht. Hilfshypothesen wie die beliebte einer vorhartmannischen rheinischen Artusdichtung sind unbeweisbar und lassen bei jeder einzelfrage im stich, wo wir keine denkmäler als zeugen haben. Wir sehen den dichter im Erec mit der erzählungstechnik ringen, die, von den stark ungelenken anfängen fortschreitend, immer flüssiger und geschmeidiger wird: man beachte zum beispiel das verhältnis von parataxe und hypotaxe im verlauf des gedichts. Aber bei

allen stilistischen einzelerscheinungen fehlt uns eine
sichere anknüpfung nach rückwärts. So wissen
wir nicht, ob das stilmittel der kurzen wechsel-
rede, der stichomythie, wirklich, wie Wilhelm Grimm
(Klein. schriften 3, 245) erwogen hat, auf französi-
sche vorbilder zurückgeht und wer der vorgänger
Hartmanns dafür war (vgl. noch Lichtensteins Eil-
hart s. CLXXI).

Man hat Veldeke und Eilhart als maßgebende vor-
bilder der hartmannischen erzählungskunst ansehen
wollen und tut das teilweise noch heute: darüber muß
noch einiges gesagt werden. Veldekes und Hartmanns
epische kunst ist vor über einem halben jahrhundert
von Roetteken in seinem bekannten buche (Halle 1887)
in nebeneinander ordnender methode behandelt wor-
den: es ergaben sich wesentlichere unterschiede als
übereinstimmungen. Man halte etwa Veldekes derb-
heiten gegen Hartmanns höfische gemessenheit oder man
vergleiche das paradestück des vermeintlichen starken
einflusses, die zeltschilderung (Behaghels Veldeke
s. CCXIII): der einfluß zerfließt, meine ich, unter
den händen. Ich muß das um so schärfer betonen,
als ganz kürzlich erst Richter (Zs. fda. 75, 37) behauptet
hat, durch diese negative sei „der wissenschaftliche
ertrag der Hartmannforschung des letzten menschen-
alters ernstlich bedroht" und diesen „literarischen
erbgang" zu bezweifeln heiße „an die grundfesten
rühren". „Hartmann kann ein wort wie *widermüete*
aus Veldeke übernommen haben" (Richter, Der
Lanz. des Ulr. von Zaz. s. 164): und aus welchem
Artusroman hat es der verfasser des himelrîche (213,
Zs. fda. 8, 151) übernommen? *sigescelic*, das Veldeke,
Hartmann und Ulrich eng verkoppeln soll (Richter
s. 165), finden wir auch Rol. 699, kais. 120, Trist.
16176. 16212; *vridelîchen*, das Veldeke und Erec ge-
meinsam haben (ebenda), findet sich im 12. jahr-
hundert massenhaft (gen. 62, 43. 63, 21. 74, 11. 77, 27;
Maria 192, 14. 3792; Alex. 3775. 6505. Jud. 144, 1.

163, 4. 164, 20. 180, 28). Ich will natürlich nicht leugnen, daß Hartmann Veldekes werk gekannt hat: aber von einem stilistischen erbgang kann nicht die rede sein.

Und wie steht es mit Eilharts einfluß auf Hartmanns diktion? Schröder hat schon vor 30 jahren (Zs. fda. 51, 107) mit unumstößlichen argumenten behauptet, daß Hartmann Eilharts Tristrant nicht gekannt hat, und auch Sparnaay (2, 91) kommt heute zu dem gleichen ergebnis. Daß das unbezweifelt richtig ist, muß betont werden, weil Richter in seinem Lanzelet-buche auch hier neue verbindungsfäden mit hilfe von Ulrich zu schlingen versucht hat, aber selbst der *rieme von Îberne*, sein hauptargument (s. 119. 183), ist dazu nicht haltbar genug. Hat er auch zufällig keine vorgänger in der literatur, so kann doch nach den belegen von Schultz (Das höf. leben² 1, 275) keinem zweifel unterliegen, daß ledergürtel aus Irland, London und der Bretagne berühmt waren: das lehrten auch schon Haupts anmerkungen zu Erec 1558 und zu Neidh. 125, 2. Die stelle aus Wirnt 10557, zudem ohne den verräterischen reim auf *gerne*, die Richter erst an der zweiten oben zitierten stelle an-führt, beweist also nichts weniger, als daß „dieses curiosum die dichter anzog" (s. 183). — Auch einige andre von den scheinbelegen will ich noch aus der von Richter ihnen auferlegten lexikalischen isoliertheit erlösen:

> *strîchen lân* (s. 129): Herb. 8810 (*dar*); Alex. 2723 (*dar zuo*); Eracl. 5091 (*dar*); Parz. 679, 25; Willeh. 87, 24. 324, 20; Strickers Karl 5490 (*dar*); 9710 (*zesamene*). 9916 (*dar über*); Dietr. flucht 8997 (*dar*); 9586 (*dar*); Rab. 666, 3 (*dar*). 675, 3 (*dar*). 760, 1 (*dar*). 787, 5 (*dar*). 855, 3 (*dar*). 994, 5 (*dar*); vgl. auch noch Wiessner zu Neidh. 25, 16.

> feuer aus helmen . . . „die tatsache, daß der Iwein nichts dergleichen mehr hat" (s. 132): *gesluoc er viur ûz helme ie* Iw. 3353.

nône (s. 135): im Erec 4461 stammt dieser ausdruck
aus Chrestien 3818, beweist also für Richters
zwecke gar nichts.

unbetrogen (s. 136): wenn Ulrich und Eilhart
schreiben *schœner (sîner) sinne unbetrogen* und
Hartmann *sîniu wort unbetrogen*, so ist das doch
nicht auf eine linie zu stellen.

pulver (s. 137): wenn Enite 3817 sich lieber lebend
zu pulver verbrannt sähe als treulos, so soll das
„eine deutliche reminiszenz aus der Eneide" sein,
wo die asche der verbrannten Dido in eine urne
gelegt wird! Dabei ist die wendung *ze pulver ver-
brennen* ungemein häufig: Diemer 304, 27; kais.
8164; Wig. 7452; Willeh. 109, 27; Pant. 1977;
Konr. Troj. 9897. 11301. 11332. 19031. 38613.
38708; vgl. schon Denkm. 17, ⁚8.

übel hût (ebenda): Gesamtab. 3, 397. 431. (übrigens
steht das wort nur an der ersten der s. 138 zi-
tierten Eracliusstellen, an der zweiten vielmehr
bœsiu hût (2621. 4219).

dem muote volziehen. „Hier handelt es sich um eine
bestimmte redewendung ... diese wendung finden
wir nicht bei Wolfram oder Gottfried" (s. 194):
und Trist. 4520? Vgl. ferner kindh. Jesu 1598;
Wig. 9546.

Die letzten drei beispiele gingen schon wieder
Veldeke und Ulrich, nicht mehr Eilhart und Hart-
mann an: ich habe Richters reihenfolge beibehalten,
der schließlich (s. 161) sogar „nähere persönliche
beziehungen" zwischen Hartmann und Ulrich an-
nehmen zu müssen glaubt, da ihre literarische be-
rührung offenbar über „das übliche maß von abhängig-
keiten" hinausgehe. Mir scheint es mindestens kühn,
auf den grund mangelhafter lexikalischer befunde so
weittragende schlußfolgerungen aufzubauen. Daß
ich übrigens ebenso wie Richter den Erec für älter
als den Lanzelet halte und stets gehalten habe, möchte
ich zum schluß dieser kurzen individuellen übersicht
über einige Erecfragen aussprechen.

Bei der korrektur des textes haben mich meine freunde Georg Baesecke und Carl Wesle in wirklich aufopfernder weise unterstützt, wofür ich ihnen den herzlichsten dank sage.

Jena, 15. februar 1939,
am tage meines goldenen
doktorjubiläums.

Albert Leitzmann.

Zur kritik des textes.

Im folgenden gebe ich ein verzeichnis der abweichungen meines textes von Haupts zweiter ausgabe (Berlin 1871): meine lesungen stehen vor, die Haupts hinter dem gleichheitszeichen. *A* bedeutet die ambraser handschrift, *W* das wolfenbütteler bruchstück. Abweichungen in der gestaltung der wortformen (wie beispielsweise *beide bêde, dehein kein, gân gên, stân stên, hân habe, hâte hæte hete, kam kom, ne*-anknüpfung, *ors ros, ouwê ôwî, schrê schrei*, synkope und apokope usw.) und in der orthographie sind nicht berücksichtigt, abweichungen in der interpunktion nur dann, wenn ein starkes interpunktionszeichen versetzt, also die innere gliederung des ganzen satzgefüges eine wesentlich andre geworden ist Bechs text zitiere ich nach der dritten auflage (Leipzig 1893).

21 enwolde (*Bech*) = wolde   23 begunde *A* = gunde 27 daz *A* = dez   30 getwerc *A* = twerc   47 ez (*Paul Beitr.* 3, 192) = si *A*   63 begunde *A* = gunde   67 enwære dehein (*Bech*) = wær niht ein   73 *komma = kolon*   74 unz = und als *A*   75 getwerc *A* = twerc   76 muget ir wêniger *A* = er sprach: nû (*A*) mugt ir   79 zuht (*Pfeiffer Germ.* 4, 194) = iuwer zuht *A*   88 ensît (*Bech*) = sît   96 daz getwerc imz niht (*Bech*) = daz imz daz twerc   98 die (*Bech Germ.* 7, 430) = der *A*   112 under (*Müller Germ.* 7, 129) = undern   113 enmac (*Bech*) = mac *A*   121 muoste *A* (*Paul Beitr.* 3, 193) = muoz   125 *komma = punkt* 126 und *A* (*Beitr.* 59, 179) = ich   141 sô *A* = als   157. 58 *in klammern = ohne klammer*   164 enwas = was   168 dicke sich = sich dicke *A*   171 ûzer = ûz *A*   174 engegen = gegen *A*   176 des = der *A*   behielte 201 (*Müller Germ.* 7, 129) = behielt *A*   203 næme (*Müller ebenda*) = nam

214 vorhtsam = vorhtesam *A*   219 geschiht *A* = ane-
schiht   239 enhete (*Bech*) = het *A*   242 enhete = het *A*
261 enwânde = wânde niht *A*   266 *komma,* 267 *punkt*
(*Bech*) = 266 *kolon,* 267 *komma*   267 ich *A* = iz   288 ge-
bærde *A* = bærde   307 Erec *A* = *fehlt*   316 rief (*Beitr.*
59, 225) = ruofte *A*   320 så (*Bech*) = sô *A*   334 enge-
bræste = gebræste *A*   356 hie ûf *A* = hien   358 mar-
schalc (*Pfeiffer Germ.* 4, 195) = marstallære *A*   359 schine
A (*Beitr.* 59, 179) = schein   363 *punkt* (*Paul Beitr.* 3, 193)
= 362 *punkt*   372 *komma* (*Paul ebenda*) = *semikolon*
380 diu (*Bech*) = die *A*   385 lilachen (*Haupt*) = lîlach *A*
390 die (*Pfeiffer Germ.* 4, 195) = *fehlt A*   392 entruoc
= truoc *A*   399 durch armuot niht enlie (*vgl. Pfeiffer
ebenda*) = niht durch sîn armuot lie *A*   411 enwas = was
A   419 swie (*Paul Beitr.* 3, 193) = swâ *A*   433 enwolden
= wolden *A*   439 geburt *A* = burt   475 ûf (*Wackernagel
Zs. fda.* 3, 266) = *fehlt A*   500 deheiner (*Wackernagel
ebenda*) = etlîcher   502 enwürde = wurde *A*   503 rosse
(*Bech Germ.* 7, 431) = mîm (*A*) orse   516 endurfet (*Bech*)
= durfet *A*   517 enhât = hât *A*   528 weinens (*Bech*)
= wan *A*   gemant (*Beitr.* 59, 205) = ermant *A*   552 ê
= *fehlt A*   571 engibe (*Bech*) = gibe   578 enschadet
(*Bech*) = schadet *A*   584 ensûmet (*Bech*) = sûmet *A*
589 er sprach *A* = *fehlt*   597 ich enbehielte nâch = behielt
ez nâch dem *A*   600 *klammer* (*Baesecke*) = 599 *klammer*
601 *punkt* (*Baesecke*) = 600 *punkt*   610 unze = unz *A*
626 der herzoge *A* = duc   642 ensol = sol *A*   652 mîn
A = ein   670 alsô (*Bech*) = als   676 alle (*Zwierzina Zs.
fda.* 45, 352) = al- *A*   693 ensol = sol *A*   704 enmac
(*Bech*) = mac *A*   705 es enwellen iu die liute *A* (*Bech
Germ.* 7, 431) = sin welle diemüete   *punkt* (*Paul Beitr.*
3, 193) = 704 *punkt*   708 er sprach *A* = *fehlt*   713 *punkt*
= 712 *punkt*   715 enerbarmet = erbarmet *A*   727 enwil
Bech = wil *A*   747 lanc und *A* = *fehlt*   748 und *A*
= *fehlt*   751 gelücke (*A*) sîn helfe im (*vgl. Bech*) = und
sîner helfe   779 diu (*Bech*) = dô *A*   sît (*Bech*) = si
garwe = gar *A*   783 harte = gar *A*   796 harte = vil *A*
799 zam (*Beitr.* 59, 209) = gezam *A*   801 gegen (*Bech*;
Beitr. 59, 203) = engegen der *A*   832 hiez (*Gierach Zs. fda*

54, 279) = liez *A*   838 gebat = bat *A*   850 als (*Beitr*. 59, 203) = als diu *A*   874 sîn *A* = *fehlt*   878 enwoldez = wolt ez *A*   887 enmohten (*Bech*) = mohten *A*   888 gebot = bot   888. 89 gelegen: geregen *A* (*Beitr*. 59, 180) = gewegen: erwegen   893 enmohten = mohten *A*   895 garwe = gar *A*   896 schade *A* = schaden   903 enzimt (*Beitr*. 59, 209) = gezimt   904 engânt = gênt *A*   950 geiselstreich *A* (*Beitr*. 59, 181) = geiselslac   954 des (*Bech*) = dô 963 lîbe *A* (*Bech Germ*. 7, 434) = leben

1013 enhetet = hetet *A*   1029 ir ir *A* (*Beitr*. 59, 181) = ir   1038 enwürde (*Bech*) = wurde *A*   1048 jâ *A* (*Beitr*.59, 176) = dâ   1051 ensoldez = soltz *A*   1052 nim (*Naumann Zs. fdph*. 47, 362) = wil (*A*) von   gæbe *A* (*Bech Germ*. 7, 434) = *fehlt*   1054 immer *A* = ie   1056 enhâte = hâte *A*   1075 rehte *A* (*Beitr*. 59, 181) = sîn reht 1081 enrîtet = rîtent *A*   1112 si . . . wâren *A* = er . . . was 1115 im *A* = ir   1133 engereche (*A*) = reche   1140 enmohte (*Bech*) = mohte *A*   1159 zuo *A* = *fehlt*   1170 gesîn (*Baesecke*) = sîn *A*   1181 ûzer = ûz *A*   1193 selben *A* = *fehlt*   1195 wol *A* (*Beitr*. 59, 181) = *fehlt*   1237 ergeben *A* = geben   1248 gevalte mich (*Müller Germ*. 7, 131) = gewielt mir   1254 endurfet (*Bech*) = durft *A*   1259 muoz er (*Paul Beitr*. 3, 193) = ern müeze   1261 herzenlîche = herzelîchen *A*   1266 im = daz im *A*   1293 begunden *A* = gunden   1300 dô (*Beitr*. 59, 203) = dô diu *A*   1305 alle (*Zwierzina Zs. fda*. 45, 352) = al- *A*   1306. 7 enwære (*Bech*) = wære *A*   1316 der herzoge *A* = duc   1322 enredete = gerette *A*   1327 wol *A* = *fehlt*   1332 süezen *A* = *fehlt*   1334 der herzoge *A* = duc   1339 begunde *A* = gunde   1351 enwirt (*Bech*) = wirt *A*   1361 enzerinnet = zerinnet *A*   1365 enwellet = wellet *A*   1374 vrouwen (*Beitr*. 59, 203) = die frowen *A*   1379 wol (*Beitr*.59, 182) = *fehlt*   1386 ein man *A* (*Paul Beitr*. 3, 193) = Îmâin   1391 selben (*Baesecke*) = *fehlt A*   1396 enmöhtez = möht ez *A*   1402 enwolde (*Bech*) = wolde *A* 1405 vrouwen (*Beitr*. 59, 203) = die frowen *A*   1415 ir *A* (*Beitr*. 59, 182) = im   1428 reit (*Schönbach, Über Hartm. von Aue s*. 324) = breit *A*   1429 (*Schönbach ebenda*) = *fehlt A*   1435 wol (*Pfeiffer Germ*. 4, 200) = vil *A*

1441 doch *A = fehlt*   1446 sol des langiu (*Pfeiffer ebenda*) = solte (*A*) dez lange   1453 die *A = fehlt*   1455 enwart = wart *A*   1456 vrouwe (*Beitr.* 59, 203) = diu frouwe *A*   1460 von *A =* dan von   1481 enwolde (*Bech*) = wolde *A*   1482 stete = stat *A*   1516 schein in *A* = in   1529 vrouwen (*Beitr.* 59, 203) = die frowen *A*   1542 daz *A* = dez   1553 man *A* = ez   1556 wart (*Beitr.* 59, 203) = wart der *A*   1569 behangen *A* = langen   1577 borte (*A*) bezzer = niht (*A*) bezzer   1579 vrouwe (*Beitr.* 59, 203) = diu frouwe *A*   1582 vrevenlîchen *A* (*Beitr.* 59, 182) = friunt-lîchen   1585 in ir *A* (*ebenda*) = zir   1592 enbin = bin *A*   1595 manec = sô manec *A*   1597 enmöhte = möhte *A*   1607 ez was *A = fehlt*   vrouwe (*Beitr.* 59, 203) = diu frouwe *A*   1627 ie (*Bech Germ.* 7, 434) = *fehlt A*   1666 -doin- *A =* -dom-   1669 cont *A =* cont von   1675 *fehlt A*   1679 Mali- *A =* Marli-   1695 tugent-haften (*Bech*) = tugenthafte *A*   1721 enist = ist *A*   1731 *ausrufungszeichen* (*Paul Beitr.* 3, 194) = 1730 *aus-rufungszeichen*   1741 enwas (*Bech*) = was *A*   1742 begunde *A* = gunde   1746 vrouwen (*Beitr.* 59, 203) = die frouwen *A*   1763 enwart (*Bech*) = wart *A*   1773 schœners niht enkæme = niht schœners kæme *A*   1782 swachete (*Beitr.* 59, 209) = verswachte *A*   1783 begarwe (*Zwierzina Zs. fda.* 45, 352) = albegarwe *A*   1791 gesageten im = im gesageten *A*   1803 enwiderstrît = wider strît *A*   1805 vrœlîchen = ze vrœlîchen *A*   1810 sînem *A* (*Paul Beitr.* 3, 194) = sînen   1811 *in klammern und komma* (*Paul ebenda*) = *ohne klammern und punkt*   1820 sînem *A* (*Paul ebenda*) = sînen   1832 swes (*Wesle*) = swaz *A*   1842 vrouwe (*Beitr.* 59, 203) = diu frouwe *A*   1845 Êreckes (*Pfeiffer Germ.* 4, 203) = Êrecke sîn *A*   1859 rîchsete (*Beitr.* 59, 224) = rîchsent *A*   1864 geschihte = geschihten *A*   1869 enhete = hete *A*   1872 gedanc *A* = danc   1878 dar nâch *A* (*Kraus Zs. fda.* 44, 173) = danne und   *in klammern = ohne klammern*   1879 danne (*Kraus ebenda*) = alsô *A*   1882 diutet (*Beitr.* 59, 208) = bediutet *A*   1884 vor dem dâ (*A*) von (*Paul Beitr.* 3, 194) = under diu   1885 untiurre (*Bech*) = minre   engerten = gerten *A*   1889 enwolde (*Bech*) = wolde *A*   1907 grâve (*A*) ·· cuns von D. *A* ·· D.

1908—11 *in klammern* = *ohne klammern* 1914 die herren *A* = der 1916 grâve (*A*) = *fehlt* 1918 grâve *A* = *fehlt* 1926 enwart (*Bech*) = wart *A* 1929. 31 *in klammern* = *ohne klammern* 1932 sælde *A* = sælde diu 1936 der herzoge *A* = duc 1938 sô *A* = *fehlt* 1957 enmitten = mitten *A* 1961 *Haupt* = *fehlt A* 1962 garwe = gar *A* 1963 enkunden = kunden *A* niht (*A*) wan = rehte 1969 gesellen *A* = selln 1976 Goas- *A* (*Beitr.* 59, 182) = Goaf- 1985 den besten brûnât den (*Bech; vgl. Beitr.* 59, 216) = daz beste scharlach daz 1990 enmohte *A* (*Beitr.* 59, 205) = mohte 1998 volprîsen (*Beitr.* 59, 231) = wol prîsen *A*.

2002 envant (*Bech*) = vant *A* 2015 ez *A* (*Beitr.* 59, 182) = *fehlt* 2017 von *A* (*ebenda*) = *fehlt* harte = vil 2027 liehtem = *fehlt* 2037 bach (*Bech*) = bäche *A* 2053 gerwe (*vgl. Beitr.* 59, 182) = gar 2055 *Haupt* = *fehlt A* 2065 engegen = gegen *A* 2070 ez wurden *A* = nû sint 2090 enwurden (*Bech*) = wurden *A* 2094 saget . . . wâre = sagent (*A*) . . . wâriu 2100 getwerc enwære noch ensî (*Bech*) = twerc (*A*) wære noch sî 2105 envant = vant *A* 2106 sînen (*Müller Germ.* 7, 132) = vil sîner *A* 2110 getwerge *A* = der (*A*) twerge 2128 enerschein = erschein *A* 2137 diu kraft (*Pfeiffer Germ.* 4, 205) = überkraft *A* 2142 bûhurt (*Pfeiffer ebenda*) = dâ (*A*) buhurt 2167 diu = der *A* 2168 entete = tet *A* 2169 gelimph = gwîs 2182 des *A* = dêz 2195 brûte Êrec (*Pfeiffer Germ.* 4, 206) = lange (*A*) brûte 2198 dan (*Bech*) = von dan 2214 lancte (*A*) = lengert 2216 Êrecke ze liebe *A* = ze liebe Êrecke 2221 enwart = wart *A* 2222 jâhen (*Beitr.* 59, 221) = sprâchen *A* 2244 viere = vier *A* 2247. 2262 enwas = was *A* 2267 daz meinte (*Paul Beitr.* 3, 194) = ich meine 2270 gesprach = sprach *A* 2281 enwas (*Bech*) = was niht *A* 2290 im (*Bech*) = *fehlt A* 2292 des (*Pfeiffer Germ.* 4, 206) = der *A* *in klammern* = *ohne klammern* 2296 sinopel = zinober *A* 2301 enkunde = kunde *A* 2302 innen (*Ehrismann Beitr.* 24, 384) = niender 2307 diu (*Pfeiffer Germ.* 4, 206) = daz diu *A* enmohte = mohte *A* 2308 *kolon* (*Paul Beitr.* 3, 194) 2309 *kolon* 2310 diu *A* ·· daz 2311 si beviengen *A*

= ez bevienc 2312 diu = die 2317 enwas = was *A* 2318 innen alle = alle innen *A* 2336 sîn = sînen *A* 2346 envant = vant *A* 2354 *punkt* = 2355 *punkt* 2356 turneies (*Beitr.* 59, 183) = turnierens 2358 als *A* = und als 2359 von (*Beitr.* 59, 203) = von der *A* 2375 die *A* = *fehlt* 2383 enwolde = wolt *A* 2388 endûhte (*Bech*) = dûhte sô (*Pfeiffer Germ.* 4, 206) = *fehlt A* 2389 an (*Pfeiffer ebenda*) = an sîner *A* 2397 enmohte = mohte *A* 2403 enspræche = spræche *A* 2418 êrsten *A* (*Beitr.* 59, 183) = *fehlt* 2432 ritterschefte = ritterschaft *A* 2435 vünfstunt *A* (*Beitr.* 59, 183) = schûfte und 2441 ieman *A* = man wære ze velde = ze velde wære *A* 2447 abe = von *A* 2448 dô = dâ A 2449 alle *A* = al 2458 vol (*Beitr.* 59, 231) = wol *A* 2467 endorfte (*Bech*) = dorfte *A* ruowen (*Bech Germ.* 7, 442) = niht ruowen *A* 2468 unde (*Pfeiffer Germ.* 4, 207) = und nû *A* 2470 alle *A* = al 2471 ie (*Pfeiffer ebenda*) = *fehlt* 2472 dan = von dan *A* 2476 im *A* (*Jänicke Zs. fdph.* 5, 114) = imz 2483 enmöhte (*Bech*) = möht *A* baz = niht baz *A* 2484. 85 *A* = *umgestellt* 2484 wart grœzlîche *A* = grœzlîchen wart 2486 dâ von er (*Paul Beitr.* 3, 194) = wan er den *A* 2493 cnwart (*Bech*) = wart *A* 2503 diuhte *A* = dunket 2506 gesellelôs *A* = sellelôs 2508 iegelîcher *A* = iegelîch 2516 vrouwe (*Beitr.* 59, 203) = diu frouwe *A* 2522 erkant (*Bech*) = bekant 2535 des *A* = der 2539 wider *A* = *fehlt* 2544 tranc = getranc *A* 2568 krône (*W. Grimm Zs. fda.* 3, 267) = sîn krône *A* 2575 vrum (*Beitr.* 59, 172) = frumer *A* 2577 sûmte tjostierens *A* (*ebenda*) = ensamt tjostierten 2581 sînem *A* = -me 2586 enzwischen = zwischen *A* 2587 sîn *A* = *fehlt* 2591 sô (*vgl. Beitr.* 59, 184) = *fehlt* 2599 entete ꞊ tet *A* 2609 enmohte (*Bech*) = waz möhte 2610 der schal *A* = dem schalle 2611 niwan ꞊ wan *A* 2615 den = an dem *A* 2616 maneges *A* = manec 2632 unz (*Wesle*) = und *A* 2635 soldier (*Bech Germ.* 7, 443) = soldiers *A* 2643 sîne (*Bech ebenda*) = sînen *A* 2654 enwart = wart *A* 2657 enwære (*Bech*) = wære *A* 2665 die (*Bech ebenda*) = *fehlt A* 2679. 80 *in klammern* (*Bech*) = 2680 *in klammern* 2679 diust aller dinge = diu

aller dinge ist *A* 2690 enwære = wære *A* 2705 harte
= vil *A* 2706 geselleschaft *A* = selleschaft 2707 en-
wære = wære *A* 2731 enschein = erschein *A* 2739 tu-
gende = tugent *A* 2747 harte = vil *A* 2751 guot und
êre *A* = dâ (*A*) êre 2758 *in klammern = ohne klammern*
2760 enkæme (*Bech*) = kœme *A* 2762 gesîn = sîn *A*
2764. 65 ir vîende wâren getân in hâmît = wâren in getân
ir vînde *A* 2770 jach (*Beitr.* 59, 221) = sprach *A* 2774 vil
(*Bech*) = *fehlt A* 2776 engegen = gegen *A* 2783 von
= von sînem *A* 2790 enwolde (*Bech*) = wolde *A* 2791 er
bat im ez (*Bech*) = bat ûf 2803 drîer *A* = drir 2816 sîn
wîsheit (*Gierach Zs. fda.* 51, 313) = sînen wîstuom *A* 2817 sîn
(*Beitr.* 59, 153) = an *A* Absolône *A* (*Beitr.* 59, 184)
= Absalône 2838 gestân = stân *A* 2858 vrouwe (*Beitr.*
59, 203) = diu frouwe *A* 2863 rîten (*Gierach Zs. fda.*
55, 529) = ze rîten *A* 2895 der (*Zingerle ebenda* 27, 139)
= daz *A* 2896 engegen = gegen *A* 2899 harte (*Müller
Germ.* 7, 133) = und (*A*) harte 2909 swederer = sweder
sîner *A* 2914 schœne *A* = sun 2941 unmüezeclîche
(*Beitr.* 59, 228) = müezeclîche *A* 2952 enkam (*Bech*)
= kam *A* 2960 alle (*Zwierzina Zs. fda.* 45, 352) = al- *A*
2974 des (*Bech*) begunde *A* = dô (*A*) began 2977 vor
der *A* (*Beitr.* 59, 173) = vordes 2980 enhâte (*Bech*)
= hete *A* 2982 enmüeste (*Bech*) = müeste *A* 2991 en-
dorfte = dorfte *A* 2993 des *A* (*Beitr.* 59, 184) = daz
2997 ie wart (*Pfeiffer Germ.* 4, 213) = wart ie.

3003 = *in klammern* 3004 gedâhte *A* = dâhte ma-
negen (*Müller Germ.* 7, 137) = an manegen *A* 3007 ge-
ruochte *A* = ruochte 3010 harte = vil *A* 3011 en-
getorste = getorste *A* 3015 gelac (*Haupt*) = lac *A*
3017 ir (*Paul Beitr.* 3, 195) = *fehlt A* 3029 si sprach *A*
= *fehlt* 3039 Êrec *A* = er 3052 der (*Bech*) = der
rede *A* 3060 vrouwen (*Beitr.* 59, 203) = der frowen *A*
3061 jach (*Beitr.* 59, 221) = sprach *A* 3063 begunden *A*
= gunden 3064 sich verholne *A* = 3064. 65 verholne sich
3071 enist (*Bech*) = ist *A* 3077 enwas = was *A* 3080 wen-
de = want *A* 3085 sament (*Bech*) = sam mit 3098 ver-
bôt . . . dâ (*Bech*) = gebôt . . . daz *A* 3102 swaz sie
(*Bech*) = iender 3107 âne . . . niuwan *A* (*Beitr.* 59, 207)

= nû . . . nû   3110 *ohne klammern* (*Paul Beitr.* 3, 195)
= *in klammern*   3117 deiswâr (*Beitr.* 59, 217) = zwâre
3132 enhete = hete *A*   3143 von (*Bech*) = durch *A*
3144 durch *A* = und durch   3156 enkan (*Bech*) = kan *A*
3161 genim = nim *A*   3180 hin (*Bech*) = her *A*   3185 en-
mac (*Bech*) = mag *A*   3187 *komma = punkt*   3188 ensî
= sî *A*   3198 geverte (*Bech Germ.* 7, 445) = guote *A*
3208 vor (*Bech*) = von *A*   3214 enger = ger *A*   3222 ant-
wurt enbôt *A* = antwurten bôt   3224 sîn geselle . . . wolde
A = sîne selln . . . wolten   3225 dem *A* = den   3229 nâch
= nâch der *A*   3237 ze (*Beitr.* 59, 203) = ze der *A*   3240 iht
soldet (*Bech Germ.* 7, 446) = niht ensoldet *A*   3241 daz
= daz gebot *A*   3244 vol (*Beitr.* 59, 231) = wol *A*
3248 sis (*Bech*) = siz   3252 enmuget = niht muget *A*
3259 si sprach *A* = *fehlt*   3259. 61 enhæte (*Bech*) = hete
A   3269 envertrage = vertrage *A*   3272 enlâze (*Bech*)
= lâze *A*   3273 enmüezet = müezet *A*   3274 vol (*Beitr.*
59, 231) = wol *A*   3275 enwil (*Bech*) = wil *A*   3300 ge-
selleschaft *A* = selleschaft   3303 *A* (*Paul Beitr.* 3, 195)
= *fehlt*   3309 gerite = rite *A*   3310 drîe = drî *A*
3312 sô (*A*) = *fehlt*   3313 daz (*Beitr.* 59, 153) = als *A*
3314 der *A* = dâ er   3315 und *A* = und er   3317 ge-
sellen *A* = sellen   3333 enhân = hân *A*   3338 sîn geselle
A = ein sîn selle   3350 engegen = gegen *A*   3355 en-
lâtz (*Bech*) = lâtz *A*   3359 = *in klammern*   3399 drîe
= drî *A*   3407 endûhte = dûhte *A*   3411 ensolde (*Bech*)
= solde *A*   iuch niht (*Müller Germ.* 7, 133) = niht *A*
3412 ennæme (*Bech*) = næme *A*   3418 *punkt = 3417
punkt*   3424 sâ = dâ *A*   3428 enbelîbet = blîbt *A*
râche niht (*Bech Germ.* 7, 448) = niht râche *A*   vrî = gar
frî *A*   3436 ir = *fehlt A*   3444 enkunde (*Bech*) = kunde
A   3446 reht *A* (*Beitr.* 59, 184) = rehte   3488 hin *A*
= *fehlt*   3493 gewunden (*Pfeiffer Germ.* 4, 214) = in ge-
wunden *A*   3515 er sprach *A* = *fehlt*   enwærez (*Kraus
Zs. fda.* 44, 160) = und wære ez *A*   3523 gevüege *A*
= fuoge   3531 die (*Wesle*) = *fehlt A*   3532 geriten *A*
= gestriten   3545 gesellen *A* = sellen   3551 die (*Müller
Germ.* 7, 133) = *fehlt A*   3555 enmohte (*Bech*) = mohte *A*
3556 gâzen (*Bech*) = âzen *A*   3563 enhân = hân *A*

3564 ius *A* (*Beitr.* 59, 184) = iu   3565 geselle *A* = selle
3574 unsere *A* = unser beider   3586 von (*Bech*) = *fehlt A*
3592 garwe = gar *A*   3596 genâde unde *A* (*Beitr.* 59, 173)
= knabe   3601 begunde *A* = gunde   3615 er sprach
A = *fehlt*   3618 engât = gât *A*   3623 *Pfeiffer* (*Germ.*
4, 214) = *fehlt A*   3627 engegen = gegen *A*   3639 hulden
(*Bech*) = hulde *A*   3642 begunden *A* = gunden   3643
sis (*Bech Germ.* 7, 449) = si *A*   3656 von *A* = und von
3663 vrouwen (*Beitr.* 59, 203) = die frowen *A*   enliez
= liez *A*   3664 ensament mit = mit samt *A*   3669 ge-
dâhte *A* = dâhte   3670 verliez *A* (*Bech Germ.* 7, 449)
= erliez   3671 si im . . . enhiez = im si . . . hiez *A*
3682 den er (*Beitr.* 59, 153) = dâ (*A*) ern   3702 engæbe
= gæbe *A*   3703 enwære (*Bech*) = wære *A*   3706 en-
hât = hât *A*   3711 enlieze = lieze *A*   3712 enwære
= wære *A*   3714 endorfte (*Bech*) = dorfte *A*   3717 en-
was = was *A*   3727 enhete (*Bech*) = hete *A*   3733 en-
sament niht enâzen (*Beitr.* 59, 218) = niht ensament âzen *A*
3735 enwærez (*Bech*) = wære ez *A*   3766 enverwîze
= verwîze *A*   3780 allez *A* = *fehlt*   3789 *Lachmann*
= *fehlt A*   3796 gewehselt = verwehselt *A*   3801 iuch
harte schiere *A* = 3801. 2 schiere iuch   3810 enhân (*Bech*)
= hân *A*   3822. 23 gelîche: rîche = gelîch: rîch *A*
3823 ensîn = sîn *A*   3826. 27 vernam: alsam (*Pfeiffer
Germ.* 4, 215) = genam: vernam *A*   3838 sach = ersach *A*
3844 enzürnet = zürnet *A*   3851 gesprechen = niht spre-
chen *A*   3856 enhæte (*Bech*) = hæte *A*   3863 sô *A*
= *fehlt*   3868 enbin = bin *A*   3892 bescheinet (*Gierach
Zs. fda.* 54, 263. 55, 543) = erscheinent *A*   3898 enmuget
= muget *A*   des niht (*Beitr.* 59, 206) = mit nihte   3911
iu = wol   3913 = *ohne klammern*   3914 genemen = ne-
men *A*   3918 genemen (*Bech*) = nemen *A*   3937 er
sprach *A* = *fehlt*   3943 vrouwe Ênîte *A* = si   3945 schiet
mit urloube = mit urloube schiet von *A*   3952 ligen
= niht ligen *A*   3953 begunden *A* = gunden   3967 en-
hete (*Bech*) = hâte *A*   3970 gesselleschefte = gesselleschaft *A*
3979 arne = erarne *A*   3986 *fragezeichen* = 3985 *frage-
zeichen*   3988 enbin = bin *A*   3990 *punkt* = 3989
punkt.

4011 enhân (*Bech*) = hân *A*   4017 der (*Bech Germ.* 7, 451) = *fehlt*   4018 was *A* = wirt   4038 vil lûte (*Bech*) = snelle   4053 envürhte = fürht *A*   4054 diutent (*Beitr.* 59, 208) = bediutent *A*   4055 diu *A* = diu diu   4058 des *A* = es   4065. 75 herre *A* = *fehlt*   4079 *Haupt* = *fehlt A*   4083 war sint si (*Beitr.* 59, 207) = wâ sint si hin *A*   4087 enwas = was *A*   4090 durch = durch mînen *A*   4105 enwart = wart *A*   4114 Êrec *A* = er   4117 [niene] = [niht]   4130 enwilz = wilz *A*   4131 enwelt = welt *A*   4135 enhete = het *A*   4137 enwærez = wær ez *A*   ie (*Bech*) = *fehlt*   4152 gesach = sach *A*   4166 niht vol = vol niht *A*   4184 dan (*Beitr.* 59, 206) = von dan *A*   4187 wannen wære si (*A*) iu (*Paul Beitr.* 3, 195) = wiu wærez   4190 enist = ist *A*   4195 ensol = sol *A*   4197 enthöveschet (*Beitr.* 59, 175) = enthovewîst   4198 harte = vil *A*   4206 enwart = wart *A*   4207 *komma* = *punkt*   4212 sît (*Gierach Zs. fda.* 55, 537) = sider *A*   4217 harte = vil *A*   4219 iht (*Bech*) = niht *A*   4222 den (*Müller Germ.* 7, 133) = *fehlt A*   4223 vil *A* = *fehlt*   4238 *Lachmann* = *fehlt A*   4239 gedanc *A* = danc   4248 engetorstenz = getorsten ez *A*   4266 vürdermâl (*Bech*) = fürdermâle *A*   4267 enliez = liez *A*   4285 harte = vil *A*   4298 enwas = was *A*   4302 würde *A* = wær   4314 enversaz = versaz *A*   4317 *lücke mit Paul* (*Beitr.* 3, 195) *und Foerster* (*Chrestiens karrenr. s.* CXLVII)   4319 aber *A* = *fehlt*   4326 er sprach *A* = *fehlt*   4337 guot = *fehlt A*   4339 enwil = wil *A*   4355 slasters *A* = lasters   4361 enhabe (*Bech*) = habe *A*   4363 hân = *fehlt A*   4365 gedâhte = dâhte *A*   4370 enhân (*Bech*) = hân *A*   4373 endürfet (*Bech*) = dürfet *A*   4379 vehtenne (*Gierach Zs. fda.* 55, 535) = vehten nôt *A*   4401 got lange = lange got *A*   4406 umbe einen *A* = umben   4410 begunde *A* = gunde   4434 envertruoc = vertruoc *A*   4438 gelac (*Pfeiffer Germ.* 4, 217) = lac *A*   4474 er sprach *A* (*Beitr.* 59, 184) = *fehlt*   4492 was (*Beitr.* 59, 203) = was diu *A*   4495 = *in klammern*   4501 vrouwe (*Beitr.* 59, 203) = diu frouwe *A*   4512 durch = durch ir *A*   4516 enlât = lât *A*   4530 niene (*Bech*) = nie *A*   4536 künne (*Beitr.* 59, 222) = burt (*A*)   4538 gebürte = geburt *A*   4549 *punkt* = 4548 *punkt*   4550 = *in*

klammern 4556 daz (*vgl. Zwierzina Zs. fda.* 45, 354)
= unde *A* 4560 sînem vriunde *W* = bî friunde (*A*)
vinden 4563 ensamet *W* = samt *A* 4571 ensult *W*
= sult *A* sô *AW* = *fehlt* 4573 enmac *W* = mac *A*
4574 unze = unz *A* 4576 envar *W* = var *A* 4578
enahte (*Bech*) = ahte *A* 4589 envermiten = vermiten *A*
4591 enliefen (*Bech*) = liefen *A* engegen = gegen *A*
4596 von einem wâne *W* (*vgl. Beitr.* 59, 231) = des vil frô
unde *A* 4599 enist *W* = ist *A* 4606 er *W* = er in *A*
4610 gerne *W* = *fehlt A* 4611 nie *W* = *fehlt A* 4612 ge-
handelet *W* = nie gehandelt *A* 4613 selben *W* = *fehlt A*
4625 nû *AW* = *fehlt* 4637 eteswenne *W* = etewenne *A*
4642 vor valsche (*Bech Germ.* 7, 457) = valsches *A* 4649 en-
phlac = phlac *A* 4650 enwolde *W* = wolde *A* 4651 ge-
vüegen *W* = füegen *A* 4655 er *A* = ouch er 4659 swa-
chete (*Beitr.* 59, 209) = verswachete *A* 4664 Keiîn = Keiî
A 4670 enmac *W* = mac *A* 4680 ir ensult sus hin
niht *W* (*Beitr.* 59, 185) = ir sult niht alsô *A* 4693 ge-
wunnen (*vgl. A*) = ze gwinnen 4695 harte = *fehlt A*
4699 enmac = niht mac *A* 4704 wart *W* (*Beitr.* 59, 233)
= tet *A* 4711 abe die hant hân *W* = die hant hân abe *A*
4714 swie *W* = doch *A* Wintwaliten *AW* = Gringuljeten
4715 dem *W* = ze dem *A* geriten *AW* = geweten
4717 seine *A* (*Paul Beitr.* 3, 195) = snelle 4719 er er-
volget (*Beitr.* 59, 174) = im gevolget *A* 4721 *in klammern*
(*Pfeiffer Germ.* 4, 217) = *ohne klammern* 4722 was ge-
wæfens (*Pfeiffer ebenda*) = gewæfens was *A* 4723 Keiîn
= Keiî *A* 4730 sam *W* (*Beitr.* 59, 207) = als *A* 4731 ge-
lac *W* = lac *A* 4741 es *W* = *fehlt A* 4742 geswachet *W*
(*Beitr.* 59, 209) = verswachet *A* 4751 enmac *W* = mac *A*
4753 endarft (*Bech*) = darft *A* 4757 bites *W* (*Beitr.*
59, 210) = bit *A* 4769 es *W* (*ebenda*) = sîn *A* 4772 niu-
wan iuwer unde *W* (*ebenda*) = wan ir und diu hûsfrouwe *A*
4779 muoz mîn laster *W* = mîn laster muoz *A* 4792 en-
kunde (*Bech*) = kunde *A* 4798 enhete = het *A* 4801 en-
mac (*Bech*) = mac *A* 4803 tuot *W* = tuo *A* 4804 ge-
bet *W* = gip *A* 4810 Walwân *W* = Gâweine *A* 4819 nû
W (*Beitr.* 59, 185) = mir *A* 4822 enschadet (*Bech*)
= schadet *A* 4826 alsus *W* (*Beitr.* 59, 206) = alsô *A*

4828 enweiz *W* = weiz niht *A*   **4831** nein ich (*Bech Germ*
7, 452) = niht   4852 sîn *A* = -s   4853 enwolde (*Bech*
= wolde *A*   4855 jach (*Beitr*. 59, 221) = sprach *A*   4875 en
sûme (*Bech*) = sûme *A*   4877 sô *A* = *fehlt*   4879 en
mac = mac *A*   4881 enmanet (*Beitr*. 59, 205) = ermant
4917 rosse *A* (*Beitr*. 59, 185) = gruoze   4937 diu *A* = da
4943 hât *A* = bat   4944 gemanôt (*vgl. Bech Germ*. 7, 45
= ân nôt *A*   4946 hin (*Bech Germ*. 7, 453) = *feh*
4948 würde *A* (*Beitr*. 59, 186) = wart   4954 dehei
(*Schröder Zs. fda*. 70, 153) = *fehlt A*   4960 noch (*Bec*
Germ. 7, 453) = mich *A*   4965 enwendet = wendet
4974 enzeige (*Bech*) = erzeige *A*   4978 gemaches mic
(*Pfeiffer Germ*. 4, 217) = mich gmaches.

5012 enkumt = kumt *A*   5024 iender (*Bech*) = niende
A   5043 *Haupt* = *fehlt A*   5045 enhabet (*Bech*) = hab
A   5053 daz (*Bech*) = dô *A*   5057 gezimet = zimet
5059 enkan (*Bech*) = kan *A*   5067 enhabet (*Bech*
= habet *A*   5071 baz = bezzer *A*   5079 hân ich (*A*
(*Bech*) = ist   5085 enwart (*Bech*) = wart *A*   5090 da
(*Bech*) = des *A*   5105 besunder = al besunder *A*   5111 di
(*Beitr*. 59, 203) = die diu *A*   5138 nie *A* = nimme
5139 enheilte (*Bech*) = heilte *A*   5162 enmac = mac
5175 sâ *A* (*Paul Beitr*. 3, 196) = dâ   5177 in = im
5189 et (*Bech*) = *fehlt*   5197 under *A* = in   5199 di
A = *fehlt*   5205 geselle *A* = selle   5207 ouch *A* = û
5213 wurz entruoc (*Bech Germ*. 7, 454) = würzen truoc
5216 Sibillâ *A* = Sibille   5224 enwil = wil *A*   5232 en
wære = wær *A*   5235 ouch *A* = *fehlt*   5238 man (*A*) = er
5243 selbe *A* = *fehlt*   5251 enwolde = wolde *A*   5265 en
mohte (*Bech*) = mohte *A*   5267 mohte *A* (*Beitr*. 59, 186
= möhten   5268 vil *A* = *fehlt*   5270 alsô *A* = als   5281 in
(*Müller Germ*. 7, 135) = *fehlt A*   5284 muote (*Pfeiffer Germ*. 4
218) = muote ez *A*   5285 enwolde = *fehlt*   5286 walde
= walde wolde   5307 stete = stat *A*   5308 ze (*Bech*
= zuo dem *A*   5309 ir (*Pfeiffer Germ* 4, 218) = mit
5334 enmüeste (*Bech*) = müeste *A*   5338 Êrec = *fehl*
A   5341 wie (*Pfeiffer Germ*. 4, 218) = und wie *A*   5358 en
lânt = lânt *A*   5368 Êrec sprach *A* = *fehlt*   5371 de
(*Müller Germ*. 7, 135) = *fehlt A*   5408 barmen *A* = er

barmen   5410 hin abe = abhin *A*   5426 âne = ân den
A   5437 envrâge iu (*Bech, Paul Beitr.* 3, 196) = frâge
iuch *A*   5438 *komma = fragezeichen*   5442 enschadet
= schadet *A*   5447 sîn = im sîne *A*   5451 enwellen
(*Bech*) = welln *A*   5462 enhân (*Bech*) = habe *A*
5465 ensî = sî *A*   5484 waz (*Beitr.* 59, 154) = nû waz *A*
5486 dest = dêst   5496 enhâten = hâten *A*   5497 ge-
torste = torste *A*   5507 wan (*Wesle*) = unz *A*   5514 hienc
(*Bech Germ.* 7, 454) = gienc *A*   5515 swie (*Bech ebenda*)
= wie *A*   erougen = lougen   5516 er stach in *A* = ern
sige   5526 in *A* = *fehlt*   5531 gevristen = fristen *A*
5537 erweichte = er weichte (*A*)   5538 endriu zekloup
= endrîzic kloup *A*   5540 dar gehaft (*Bech Germ.* 7, 455)
= der hulft   5545 *Lachmann = fehlt A*   5553 dô = dô
begunde *A*   5554 begunde = *fehlt A*   5579 harte = vil
A   5594 gesunden *A* (*Bech Germ.* 7, 456) = ungesunden
5597 nimmer (*Bech*) = nimmer niht *A*   5620 varwe *A*
= *fehlt*   5638 enhân = hân *A*   5645 Tafrîol (*vgl. Chrestien*
4517. 4576) = Cafrîol *A*   5646 jach = sagte *A*   5666 en-
missehabet = missehabt *A*   5667 geschiht *A* = aneschiht
5669 enwirt = wirt *A*   5671 enbringe (*Bech*) = bringe
A   5672 daz (*Bech*) = dâ *A*   5681 dâ ist (*A*) ez (*Bech*)
= daz ist   5683 enmac (*Bech*) = mac *A*   5700 ze hove
A = *fehlt*   5701 al (*Bech*) = allez   5710 harte = vil *A*
5714 er (*Beitr.* 59, 203) = er die *A*   5715 gehiez = hiez *A*
5746 wuof (*Beitr.* 59, 233) = ruof *A*   5754 enwas = was *A*
5765 entuont = tuont *A*   5773 enist (*Bech*) = ist *A*
5775 si sprach *A* = *fehlt*   5780 dîner genâden barmunge *A*
= dîne erbarmunge   5805 gesihteclîchen = sihteclîchen *A*
5806 enmac (*Bech*) = mac *A*   5812 niht *A* (*Paul Beitr.*
3, 196) = im   5816 enhân = hân *A*   5821 enwil = wil *A*
5830 unreht (*Bech*) = unrehter *A*   5842 der si *A* = dô
sir   5843 rief (*Beitr.* 59, 225) = ruofte *A*   5847 armer
(*Pfeiffer Germ.* 4, 220) = und armer *A*   5857 envervie
= vervie *A*   5858 tier *A* = *fehlt*   5860 kæme (*Beitr.*
59, 154) = dar kæme *A*   5867 bescheinen (*Gierach Zs. fda.*
54, 263. 55, 543) = erscheinen *A*   5878 alle *A* = *fehlt*
5887 liebe *A* (*vgl. Müller Germ.* 7, 136) = lêre   5897 iezuo
= enzît *A*   5902 enmac (*Bech*) = mac *A*   5910 enmohte

= mohte *A*   5924 bœser (*Wesle*) = bœsen *A*   5926 sô
gewanten (*Zwierzina Zs. fda.* 45, 351) = alsolhen *A*   5928 ge-
biutest... . sîne *A* = gebeitest ... sîner   5943 tuot (*Bech*)
= sol   5948 enhæte = hæte *A*   5949 enhæte (*Bech*)
= het *A*   5956 dô (*Beitr.* 59, 154) = daz *A*   5969 en-
kunnen = kunnen *A*   5989 enhœret (*Bech Germ.* 7, 457)
= gehœret *A*   5990 enmüeze (*Bech*) = müeze *A*.

6007 enwirt = wirt *A*   6021 enwürde (*Bech*) = wurde
A   6028 ein (*Bech*) = *fehlt*   6034 grôzer = grôz *A*
6041 ensî = sî *A*   6049 ensol (*Bech*) = sol *A*   6055 en-
wil = wil *A*   6059 enwils (*Bech*) = wils *A*   6068 über
sich (*Bartsch bei Bech*) = sich über *A*   6070 ir leben = si
6087 ouwê *A* = *fehlt*   6089 getœtet = ertœtet *A*   6092
enhæte = hæte *A*   6093 eislîch (*Bech Germ.* 7, 457)
= *fehlt*   6099 enwære (*Bech*) = wær *A*   6108 ensol
(*Bech*) = sol *A*   6114 ervallen *A* (*Bech Germ.* 7, 458) = er-
vellen   6118 edel = edeler *A*   6120 wesen (*Bech*) = hûs
6125 *Haupt* = *fehlt A*   6127 enist (*Bech*) = ist *A*   6133 ge-
schihte (*Müller Germ.* 7, 136) = geschihten *A*   6137 vrouwe
(*Beitr.* 59, 203) = diu frouwe *A*   6138 dannoch = und
dannoch *A*   6141 wuofe (*Beitr.* 59, 233) = ruofe *A*   6148 ze
tœten (*Beitr.* 59, 208) = zertœten *A*   6150 ersach (*Bech*)
= sach *A*   6153 mohte *A* = vorhte   6167 vrouwe (*Beitr.*
59, 203) = diu frouwe *A*   6169 gewerre *A* = werre
6170 selbe *A* = *fehlt*   6173 herre *A* = *fehlt*   6183 be-
gunden *A* = gunden   6193 erziuget = zeigt *A*   6210 allen
A = *fehlt*   6213 vrouwen (*Beitr.* 59, 203) = die frowen *A*
6221 und *A* = *fehlt*   6229 enmac (*Bech*) = mac *A*
6231 der (*A*) vür schaden wæne ich (*Bech* [1, 2]) vrum (*A*)
(*Wesle*) = vür schaden der et gefrumt   6240 enmac
(*Bech*) = mac *A*   6247 enmüget (*Bech*) = müget *A*
6248 vol (*Beitr.* 59, 231) = wol *A*   6249 wol *A* = *fehlt*
6254 dâ (*Wesle*) = daz dinc dâ *A*   dicke *A* = *fehlt*
6272 genemen = nemen *A*   6290 rîche = rîch *A*   6293 en-
mac (*Bech*) = mac *A*   6297 geschæhe (*Bech*) = geschehe
A   6300 müeze *A* = muoz   6304 wîzen ensol = niht
wîzen sol *A*   6322 vrouwen (*Beitr.* 59, 203) = der frowen
A   6330 *punkt* = 6332 *punkt*   6336 des ambetes phlegent
A = daz ambet hânt   6337 gewegent (*Bechstein Germ.*

25, 322) = begânt   6349 enhalf (*Bech*) = half *A*   6361 sî-
ner *A* = sîne   6363 mannes *A* = man   6365 ichz *A*
= inz   6366 ensach = sach *A*   6367 eine *A* = ein
6372 deste *A* (*Beitr.* 59, 210) = diu   6392 harte = vil *A*
6397 gebærden *A* = bærden   6402 enist = ist *A*   6412 en-
sol got wellen *A* = sol got niht enwellen   6413 daz = sît
daz *A*   6428 enmohte (*Bech*) = mohte *A*   6429 ensazte
(*Bech*) = satzte *A*   6433 deste *A* (*Beitr.* 59, 210) = diu
6442 vil = harte   6450 vreuwen (*Bech*) = freude   6451 en-
wæret (*Bech*) = wæret *A*   6458 enkunnet = kunnet *A*
6459 enmuget (*Bech*) = muget *A*   6465 gesingen (*Bech-
stein Germ.* 25, 326) = singen *A*   6467 doch *A* = iu
6470 iuwer dinc doch = doch iwer dinc *A*   6472. 78 vor
A = ê   6479 sît ir *A* (*Beitr.* 59, 186) = *fehlt*   6482 vor
A = ê   6486 vor (*A*) = ê   6487 den = *fehlt A*   6488
vor *A* = ê   6498 ergetzet *A* = ergazt   6502 enmöhte
= möhte *A*   6516 *komma* = *kolon*   6517 entæte (*Bech
Germ.* 7, 458) = tete *A*   6520 (*Bartsch bei Bech*) = *fehlt A*
6523 harte = vil *A*   6551 gebærde *A* = bærde   ensuln
(*Bech*) = suln *A*   iuch *A* (*Beitr.* 59, 186) = *fehlt*   ver-
dagen = niht verdagen *A*   6570 vil verre *A* (*Ehrismann
Beitr.* 24, 385) = unverre   6572 enahte (*Bech*) = ahte *A*
6573 und *A* = *fehlt*   6575 enwirde doh (*A*) = wirde
6580 envlôch = flôch *A*   6589 *Haupt* = *fehlt A*   6598 bâre
A = bâren   6599 vremder gebâre *A* = fremden gebâren
6600 begunde *A* = gunde   6602 enweste (*Bech*) = weste
niht *A*   6635 aller = der povel dort   6645 under (*Müller
Germ.* 7, 137) = undern (*A*)   6654 vluhen *A* = sluffen
6655 sluffen *A* = fluhen   6667 swer inz *A* (*Beitr.* 59, 172)
= swerz in   6682 getorste *A* = torste   6683 âne (*Beitr.*
59, 203) = âne die *A*   6687 ir (*Müller Germ.* 7, 137)
= *fehlt A*   6694 envant (*Bech*) = vant *A*   6695—97
= *ohne anführungszeichen*   6713 alse (*Bech*) = als
6718 rotruange (*Beitr.* 59, 224) = rotewange   6721 ge-
schiht *A* = aneschiht   6733 enmohte (*Bech*) = mohte *A*
bezzer sîn *A* = baz gesîn   6734 vrouwen (*Beitr.* 59, 203)
= die frouwen *A*   6748 gebâret (*Bechstein Germ.* 25, 328;
Beitr. 59, 224) = gerêwet   6757 enschiet = schiet *A*
6761 sorgen (*Roetteken, Die ep. kunst s.* 79) = Sorgen

6812 doch *A* = *fehlt*   6813 alsô (*Bechstein Germ.* 25, 329)
= als *A*   6824 sluoc *A* = bant   6825 dem (*Bech*)
= dem garzûn *A*   wol kunt genuoc *A* = bekant   6826 be-
gunde *A* = gunde   6840 enwas = was *A*   6851 geruochet
= ruochet *A*   6859 engegen = gegen *A*   6862 gerieten
A = geriten   6866 enmohten = mohten *A*   6869 en-
weste (*Bech*) = weste *A*   6877 schilten *A* = schellen
6878 ze (*Beitr.* 59, 203) = ze der *A*   6884 harte = vil *A*
6891 gesach = sach *A*   6895 der wolken (*A*) was en-
daht (*Bech*[1]) = was unbedaht   6902 waz = nû waz *A*
6909 ouch = ouch vor (*A*)   6925 wart (*Beitr.* 59, 203)
= wart diu *A*   6932 über worden (*A*) (*Ehrismann Beitr.*
24, 386) = erlân   6934 entwichen im = im entwichen *A*
6939 enmohte (*Bech*) = mohte *A*   6944 begunde *A* = gun-
de   6957 vrouwen (*Beitr.* 59, 203) = die frowen *A*   6978 en-
schine (*vgl. Bech Germ.* 7, 461) = schîne *A*   6982 sûme *A*
= sûmt   6995 enwirret (*Bech*) = wirret *A*.

7007 gedagen *A* = dagen   7009 enhabet (*Bech*) = habt
A   7025 vrouwen (*Beitr.* 59, 203) = der frowen *A*   7028 nû
(*Bech*) = und *A*   7043 in *A* = *fehlt*   7049 geseit *A*
(*Beitr.* 59, 186; *vgl. Zwierzina Zs. fda.* 22, 182. 44, 367)
= gereit   7054 enhân = hân *A*   7070 genâden = Gnâ-
den   7076 vol (*Beitr.* 59, 231) = wol *A*   7081 sament
(*Bech Germ.* 7, 461) = sam mit *A*   7086 enhalp *A* = ein-
halp   7097 geselleschefte = geselleschaft *A*   enphlâgen
(*Bech*) = phlâgen *A*   7104 selbe *A* = selbe diu   7106
wære *A* = was   7119 bewart weste *A* = bewarte beste
7129 hande *A* = *fehlt*   7136 engienc = gienc *A*   7140 ge-
scheiden *A* = gescheiden hin   7141 ein = dritte *A*   bei-
den *A* = drin   7145 umbe *A* = inne   7154 wildes niht
envunde = niht wildes funde *A*   7155 der (*Bech Germ.*
7, 462) = die *A*   7157 diz *A* = mit den ditz   wol
(*Bech ebenda*) = was *A*   7159 daz er *A* = der dâ   7161 en-
sâhenz = sâhenz *A*   7175 jagen *A* (*Beitr.* 59, 176) = ze
jagen   7189 envant = vant *A*   7196 in *A* = en
7222 vrouwe (*Beitr.* 59, 203) = diu frouwe *A*   7224 vol
(*Beitr.* 59, 231) = wol *A*   7230 ein = einen *A*   7234 vol
(*ebenda*) = wol *A*   7243 gedâhte *A* = dâhte   7244 wol
A = vol   7250 harte = vil *A*   7253 enwas (*Bech*)

= waʾs *A*   7258 mite lîhte (*Bech*) = mit nihte *A*
7264 vrouwen (*Beitr.* 59, 203) = der frowen *A*   7273 solde
A = sol   7292 schilthalben = schilthalp *A*   7294 en-
mohte = mohte *A*   7297 enmohte (*Bech*) = mohte *A*
7303 alzan (*A*) (*Beitr.* 59, 215) = als   7304 schilthalben
= schilthalp *A*   7308 et (*Bech*) = *fehlt A*   7315 lieht
(*Bech*) = rehte   7318. 19 dane: mane *A* (*Zwierzina Zs. fda.*
44, 52) = dan: man   7331 enswief = swief *A*   7378 wun-
sche = Wunsche   7385 im *A* (*Beitr.* 59, 204) = *fehlt*
7389 giht (*Beitr.* 59, 221) = spricht *A*   enhât (*Bech*)
= hât *A*   7399 ze walde *A* = den walt   7401 *kolon*
= *komma*   7402 was ez *A* = ez was   7413 begunde *A*
= gunde   bescheinen (*Gierach Zs. fda.* 54, 263. 55, 543)
= erscheinen *A*   7416 wan *A* = weinde   7419 solde
(*Bech*) = wolde *A*   7428 engalt (*Bech*) = galt *A* 7429 en-
wirt = wirt *A*   7450 enkæme = kæme *A*   7457 ge-
zellen = zellen *A*   7459 enkam (*Bech*) = kom *A*
7469 *komma* (*Paul Beitr.* 3, 196) = *punkt*   7470 *erstes*
komma (*Paul ebenda*) = *fehlt*   7480 alsô = als *A*   7485 sin-
ne *A* = sin ze   7494 *fragezeichen* = *punkt*   7509 ge-
lachen *A* (*Beitr.* 59, 187) = erlachen   7520 enhân = hân *A*
7527 enwas = was *A*   7531 *ohne komma* (*Bech*) = *komma*
7541 gevuoge (*Roetteken, Die ep. kunst s.* 85) = Gefuoge
7542 muosete *A* = mischte   7561 enleiste (*Bech*) = leiste
A   7576 vrouwen (*Beitr.* 59, 203) = die frowen *A*   7579 ge-
waltic (*Beitr.* 59, 201) = gewalteger *A*   7595 schînbære
(*A*) = schînlîchen   7606 menschlîch geschaft = mensch-
lîche schaft (*A*)   7611 er (*Bech*) = ez   7612 dem *A*
= den   7620 envindet = vindet *A*   7625 des *A* = deist
7626 daz (*Bech*) = den *A*   7630 enhilfet = hilfet *A*
7640 mêr *A* = *fehlt*   7641 vriunt (*Gierach Zs. fda.* 55, 303)
= friunde *A*   7665 daz *A* = als   7688 enbegriffetz = be-
griffetz *A*   7690 *komma* = *punkt*   7691 dar umbe (*Paul*
Beitr. 3, 196) = war umbe? *A*   7694 harte = vil *A*
7697 enkunde = kunde *A*   7698 leder = leders *A*   7721 ze
(*Bech*) = an *A*   7723 sich = si sich   7735 dar (*Bech*)
= der *A*   7746 = *in klammern*   7747 ie *A* (*Beitr.* 59, 187)
= *fehlt*   7750 hie (*A*) in = hin   7753 *kolon* (*Paul Beitr.*
3, 197) = 7752 *punkt*   7758 deiswâr (*Beitr.* 59, 217)

= zwâre *A* 7761 harte = vil *A* 7771 jâ *A* ÷ *fehlt*
7773 ensolde (*Bech*) = solte *A* 7793 ze = jener ze *A*
7798 rîten *A* (*Beitr.* 59, 187) = reisen 7814 welh (*A*)
= weder 7829 gebitelôs (*Beitr.* 59, 215) = bitelôs *A*
7830 solde *A* = sol 7842 wunsches = Wunsches 7851 en-
slôz = slôz *A* 7856 nâhen *A* = nâ 7857 enwas = was
A 7866 goldes knophen *A* = goltknophen 7892 enwart
= wart *A* 7906 winstern haut (*Beitr.* 59, 232) = vinstern
want *A* 7922 sol gerne (*Bech*) = gerne sol *A* 7929 en-
meine = meine *A* 7933 bescheinet (*Gierach Zs. fda.* 54, 263.
55, 543) = erscheinet *A* 7936 enist (*Bech*) = ist *A*
7938 enmugen = niht mugen *A* 7946 dise (*Wesle*) = die
A 7954 enist = ist *A* 7965 allen *A* = den 7988 wie
(*Wackernagel Zs. fda.* 3, 271) = waz 7990 ich enweiz waz
(*A*) = neizwaz 7992 daz ir = deir 7993 ein (*Bech*)
= *fehlt A* 7994 doch *A* = *fehlt* 7995 enerwinde = er-
winde *A* 7996 enweiz = weiz *A*.

8001 enwellet = wellent *A* 8004 under (*Bech*) = uns
8005 diuten (*Beitr.* 59, 208) = bediuten *A* 8020 enlebet
= lebet *A* 8023 noch ritter = riter noch *A* 8026 en-
mohte (*Bech*) = mohte *A* 8030 er sprach *A* = *fehlt*
8037 daz *A* = dez 8038 gewürmes *A* = würme 8042 ze
= zuo dem *A* 8043 doch *A* = *fehlt* 8051 enmite = mite
A 8054 enhalf (*Bech*) = half *A* 8070 begunde *A*
= gunde menlîch des = des mänlich *A* 8073 ouch
= *fehlt* 8079 nâhe = nâ *A* 8085 enzwîvelten = zwî-
velten *A* 8092 iht (*Bech*) = niht *A* 8109 engeschach
= geschach *A* 8111 iht (*Bech*) = niht *A* 8117 entete
= tete *A* 8122 enmac = mac *A* 8124 enwolde (*Bech*)
= wolt *A* 8127 enhete = hât *A* 8128 enwas (*Bech*)
= was *A* 8134 im (*Bech*) = in *A* 8135 enphlac (*Bech*)
= phlac *A* 8146 allez *A* = *fehlt* 8149 enmac (*Bech*)
= mac *A* 8150 enwil (*Bech*) = wil *A* 8160 enwizzest
(*Bech Germ.* 7, 464) = wizzest niht *A* 8162 enist = ist *A*
8163 vrœlîchez (*A*) sanc (*Beitr.* 59, 212) = frœlîch gesanc *A*
8165 morgen ze *A* (*Gierach Zs. fda.* 55, 512) = morne an
8175 engegen = gegen *A* 8204 rîchsete (*Beitr.* 59, 224)
= rîchsent *A* 8211 steine (*Pfeiffer Germ.* 4, 227) = mar-
melsteine *A* 8212 der *A* = der schîn der mê = *fehlt A*

8214 *punkt* (*Pfeiffer ebenda*) = *kommu* 8225 enmohte = mohte *A* 8232 nâch vil *A* = wol nâch 8240 enwas in (*Bech*) = was in niht *A* 8245 sô (*Pfeiffer Germ.* 4, 227) = niht sô *A* 8247 enschein (*Bech*) = erschein *A* 8263 swachete (*Beitr.* 59, 209) = verswachte *A* 8270 in dûhte (*Bech*) = dûhte in *A* 8277 enhete = het *A* 8284 diser (*A*) (*Beitr.* 59, 174) = iht 8306 stille *A* = *fehlt* 8313 gemant = ermant *A* 8329 doch *A* = ouch iu = iu mê 8350 gedâhte *A* = dâhte 8361 enwart (*Bech*) = wart *A* 8362 enheten (*Bech*) = heten *A* 8379 envrâge = frâge *A* 8400 gedâhte *A* = dâhte manegen (*Müller Germ.* 7, 137) = an manegen *A* 8403 iht (*Bech*) = niht *A* 8418 dâ (*Bech*) = *fehlt A* 8429 der (*Bech*) = der adamas *A* 8439 enkunde (*Bech*) = kunde *A* ouch (*A*) (*Bech*) = *fehlt* 8444 entar = getar *A* 8447 enhân (*Bech*) = habe *A* 8450 sunderprîs (*Müller Germ.* 7, 137) = sundern prîs *A* 8455 enkan = kan *A* 8470 und *A* = *fehlt* 8477 doch *A* = *fehlt* 8479 des *A* (*Beitr.* 59, 187) = -s enwolden = niht wolden *A* 8481 ensuochten (*Bech*) = suochten *A* 8493 enhânt (*Bech*) = habent *A* 8496 enkam = kam *A* 8509 hânt die den lîp (*Bech Germ.* 7, 465) = die den lîp habent *A* 8510 endurfet (*Bech*) = durft *A* 8513 deist = dês vehtens (*Bech*) = des vehtens *A* 8521 Sælden (*Bech Germ.* 7, 465; *Beitr.* 59, 225) = *fehlt* 8534 lop = sî lop *A* 8539 baz *A* = *fehlt* 8558 vol (*Bech Germ.* 7, 466) = gar *A* 8559 gar (*Bech ebenda*) = vol *A* 8566 teile (*Bech*) = *fehlt* 8567 valsche (*Bech*) = valsche' z (*A*) 8570 verjehen *A* (*Beitr.* 59, 187) = gejehen 8583 noch *A* (*Beitr.* 59, 188) = *fehlt* 8586 riuwet *A* = geriuwet 8587 gesehet *A* = seht nie (*Bech*) = nimmer *A* 8595 mit *A* = *fehlt* 8596 vol (*Beitr.* 59, 230) = wol *A* 8602 vür (*A*) (*Müller Germ.* 7, 138) = *fehlt* 8620 enwas = was *A* 8621 ensî = sî *A* 8623 enkan = kan *A* 8625 enwart (*Bech*) = wart *A* 8626 enzæme (*Bech*) = zæme *A* 8648 envleiz = vleiz *A* 8657 vrouwen (*Beitr* 59, 203) = der frowen *A* 8669 enwolden (*Bech*) = wolden *A* bestân (*Bech*) = niht bestân *A* 8675 enwolden (*Bech*) = wolden *A* 8679 enruochte (*vgl. Bech*) = niht ruochte *A* 8689 engehiezen = gehiezen *A* 8692 begunden *A* = gunden 8694 bœsen geheizen *A* = geheize von (*A*) = und 8697 enahtez = ahte ez *A* 8704 weder *A* = *fehlt* engie = gie *A* 8709 enkunde (*Bech*) = kunde *A* 8714 enweste (*Bech*) = weste *A* 8716 geschihte = geschihten *A* 8725 enstuont (*Bech*) = stuont *A* blôz (*Bech*) = niht blôz *A* 8727 enwære = was bespreit (*Bech*) = zerbreit *A* 8731 von der *A* (*Beitr.* 59, 188) = der 8740 swâ *A* = swaz 8744 enmohte (*Bech*) = mohte *A* 8747 wære *A* (*Beitr.* 59, 188) = was 8752 enmohte = mohte *A* 8754 selbe *A* (*Beitr.* 59, 155) = *fehlt* 8755 hin *A* (*Zwierzina Zs. fda.* 45, 312) = in 8756 wîste (*Bech*) = bewîste *A* 8758 ze = in ze bürgetor *A* = tor 8760 âne (*Beitr.* 59, 203) = ân die *A* 8763 menige *A* = menge enwart (*Bech*) = wart *A* 8766 daz *A* = dâ ane *A* = *fehlt* 8785 enhabe = habe *A* 8796 enmac = mac *A* 8797 sûmet *A* = sûmte 8801 dûte (*Beitr.* 59, 208) = bedûte *A* 8808 iender (*Bech*) = niender *A* 8809 geschehen *A* = *fehlt* 8812 entwesen = niht entwesen *A* 8816 ensî (*Bech*) = sî *A* 8831 enwart = wart *A* 8854 enhân (*Bech*) = haben *A* 8856 als guot als *A* = noch als 8862 endörftet (*Bech*) = dörft *A* 8864 enhæte (*Bech*) = het *A* 8867 enmöhte (*Bech*) = möhte *A* 8868 mant (*Wesle*) = ermant *A* 8873 enmac = mac *A* 8875 gesellen *A* = sellen 8894 durch (*Wesle*) = um *A* 8896 hin (*Bech Germ.* 7, 467) = hie *A* 8909 beidiu (*Wesle*) = beide *A* 8921 zeltsnüere *A* = zeltes snüere 8929 âne (*Beitr.* 59, 203) = ân die *A* 8941 = *in klammern* 8949 engie = gie *A* 8950 enmohte = mohte *A* 8954 daz = dez 8966 hüetelîns *A* = hüetels 8970 irz gewerren *A* (*Beitr.* 59, 188) = ir werren 8986 herre *A* = *fehlt* 8994 horn dôz (*Bech*) = horndôz *A*.

9010 von verre *A* (*Naumann Zs. fdph.* 47, 372) = unverre 9022 envant = vant *A* 9027 er sprach *A* = *fehlt* sage *A* (*Naumann ebenda*) = saget 9031 herre *A* = *fehlt* wes (*Bech*) = war umbe *A* 9033 herre *A* = *fehlt* 9049 enahte (*Bech*) = ahte *A* 9062 gremelîch (*A*) (*Bech*) = griulîch 9066 giuden = geuden 9068 jach (*Beitr.* 59, 221) = sprach *A* 9076 enbereite (*Bech Germ.* 7, 468)

= bereite *A*   9078 lîmte (*Bech*) = leite   9080 schenkel
= die schenkel *A*   9090 vier = *fehlt A*   9108 sunder *A*
= âne   9112 scheften = den scheften *A*   9113 schilte
= die schilte *A*   9117 die spiltern (*Müller Germ.* 7, 138)
= spilten *A*   9129 gewerde (*Bech*) = werde *A*   9144 en-
mohten = mohten *A*   9145 entohten = niht tohten *A*
9157 harte = *fehlt A*   9165 grüeners enwas = grüener
was *A*   9175 wider *A* = iender   9183 gedâhte *A* = dâht
9188 getriben (*Bech*) = triben *A*   9198 enkunde sich *A*
= in kunde niht   9203 die swarte daz mittel (*A*) (*Bech*)
= inz zimier enmitten   9207 *zweites* daz = dez   9210 enmac
= mac *A*   9217 *zweites* daz = dez   9220 herwider (*Beitr.*
59, 220) = wider   9244 enwære = wære *A*   9247 alsus
= sus *A*   9251 ensluoc (*Bech*) = sluoc *A*   9254 umbe
(*Wackernagel Zs. fda.* 3, 272) = unde   9258 erglüete *A*
(*Beitr.* 59, 188) = vaste erglüete   9262 sam *A* = als
9271 gesach *A* = sach   9306 *komma = semikolon*   en-
suochte = suochte *A*   9309 im (*Bech Germ.* 7, 468) = in *A*
9313 lebennes = des lebennes *A*   9317 rôte *A* = grôze
9322 mir = mir danne *A*   9329 ensolz (*Bech*) = sol ez *A*
9347 siges = des siges *A*   9350 enwolde = wolt *A* 9352 ge-
bürte *A* = bürte   9358 wizzet *A* = *fehlt*   9360 hie (*Bech*)
= ir *A*   9362 bedunket *A* = dunket   9365 êren *A* = der
êre   9391 = *in klammern*   enhalf = half *A*   9398 ze-
samene *A* = ensamt   9409 enlst (*Bech*) = ist *A*   9411 ensî
= sî *A*   9429 enjehen = jehen *A*   9437 des (*Wackernagel
Zs. fda.* 3, 273) = des niht *A*   enkan = kan *A*   9453 ich
(*Wackernagel ebenda*) = *fehlt A*   9462 ez = iz   9469 en-
sach (*Bech*) = sach *A*   9483 enwolde (*Bech*) = wolde *A*
9491 si sprach *A* = *fehlt*   9499 enhete (*Bech*) = het *A*
gedanc *A* = danc   9519 des (*Baesecke*) = daz *A*   9527 en-
wenket = wenket *A*   9528 entæte = tæte *A*   9535 wün-
neclîcher *A* = wünneclîche   9564 enhâte (*Bech*) = hete *A*
9570 unze = unz *A*   9577 enhât = hât *A*   9595 et *A*
(*Beitr.* 59, 174) = er   9633 enwas (*Bech*) = was *A*
9639 trüge = getrügenus *A*   9646 vrouwen (*Beitr.* 59, 203)
= die frowen *A*   9649 enweste (*Bech*) = weste *A*
9650 *komma = kolon*   9651 enwære (*Bech*) = wart *A*
9660 wîcsange = wîcgesange *A*   9666 riefen (*Beitr.*

59, 225) = ruoften *A*   9676 dîn *A* (*Beitr.* 59, 188) = *fehlt*
9678 müezest (*Bech*) = muostû   9680 enwas (*Bech*)
= was *A*   9689 in sweic (*vgl. Pfeiffer Germ.* 4, 230) = neiz-
wie   9699 si (*Beitr.* 59, 203) = si diu *A*   9700 unde
(*Müller Germ.* 7, 140) = *fehlt A*   9701 bescheinen (*Gierach
Zs. fda.* 54, 263. 55, 543) = erscheinen *A*   9706 swære *A*
(*vgl. Müller im Mhd. wb.* 2, 2, 809a) = wære   9710 ge-
selleten *A* = selleten   9712 und = *fehlt A*   9721 vrouwen
(*Beitr.* 59, 203) = der frowen *A*   9728 bescheinten (*Gierach
Zs. fda.* 54, 263. 55, 543) = erscheinden *A*   9737 en-
müesten = muosten *A*   9740 jâhen (*Beitr.* 59, 221) = sprâ-
chen *A*   alle *A* (*Zwierzina Zs. fda.* 45, 352) = al   9744 wîp
A (*Beitr.* 59, 189) = frouwen   9753 begunde *A* = began
9759 des hoves (*A*) = diu   9775 leit (*Beitr.* 59, 208) = er-
leit *A*   9781 enliez (*Bech*) = liez *A*   9787 erbarmherzen
(*A*) = barmherzen   9793   enwart (*Bech*) = wart   *A*
9795 enwizze *A* = weiz   9800 vreuden *A* = freude   weise
= verweiset   *A*   9812   enwolden (*Bech*) = wolden   *A*
9819 mit (*Beitr.* 59, 203) = mit der *A*   9826 begunde *A*
= gunde   9836 enwas (*Bech*) = was *A*   9837 daz *A*
(*Beitr.* 59, 189) = *fehlt*   9839 dâ *A* (*ebenda*) = *fehlt*
9841 nie *A* (*Gierach Zs. fda.* 55, 334) = *fehlt*   9853 ros
ouch dar nâch (*A*) (*Bech Germ.* 7, 469) = phärt er ouch
9863 in = in ze *A*   enzam = gezam *A*   9876 dar (*Bech*)
= dâ *A*   9879 ze *A* = zen   9880 begunden *A* = gunden
9881 enhæten (*Bech*) = heten *A*   9884 enwesten = niht
westen *A*   9901 wagen (*Gierach Zs. fda.* 54, 263) = wiegen
A   9902 enmöhtez (*Bech*) = möhtez *A*   9949 engünne
= günne *A*   9950 enwerde (*Bech*) = werde *A*   9951 jâhen
(*Beitr.* 59, 221) = sprâchen *A*   9958 enzam (*Bech*) = ge-
zam *A*   9976 sînen landen *A* (*Beitr.* 59, 189) = sînem
lande   9977 danne *A* = *fehlt*.

10004 ze lande solde = solt ze lande *A*   10014 enmac
(*Bech*) = mac *A*   10040 enstuont = stuont *A*   10053 en-
sprach = sprach *A*   10069 enwart = wart *A*   10099 wartz
ouch (*A*) = wart etz   10104 unze = unz *A*   10108 vrouwe
(*Beitr.* 59, 203) = diu frouwe *A*   10127 werlde = werlt *A*
10131 der *A* = des   10132 gote gehulde *A* (*Beitr.* 59, 177)
= hât ze holden   10133 goldes übergulde (*ebenda*)
= golt übergolden   10135 liet (*Beitr.* 59, 223) = getihte *A*.

Erec.

. . . . .

bî ir und bî ir wîben.
diz was Êrec fil de roi Lac,
der vrümekeit und sælden phlac,
durch den diu redę erhaben ist.
5 nû riten sį unlange vrist
neben einander beide,
ê daz si über die heide
verrę in allen gâhen
zuo rîten sâhen
10 einen ritter selbedritten,
vor ein getwerc, dâ ęnmitten
eine juncvrouwen gemeit,
schœnę unde wol gekleit.
   nû wunderte die künegîn
15 wer der ritter möhte sîn.
er was ze harnasche wol,
als ein guot kneht sol.
Êrec der junge man
sîn vrouwen vrâgen began
20 ob erz ervarn solde.
diu vrouwe des niht enwolde:
si bat in dâ bî ir tweln.
ein juncvrouwen begunde sį ûz weln
die si möhte senden dar.
25 si sprach: ʻrît und ervar
wer der ritter müge sîn
und sîn geverte, daz magedîn.ʼ
diu juncvrouwe huop sich an die vart,
als ir geboten wart,
30 dâ siz getwerc rîten sach.
mit zühten si zuo im sprach:
ʻgot grüezę iuch, geselle,

und vernemet waz ich welle.
mîn vrouwe hât mich her gesant,
35 diu ist künegîn überz lant:
durch ir zuht gebôt si mir
daz ich iuch gruozte von ir,
und weste gerne mære
wer der ritter wære
40 und disiu maget wol getân.
muget ir mich daz wizzen lân,
âne schaden ir daz tuot:
mîn vrouwe vrâget wan durch guot.'
daz getwerc enwolde ir niht sagen
45 unde hiez si stille dagen,
unde daz si in vermite:
ez enweste war nâch si rite.
diu maget enlie niht umbe daz
si enwolde rîten vürbaz,
50 den ritter vrâgen mære
selben wer er wære.
daz getwerc werte ir den wec:
daz sach diu künegîn und Êrec
daz ez si mit der geisel sluoc
55 die ez in der hant truoc,
über houbet und über hende
ze sîner missewende,
daz si mâl dâ von gewan.
mit solher antwurt schiet si dan
60 wider zuo ir vrouwen
unde liez si schouwen
wie sêre si was geslagen.
daz begunde si vil tiure klagen
dazz ir sô nâhen was geschehen
65 daz siz muoste ane sehen.
Êrec dô ahten began,
der ritter enwære dehein vrum man,
daz er ez vor im vertruoc
daz sîn getwerc die maget sluoc.
70 er sprach: 'ich wil rîten dar,
daz ich iu diu mære ervar.'

diu vrouwe sprach: ʿnû rît enwec.ʾ
  zehant huop sich Êrec,
unz er in sô nâhen kam
75 daz daz getwerc die rede vernam.
ʿmuget ir wêniger mir gesagen,
wes habet ir die maget geslagen?
ir habet sêre missetân.
ir soldetz durch zuht lân.
80 iuwern herren sult ir mir nennen:
mîn vrouwe woldę in erkennen
und daz schœne magedîn.ʾ
daz getwerc sprach: ʿlâ dîn klaffen sîn.
ich ensage dir anders niht
85 wan daz dir alsam geschiht.
waz wolde si der mære
wer mîn herre wære?
ir ensît niht wîse liute,
daz ir sô vil hiute
90 gevrâget von mînem herren:
ez mac iu wol gewerren.
wiltû daz ich dichs erlâze,
sô rît dîne strâze
und hebe dich der sunnen haz.ʾ
95   Êrec der woldę ouch vürbaz,
wan daz getwerc imz niht vertruoc:
mit der geisel ez in sluoc,
als ez die maget hete getân.
ouch woldę er sich gerochen hân,
100 wan daz er wîslîchen
sînem zorne kundę entwîchen.
der ritter hetę im genomen den lîp,
wan Êrec was blôz als ein wîp.
er gelebetę im nie leidern tac
105 dan umbe den geiselslac
und schamte sich nie sô sêre
wan daz disę unêre
diu künegîn mit ir vrouwen sach.
  als im der geiselslac geschach,
110 mit grôzer schamę er wider reit.

alsô klagetę er sîn leit
(schamvar wart er under ougen):
ʻvrouwę, ich enmac des niht verlougen,
wan irz selbe habet gesehen,
115 mir ensî vor iu geschehen
eine schande alsô grôz
daz ir nie dehein mîn genôz
eines hâres mê gewan.
daz mich ein sus wênıc man
120 sô lasterlîchen hât geslagen
und ich im daz muoste vertragen,
des schamę ich mich sô sêre
daz ich iuch nimmer mêre
vürbaz getar schouwen
125 und dise juncvrouwen,
und enweiz zwiu mir daz leben sol,
ez ensî daz ich mich des erhol
daz mir vor iu geschehen ist.
ich ensterbę in kurzer vrist,
130 sô sol ichz versuochen.
vrouwę, ir sult geruochen
daz ich in iuwern hulden var.
der himelkeiser bewar,
vrouwe, iuwer êre.
135 ir gesehet mich nimmer mêre,
ich engereche mich an disem man
von des getwergę ich mâl gewan.
ist daz mich got sô gêret
daz er mîn heil mêret,
140 daz mir dar an gelinget
sô doch mîn muot gedinget,
sô kum ich über den dritten tac,
ob ich vor siechtuome mac.ʼ
der küneginne was vil leit
145 daz er alsô junger reit
ûf sô grôze vreise:
si bat in lân die reise.
sô langę er dô urloubes gerte
unz daz si ins gewerte.

150   ouch dâhte der juncherre,
    im wære daz ze verre,
    ob er zen selben zîten
    hin wider wolde rîten
    dâ er sînen harnasch hâte,
155 und daz er alsô drâte
    in nimmer genæme
    (swie schiere er wider kæme,
    sô wæren si im entriten gar),
    und îlte in nâch alsô bar.
160   dô er in begunde gâhen nâ,
    dô kam er rehte ûf ir slâ
    von den im schade was geschehen.
    vil schiere begunde er si ane sehen.
    zuo in enwas im niht ze gâch:
165 er reit in alsô verre nâch
    daz er si sach und si in niht.
    er tete als dem dâ leit geschiht:
    der vlîzet dicke sich dar zuo
    wie erz mit vuoge widertuo.
170 si enkâmen ûf dem wege
    ûzer sîner ougen phlege
    des vil langen tages nie
    unz daz der âbent ane gie.
    nû sach er wâ engegen im schein
175 ein hûs geheizen Tulmein,
    des wirt der herzoge Îmâin.
    dâ reit der ritter vor im in:
    dâ wart er emphangen wol,
    sô man ze vriundes hûse sol
180 und als dem wirte wol gezam.
    ich sage iu durch waz er kam
    mit sîner vriundîn.
    ez hete der herzoge Îmâîn
    hôchzît dâ vor zwei jâr:
185 saget diu âventiure wâr,
    sô hete er si dô zem dritten.
    an eine wise enmitten
    hete er hôhe an eine stat

einen sparwærę ûf gesat
190 ûf eine stange silberîn.
diz muoste jærlîche sîn
ze vreuden sîner lantdiet.
von der redę er niemen schiet,
niuwan daz gelîche
195 arme unde rîche,
alte unde junge
durch schœne handelunge
ze sîner vreude kæmen
swenne siz vernæmen.
200 swes vriundinne den strît
behielte ze sîner hôchzît
daz si diu schœniste wære,
diu næme den sparwære.
den hete der ritter genomen
205 zwir, ouch was er komen
daz er in zem dritten næme:
und ob ez alsô kæme,
sô hetę er in immer mêre
âne strît mit voller êre.
210 nû sagete man daz mære
daz dâ manec wîp schœner wære
dan des ritters vriundîn.
dô was sîn vrümekeit dar an schîn:
er was alsô vorhtsam
215 daz er in mit gewalte nam.
in getorste dâ nieman bestân:
strîtes wart er gar erlân.
    nû ęnweste Êrec niht
umbe dise geschiht,
220 wan daz er im durch sîn leit
ûf âventiure nâch reit.
nû begunde sîgen der tac.
ein market underm hûse lac:
dâ kam er geriten in.
225 die burc meit er durch den sin
daz er sîn iht würde gewar
dem er hete gevolget dar.

    nû er suochende reit
    wer in durch sîne vrümekeit
230 des nahtes næme in sîne phlege,
    nû vant er an dem wege
    von den liuten grôzen schal.
    diu hiuser wâren über al
    beherberget vaste:
235 der sich sîn ze gaste
    wolde underwinden,
    den kunde er niender vinden.
    ouch was er habelôs dâ gar.
    er enhete sich niht gewarnet dar:
240 wan in kam diu reise gâhes an,
    als ich iu dâ vor gesaget han.
    er enhete dâ niht mêre
    (daz bekumberte in dô sêre)
    wan daz phert und sîn gewant.
245 ouch was er dâ unerkant,
    daz im niemen zuo sprach
    noch ze guote ane sach.
    die gazzen wâren spils vol,
    als ez ze hôchzîten sol.
250   nû reit er also wîselôs
    unz daz er verre vor im kôs
    ein altez gemiure.
    dô im dô sô tiure
    die herberge wâren,
255 eins weges begunde er vâren
    der in dar brâhte:
    wan er im gedâhte
    des nahtes belîben dâ,
    wan er enmöhte anderswâ.
260 daz hûs er schouwen begunde
    und enwânde daz er vunde
    ieman dar'inne:
    daz vreute sîne sinne.
    er gedâhte: 'mîn dinc daz vert nû wol,
265 wan ich in einem winkel sol
    belîben hinne unz an den tac,

sît ich niht wesen baz enmac.
des gan man mir doch âne strît:
ich sihe wol daz ez œde lît.'
270 als er in daz hûs kam
und er der winkel war genam,
welher im dar zuo töhte
dâ er inne belîben möhte,
dô sach er sitzen dâ
275 einen man, der was grâ,
sîn hâr von alter snêwîz.
des hetę er dannoch guoten vlîz
daz ers nâch reinem site phlac:
vil wol gestrælet ez lac
280 über sîn ahsel ze tal.
nâch der âventiure zal
sô hete der selbe altman
eine schâfkürsen an
und des selben ûf einen huot:.
285 diu wâren beidiu alsô guot
als in sîn state leite:
er enphlac niht rîcheite.
sîn gebærde was vil hêrlîch,
einem edeln manne gelîch.
290 ein krücke was sîn stiure,
der dâ saz in dem gemiure.
diz was Êrecke leit:
wan er vorhte die gewonheit,
er soldę in ûz getriben hân,
295 als im vor was getân.
daz phert er ze stete bant:
dar ûf leitę er sîn gewant.
sîn hende habetę er vür sich,
einem wol gezogenem manne gelich,
300 und gienc dâ er den alten sach.
mit zwîvel er zuo im sprach:
'herre, mir wære herberge nôt.'
diu bete machetę in schamerôt.
als in der alte hete vernomen,
305 er sprach: 'nû sît mir willekomen

ze dem und ich nû haben mac.'
des genâdetẹ im Êrec fil de roi Lac.
  nû hetẹ er ingesindes
niuwan eines kindes
310 (diu was ein diu schœniste maget
von der uns ie wart gesaget)
und der hûsvrouwẹn.
dar an man mohte schouwen
daz er rîches muotes wielt,
315 daz er den gast sô arm enthielt.
dem kinde rief er dar.
er sprach: 'genc und bewar
dises herren phert, tohter mîn,
der unser gast geruochet sîn,
320 und begenc ez sâ ze vlîze
daz ich dirs iht verwîze.'
si sprach: 'herre, daz tuon ich.'
  der megede lîp was lobelich.
der roc was grüener varwe,
325 gezerret begarwe,
abehære über al.
dar under was ir hemde sal
und ouch zebrochen eteswâ:
sô schein diu lîch dâ
330 durch wîz alsam ein swan.
man saget daz nie kint gewan
einen lîp sô gar dem wunsche gelîch:
und wære si gewesen rîch,
sô ẹngebræste niht ir lîbe
335 ze lobelîchem wîbe.
ir lîp schein durch ir salwe wât
alsam diu lilje, dâ si stât
under swarzen dornen wîz.
ich wæne got sînen vlîz
340 an si hâte geleit
von schœne und von sælekeit.
  Êrecken muotẹ ir ungemach.
zuo ir vater er sprach:
'wir sulns die juncvrouwen erlân.

345 ich wæne siz selten habe getân:
    ez zimt mir selbem vil baz.'
    dô sprach der alte daz:
    'man sol dem wirte lân
    sînen willen, daz ist guot getân.
350 uns gebristet der knehte:
    von diu tuot siz mit rehte.'
      diu juncvrouwe des niht enliez
    si entætę als si ir vater hiez.
    daz phert begienc ze vlîze
355 ir hende vil wîze:
    und wære daz got hie ûf erde rite,
    ich wænę in genuocte dâ mite,
    ob er solhen marschalc hæte.
    swie si schinę in swacher wæte,
360 sô weiz ich daz wîp noch man
    süezern schiltkneht nie gewan
    dan Êrec fil de roi Lac,
    dô si sînes pherdes phlac.
    im zam von solhem knehte
365 sîn vuoter wol mit rehte.
      hie wart der gast berâten
    als si des state hâten.
    guote teppeche gespreit
    unde dar ûf geleit
370 alsô rîchiu bettewât
    sô si diu werlt beste hât,
    mit samîte bezogen,
    dem daz golt was unerlogen,
    daz daz bettę ein man nie möhtę erwegen
375 und selbe vierde müeste legen,
    und dar über gebreit
    nâch grôzer herren werdekeit
    kulter von zendâle,
    rîche und gemâle —
380 diu wâren bî dem viure
    des âbendes vil tiure.
    si geleisten wol ein reine strô:
    dar über genuocte si dô

eines bettes âne vlîz,
385 daz bedahte ein lîlachen wîz.
ouch was dâ ritters spîse:
swes ein man vil wîse
möhte in sînem muote
erdenken ze guote,
390 des heten si die überkraft
und volleclîche wirtschaft,
doch mans ûf den tisch niht entruoc.
in gap der reine wille genuoc
den man dâ ze hûse vant:
395 wan er ist aller güete ein phant.
    nû muget ir hœren mære
wer dirre alte wære,
daz er den gast sô wol emphie
und ers durch armuot niht enlie.
400 er hete dâ vor gehabt ê
guotes und ouch êren mê.
er was ein grâve rîche,
vil gar unlasterlîche
sîns erbes verstôzen
405 von sînen übergenôzen.
in enhete dehein sîn bôsheit
in dise armuot geleit:
ez was von urliuge komen.
im hete diu überkraft genomen
410 allez daz er ie gewan.
sô vil enwas dem rîchen man
grôzer êren niht verlân
daz er einen kneht mohte hân.
nû truoc er dise armuot
415 und diu hûsvrouwe guot
in ir alter mit listen:
und swâ si der habe misten,
ir nôt si bedahten
mit zühten swie si mahten,
420 daz mans iht würde gewar.
daz ouch ir ie alsô gar
diu armuot oberhant gewan,

daz weste lützel ieman.
dem wirte was diu arbeit
425 die er von grôzer armuot leit
dâ wider süezę als ein mete
dâ ęngegen und im diu schame tete.
der alte wirt hiez Koralus
und diu hûsvrouwe sus,
430 Karsinefîte,
ir tohter Ênîte.
swen dise edelarmen
niht enwolden erbarmen,
der was herter dan ein stein.
435 der juncvrouwen œheim
was der herzogę Îmâîn,
des diu hôchzît solde sîn,
der herre von dem lande.
ir geburt was âne schande.
440   nû sagen wir ouch dâ bî
von wiu diu redę erhaben si.
dô daz phert was begangen,
ʽnû ęnlât iuch niht belangenʼ
sprach der wirt zem gaste.
445 Êrecken muote vaste
sîn schade den er dâ vor gewan:
den wirt er vrâgen began
waz der schal von den liuten
möhte bediuten
450 den er in dem markete hete gesehen.
dô begundę im der wirt jehen
wiez umbe die rede was getân,
als ich iu gesaget hân,
beide umbe die hôchzît
455 und ouch des sparwæres strît.
    als er im gesagete daz,
dô vrâgetę er aber vürbaz
von dem ritter mære,
ob er weste wer er wære,
460 der vor im ûf daz hûs reit,
als ich iu ê habe geseit,

und hal in doch sîn ungemach.
der alte sus sprach:
'in erkennet allez ditze lant:
465 erst Îdêrs fil Niut genant'
und sagete sîn geverte gar
unde daz er komen dar
mit sîner âmîen wære
ze nemen den sparwære.
470 alsô schiere er diz vernam,
mit vrâge er vürbaz kam,
unz im der wirt tete erkant
wiez umbe in selben was gewant.
  als er ims begarwe jach,
475 Êrec stuont ûf unde sprach:
'genâde, wirt und herre,
daz ez mir iht gewerre.
sît ez sô umbe iuch stât,
sô suoche ich helfe unde rât.
480 ûf genâde sô sî iu bejehen,
mir ist ein leit von im geschehen
daz ich immer klagen sol,
ez ensî daz ich michs erhol.
sîn getwerc mich harte sêre sluoc,
485 daz ich im durch nôt vertruoc:
er was gewâfent und ich blôz,
des ez dô benamen genôz.
grôz laster muoste ich dô vertragen.
daz sol mîn herze immer klagen,
490 mir engevüege got noch den tac
daz ich ez gerechen mac.
ûf solher âventiure wân,
als ich nû gesaget hân,
sô bin ich im her nâch geriten.
495 râtes muoz ich iuch biten:
beide helfe unde heil
stât vil gar âne teil,
herre, in iuwer hant.
möhtet ir mir umbe îsengewant
500 getuon deheiner slahte rât

(ich sage iu wie mîn muot stât),
sô enwürde er strîtes niht vermiten.
mit rosse bin ich wol geriten:
sô soldet ir mich lâzen rîten
505 mit iuwer tohter Ênîten
ûf die selben hôchzît.
ich behabete den strît
daz si schœner wære
(und næme den sparwære)
510 dan des ritters vriundîn.
nû sehet ob ez müge sîn
und tuotz ûf daz gedinge,
ob mir alsô gelinge
daz mir der sige belîbe,
515 sô nim ich si ze wîbe.
dar umbe endurfet irz niht lân,
si enhât an mir niht missetân,
ez mac wol mit êren sîn.
ich künde iu den vater mîn:
520 der ist der künec Lac genant.
beide liute unde lant,
lîp und allez daz ich hân
mache ich ir undertân,
daz si des muoz walten.'
525   dô begunden dem alten
von jâmer vil tougen
truoben diu ougen:
weinens sîn herze wart gemant
mit dirre rede sâ zehant
530 daz er kûme vür brâhte
die rede der er gedâhte.
     er sprach: 'herre, disen spot
sult ir lâzen durch got.
iuwer rede ist vil verlâzenlich.
535 nû hât got über mich
verhenget swes er wolde:
anders dan ez solde
sô ist mîn leben nû getân.
daz wil ich von gote hân:

540 des gewaltes ist alsô vil,
    er mac den rîchen swenne er wil
    dem armen gelîchen
    und den armen gerîchen.
    sîn gewalt ist an mir worden schîn.
545 durch got sult ir erbeten sîn
    daz dirre schimph belîbe.
    ir getuot ze wîbe
    mîner tohter wol rât,
    wan si des guotes niht enhât.
550 swie grôzen bresten ich nû dol,
    doch sult ir mir gelouben wol,
    ich hân gesehen ê den tac
    daz iuwer vater der künec Lac
    mich gesellen nande.
555 wir nâmen in sînem lande
    beide mit ein ander swert.
    daz ir nû mîner tohter gert,
    mich entriege mîn wân,
    daz habet ir durch schimph getân.'
560   Êrec wart von der rede rôt.
    er sprach: 'herre, welch nôt
    twinget iuch ûf den wân
    daz ichz durch schimph habe getân?
    daz sult ir ûz dem muote lân
535 und mîniu wort vür ernest hân.
    waz solde mir iezuo der spot?
    jâ bite ich mir sô helfen got
    ze sêle und ze lîbe,
    als ich mir ze wîbe
570 iuwer tohter gerne nemen wil.
    des engibe ich iu kein langer zil
    wan an die selben hôchzît,
    daz sich endet der strît,
    ob mir nû iuwer helfe vrumt
575 daz mir mîn dinc ze heile kumt.
    ir armuot hœre ich iuch klagen:
    der sult ir stille gedagen.
    ez enschadet iu niht gegen mir,

wan ich ir guotes wol enbir.
580 ouch hetę ich einen swachen muot,
næmę ich vür mînen willen guot.
nû gedenket dar zuo.
sît daz der strît sol wesen vruo,
sô ęnsûmet uns niht mêre.
585 an iu stât gar mîn êre:
und wizzet rehte âne wân,
ich leistę als ich gelobet hân.'
der alte was der rede vrô.
er sprach: 'sît irz meinet alsô,
590 sô haben wir hie zehant
vil schœnez îsengewant,
beidiu behendę unde guot.
des kunde mich diu armuot
noch nie betwingen
595 noch ûf den zwîvel bringen
daz ichs würde âne,
ich enbehieltez nâch wâne,
ob es mînem vriunde würde nôt,
(der selbe wille mirz gebôt
600 daz ichz im lîhen solde)
unz mirs got gunnen wolde.
sô hetę ich ie einen site
daz ich im selbe dâ mite
vil willeclîchen was bereit,
605 unz mir daz alter an gestreit:
daz hât mir gar die kraft benomen.
nû ist ez uns ze staten komen,
daz ez uns vremder betę erlât
und tuot uns unwirde rât.
610 ouch hân ich unze her
beide schilt unde sper
zesamene behalten.'
des genâdetę er dem alten.
er bat im ez zeigen dar,
615 durch daz er næme war
ob ez im reht wære,
ze enge noch ze swære.

dô was ez behende unde guot.
des gewan er vil rîchen muot,
620 Êrec fil de roi Lac.
vil schiere gienc ûf der tac
daz si solden rîten
hin zen hôchzîten.
    dô der tac vol erschein,
625 dô riten si ûf Tulmein.
dâ hiez si der herzoge Îmâîn
grôze willekomen sîn.
ir komennes nam in wunder.
nû nâmen si in besunder
630 und sageten im ir geverte gar,
war umbe Êrec was komen dar,
und bâten in râtes dar zuo.
er sprach: 'ich sage iu waz ich tuo.
beide lîp unde guot
635 unde willeclîcher muot
sol iu dar zuo sîn bereit,
her gast, durch iuwer vrümekeit
und durch mîner nifteln êre.
ouch volget mîner lêre
640 und lât mich si vazzen baz.'
Êrec der widerredete daz.
er sprach: 'des ensol niht geschehen.
er hæte harte missesehen,
swer ein wîp erkande
645 niuwan bî dem gewande.
man sol einem wîbe
kiesen bî dem lîbe
ob si ze lobe stât
unde niht bî der wât.
650 ich lâze ouch hiute schouwen
ritter unde vrouwen,
und wære si nacket sam mîn hant
unde swerzer dan ein brant,
daz mich sper unde swert
655 volles lobes an ir wert,
oder ich verliuse daz leben.'

'got sol iu gelücke geben'
sprach der herzoge Îmâîn:
'ouch sult ir des gewis sîn
660 daz iuwer ellenthafter muot
iu gevüeget allez guot.'
mit dirre rede si kâmen
dâ si messe vernâmen
von dem heiligen geiste:
665 des phlegent sị aller meiste
die ze ritterschefte sinnent
und turnieren minnent.
dô was bereit der imbîz.
man dienetẹ in in allen vlîz.
670 alsô der dô ergie,
menneclîch ze vreuden vie
dar nâch als in dûhte guot
und in lêrte sîn muot.
ir spil was umbe die stat
675 dâ der sparwære was ûf gesat.
    nû nâmen sị alle besunder war,
wennẹ Îdêrs fil Niut dar
mit sîner âmîen kæme
und den sparwære næme,
680 als er ouch ê hete getân.
nû sâhen si dort zuo gân
Êrecken mit vrouwen Ênîten.
er vuorte sị an sîner sîten
hin dâ er den sparwære sach.
685 ze des ritters gehœrdẹ er sprach:
'vrouwe, lœset diu bant
und nemet den sparwærẹ ûf die hant.
wan daz ist wâr âne strît,
hiest niemen schœner dan ir sît.'
690 dem ritter was daz ungemach.
vil unwirdeclîchẹ er sprach:
'lât den sparwære stân!
ez ensol iu niht sô wol ergân,
ir dürftiginne.
695 war tuot ir iuwer sinne?

lânt in ir der er baz gezeme
und diu in von rehte neme.
daz ist hie mîn vriundîn:
der sol er billîchen sîn.'
700 Êrec sprach: 'herre guot kneht,
ir habet den sparwære âne reht
genomen disiu zwei jâr.
nû wizzet rehte vür wâr,
es enmac niht mêre geschehen,
705 es enwellen iu die liute jehen.
ez muoz under uns beiden
diu ritterschaft scheiden.'
er sprach: 'jungelinc, ob iu wære
der lîp zihte mære,
710 sô liezet ir enzît
iuwern kintlîchen strît,
wan ir in nû schiere wirs lât,
sô ez an den lîp gât.
ich sage iu vor wie iu geschiht.
715 ir enerbarmet mir niht:
als ich iu nû gesige an,
des ich nie zwîvel gewan,
alsô stât hin ziu mîn muot
daz ich danne dehein guot
720 næme vür iuwern lîp.
sweder man oder wîp
iu dise rede gerâten hât,
der minnet ob iu missegât.'
Êrec sprach: 'herre,
725 ich hân mich alsô verre
nû der rede ûz getân:
ich enwil ir niht wandel hân.'
zehant schieden si sich dâ
unde wâfenten sich sâ,
730 der ritter als im wol tohte,
Êrec als er mohte.
Îdêrs was wol worden gar:
wan er hete sich gewarnet dar
als man ze ritterschefte sol.

735 sîniu sper wâren geverwet wol.
er was gezimieret:
sîn ros was gezieret
mit rîcher kovertiure
(diu was Êrecke tiure).
740 sîn wâpenroc alsam was,
samît grüenę als ein gras,
mit rîchen borten umbestalt.
als uns diu âventiure zalt,
sô was sîn harnasch lobelîch,
745 er selbę einem guoten ritter gelîch.
Êrec ouch dort zuo reit.
sîn schilt was alt swære lanc und breit,
sîniu sper unbehendę und grôz,
halp er und daz ros blôz,
750 als imz sîn alter sweher lêch.
gelücke sîn helfę im niht verzêch.
under al dem liute
'got gebe dir heil hiute'
sprach ein gemeiner munt.
755   nû rûmte man inz zestunt
zeinem wîten ringe.
Êrecke dem jungelinge
gezam vil wol sîn ritterschaft:
sîn ellen gap im grôze kraft.
760 si ruorte beidę ein grôzer zorn.
diu ros si nâmen mit den sporn:
dô sach man schenkel vliegen.
dô begunde jenen triegen
sîn hôchvertiger wân:
765 er wândę ein kint bestanden hân.
zesamene liezen sį strîchen.
dô bevant er wærlîchen
daz Êrec degenes ellen truoc.
mit der tjost er im sluoc
770 den schilt an daz houbet.
dâ von wart er betoubet
daz er kûme gesaz.
vil selten geschach im daz.

    diu tjost wart sô krefteclich
775 daz diu ros hinder sich
    an die hehsen gesâzen.
    der muote was erlâzen
    der ritter Îdêrs unz an die stunt:
    diu wart im sît garwe kunt.
780 die schefte vlugen in von der hant
    zebrochen über des schiltes rant.
      dô von in gelîche
    vil harte lobelîche
    wol diu vünfte tjost ergie,
785 daz ir deweder vervâlte nie,
    wan daz si diu sper ûf stâchen
    daz si gar zebrâchen,
    dô hete ir Êrec niht mêre.
    des gesûmte er sich sêre.
790 doch hete er daz alte sper
    sînes swehers gehalten her
    unz an die jungesten vart.
    dar umbe hete erz dar gespart:
    grôz und gedigen was der schaft.
795 ouch hete er sînes lîbes kraft
    harte wol enthalten dar,
    schône unde vil gar.
      als er daz sper ze hant genam
    (sîn schilt im wol ze halse zam),
800 er begunde ein wênic rîten
    ûz gegen vrouwen Ênîten
    dâ er si weinende sach.
    über des schiltes rant er sprach:
    'gehabet iuch wol, guot vrouwe maget.
805 ich bin noch vil unverzaget:
    iuwer sorge sol sich enden.'
    daz ros begunde er wenden
    daz ez in gegen dem ritter truoc.
    daz sper er undern arm sluoc.
810 der ritter im engegen kam
    wol gewarnet alsam.
    si liezen zesamene strîchen

      alsô krefteclîchen
      sô si meiste von ir sinnen
815 ûz den rossen mohten gewinnen.
      sô sêre zesamene si stâchen
      daz dem ritter brâchen
      die darmgürtel beide
      (dô gelebete erm nie sô leide),
820 surzengel und vürbüege.
      doch er guot ellen trüege,
      Êrec in von dem rosse schiet
      ze spotte aller der diet.
        als Êrecke dô sô wol geschach
825 daz er den ritter nider stach,
      von im enthielt er hôher baz.
      daz tete er umbe daz
      daz ieman des möhte jehen
      daz im diu schande wære geschehen
830 daz er in ligende hete erslagen.
      er wolde bezzer wort bejagen:
      er erbeizte und hiez in ûf stân.
      zesamene liezen si dar gân.
        dô sach man si vehten
835 gelîch zwein guoten knehten.
      daz viur in ûz den helmen vlouc.
      si vâhten als den liuten touc
      dies diu grimme nôt gebat:
      wan si hâten gesat
840 umbe den sige vil hôhez phant:
      ez galt ze gebenne dâ zehant
      minner noch mêre
      wan beide lîp und êre.
      dem tâten si vil gelîch.
845 ir vehten was manlîch.
      des triben si vil und genuoc,
      unz daz Îdêrs Êrecken sluoc
      ûf den helm, daz er gie
      von dem slage ûf diu knie.
850   als vrouwe Ênîte daz ersach,
      grôz wart ir ungemach.

si begunde ir gesellen klagen.
si wânde er wære erslagen
und er belibe des slages dâ.
855 ûf spranc er und begunde sâ
den schilt ze rücke wenden
und gap ze beiden henden
daz swert mit grimmen muote
und vaht sam er wuote.
860 er machetę in des schiltes bar
und hiu in im von der hant gar:
des im vil lützel der vertruoc
der slac engegen slage sluoc.
sît daz er im entlêch sîn guot,
865 daz galt er als jener tuot
der dâ mêrę entnemen wil.
si beide spilten ein spil
daz lîhte den man beroubet,
der vünfzehen ûf daz houbet.
870 ouch wurden sį eteswenne gegeben
beidiu dâ vür und ouch dâ ęneben.
mit grimme si verbunden.
einer ellenlanger wunden
möhtę er vil wol sîn bekomen
875 derz phantreht solde hân genomen.
dâ wart vil manec gebot geleit
und dem ein widergelt geseit.
ir ietweder enwoldez lâzen:
wan dem wære verwâzen
880 beidiu sîn êrę und ouch daz leben.
dar nâch sò wart daz spil gegeben
mit manegem viurînen slage
von vruo unz hin nâch mittem tage,
daz in der gebote zeran
885 sô sêre daz die zwêne man
muoden begunden.
si ęnmohten noch enkunden
ir gebot mit kreften niht gelegen
noch die arme alsô geregen
890 als si tâten unze dar.

nû hâten si sich alsô gar
erwüetet und ervohten
daz si niht mêre ẹnmohten.
ir slege wîplîchen sigen:
895 sô garwe wâren si erwigen
daz dâ von niht schade geschach.
Îdêrs dô zẸrecke sprach:
'enthalt dich, edel ritter guot.
wir velschen beide ritters muot
900 dâ mit und wir ie mitten tuon:
ez ist sunder prîs und âne ruom.
unser blœdez vehten
enzimt niht guoten knehten.
unser slegẹ engânt niht manlîchen,
905 wir vehten lasterlîchen.
obz iuwer muot niht vervât
vür zageheit, sô ist mîn rât,
daz wir diz blœde vehten lân
und eine wîle ruowen gân.'
910   dô was Êrec der rede vrô.
ze ruowe sâzen si dô:
ir houbet si enbunden.
und als si des emphunden
daz si geruowet hâten,
915 zesamene si dô trâten
und griffen an ir altez spil,
als ich iu nû sagen wil.
mit guoter kunst, mit niuwer kraft
uṇd mit alsô gelîcher meisterschaft
920 si spilnde beliben.
dâ siz vil lange getriben,
daz witzigẹ unde tumbe
die stuonden dar umbe
mit nihtẹ erkiesen kunden
925 weder zuo den stunden
eins ougen wæger hæte.
diz beleip lange stæte:
wederm geviele der gewin,
des was zwîvel under in,

930 unz daz Êrec der junge man
　　begunde denken dar an
　　waz im ûf der heide
　　ze schanden und ze leide
　　von sînem getwerge geschach.
935 und als er dar zuo ane sach
　　die schœnen vrouwen Ênîten,
　　daz half im vaste strîten:
　　wan dâ von gewan er dô
　　sîner krefte rehte zwô.
940 ûf den helm er verbant
　　mit vil williger hant.
　　doch jener die besten würfe warf
　　der kein zabelære bedarf,
　　dô half disen daz ern nie
945 ûz den slegen komen lie,
　　und gewan ez eine wîle
　　sô sêre mit der île
　　unz er doch daz spil verlôs
　　und gelac vor im sigelôs.
950 sînen geiselstreich er rach.
　　　als erm den helm abe brach,
　　dô lôstę erm ouch daz hüetelîn
　　als er soldę erslagen sîn,
　　wan daz er des geruochte
955 daz er genâde suochte.
　　ʻdurch got erbarme dich,
　　edel ritter, über mich.
　　êre an mir elliu wîp
　　unde lâz mir den lîp
960 und gedenke dar an
　　daz ich dir, tugenthafter man,
　　solh herzenleit niht hân getân:
　　dû maht mich wol bî lîbe lân.ʼ
　　　des antwurtę im Êrec dô.
965 er sprach: ʻwie redet ir nû sô?
　　ir spottet mîn âne nôt.
　　jâ woldet ir niuwan mînen tôt:
　　sô stüendę iuch ze ringe

iuwer vürgedinge
970 und iuwer grôzer übermuot.
jâ næmet ir dehein guot
an disem strîte vür mîn leben.
doch hât mir got die sælde gegeben
daz sich diu rede verkêret hât:
975 sehet, nû getuon ich guoten rât
daz ich deheine miete
vür mînen lîp biete:
swie mirn got anderswâ bewar,
ich bins vor iu sicher gar.
980 hetet ir iuwer hôchvart
ein lützel baz an mir bewart,
sehet, daz wære iu nû guot.
nû hât iuch iuwer übermuot
hiute hie gevellet
985 und dem schaden gesellet.'
    er sprach: 'wie meinet ir daz?
ich gediente nie iuwern haz,
wan ich iuch nie mêre gesach.'
Êrec aber dô sprach:
990 'nû schamet iuch durch mîne bete,
als ich mich gester tete,
dô ich von iuwern schulden
die schame muoste dulden
diu mînem herzen nâhen gie.
995 ouch geheize ich iu hie
daz iu iuwers getwerges tuht
und sîn grôziu unzuht
nimmer alsô vil gevrumt
sô sî iu ze schaden hiute kumt.'
1000   der ritter aber dô sprach:
'geschach iu ie ungemach
von mînen schulden, deist mir leit.
ouch hât mich iuwer vrümekeit
der selben schulde hie ze stat
1005 wol ze buoze gesat.
nû geruochet mir den lîp lân.
und habe ich iht des getân

des ich von rehtę engelten sol,
daz widerdienę ich harte wol.'
1010 Êrec erbarmde sich dô.
zuo dem ritter sprach er sô:
'nû wil ich iuch leben lân:
des enhetet ir mir niht getân.'
nû gap er im des sicherheit
1015 daz er im wære bereit
ze leisten swaz ern hieze,
daz er in leben lieze.
   als diu sicherheit was getân,
dô hiez er in ûf stân.
1020 und als si zuo den stunden
ir houbet beidę enbunden,
er sprach: 'nû sult ir mich gewern,
des enwil ich niht enbern,
ez enmüeze mîn vrouwe diu künegîn
1025 wider ir laster gêret sîn.
ir butet ir grôz ungemach,
daz ir nie leider geschach:
wider si sô habet ir vil getân.
des sult ir ir ze buoze stân:
1030 wande siz vil sêre klaget.
iuwer getwero sluoc ir maget
gester umbe dise zît:
ouch sluoc ez mich alsam sît
daz ich disiu mâl gewan.
1035 sehet, ich binz der selbe man.
ouch hetę ich iu immer nâch geriten
ê ir des wæret vermiten
ich enwürdę an iu gerochen.
daz ich bin sus zebrochen
1040 under mînen ougen
(jâ ęnmuget irs niht gelougen)
und daz iuwer getwerc ie
solh unzuht begie
daz ez die maget hât geslagen,
1045 daz enwil ich niht vertragen:
von rehte sol ez garnen daz.

unde sagẹ iu umbe waz:
jâ tetẹ im sîn unzuht sô wol,
daz man im es lônen sol.
1050 ich wil mich ûz der ahte lân,
ez ensoldez der maget niht haben getân.
ich nim disem hundẹ ein gæbe phant:
daz ist niuwan sîn hant,
daz ez immer mêre
1055 baz vrouwen êre.'
    daz enhâte doch der guote
niht in sînem muote
daz er alsô tuon solde,
wan daz er gerne wolde
1060 daz getwerc warnen dâ mite
daz ez ez dar nâch vermite,
und liez ez âne grôze bete
daz er im des niht entete.
doch rach erz ze rehte:
1065 er hiez ez zwêne knehte
ûf einen tisch strecken
unde wol durchrecken
mit guoten spizholzen zwein,
daz ez ûf sînem rücke schein
1070 dar nâch wol zwelf wochen.
sîn unzuht wart gerochen
daz daz bluot abẹ im ran.
nû begunde wîp unde man
under in gemeinlîchen jehen,
1075 im wære gar rehte geschehen,
sît manz in solher unzuht vant.
ez was Maliclisier genant.
    Êrec dô zuo dem ritter sprach
(sîn tweln was im ungemach):
1080 'nû ẹnweiz ich wes ir bîtet
daz ir niht enrîtet
ze mîner vrouwen der künegîn.
ir soldet nû geriten sîn.
in ir gewalt sult ir iuch ergeben
1085 und lebet swie sị iuch heize leben.

saget ir rehte wer ir sît
und umbę unseren strît
und wer iuch dar zir habe gesant.
alsô bin ich genant,
1090 Êrec fil de roi Lac.
ich kum morgen, ob ich mac.
ich rîte ze mîner wîle:
dar sint niuwan siben mîle.
nû gedenket an iuwer sicherheit.'
1095 der ritter dô enwec reit,
er und sîn vriundîn
unde daz getwergelîn,
gegen dem künegę Artûse.
    nû was er ze sînem hûse
1100 wider entwichen in daz lant
(daz was Karadigân genant),
dô der hirz was gejaget,
als iu ê ist gesaget.
nû was ez alsô ergangen
1105 daz den hirz hete gevangen
der künec Artûs mit sîner hant.
daz reht daz dâ von wart benant
daz was im gevallen,
daz er undern megeden allen
1110 eine küssen solde,
swelhe er wolde.
    dô si ze Karadigân wâren komen,
dô wolde der künec hân genomen
sîn reht nâch der gewonheit.
1115 dôz im ze rehte wart geseit,
dô bat in diu künegîn
daz ez gevristet müeste sîn
unz sim gesagete mære
wiez ergangen wære
1120 und waz ir geschach ze leide
von dem ritter ûf der heide,
und sagetę im vil rehte wie
ez ir des selben tages ergie.
si sprach 'gesellę, ich wil dir klagen:

1125 sus und sô wart mîn maget geslagen
und Êrec fil de roi Lac.
umbe den selben geiselslac
schiet er vor leide
von mir ûf der heide.
1130 er sprach: ʼgeloubet, vrouwe mîn,
ich wil iu immer vremde sîn
ze Britanje in dem lande,
ich engereche mîne schande.
und ob ich mich errechen mac,
1135 sô kum ich über den dritten tac.ʼ
herre, der ist morgen.
gedingen unde sorgen
hân ich umbe den jungelinc,
wie nû stên sîniu dinc.
1140 ich enmohte in nie erwenden.
got welle in uns senden.
geselle, nû bite ich dich
durch sîne liebe und durch mich
daz dû dîns rehtes niht ennemest
1145 ê daz dû danne vernemest
wie im sîn dinc ergangen sî.
mir wære liep, er wære ouch bî.
nû bît niuwan unz morgen vruo:
gelinget im, er kumt dar zuo.ʼ
1150   disiu bete was getân
ûf dem hûs ze Karadigân.
dô hete Walwân und der vriunt sîn,
der truhsæze Keiîn,
sich ze handen gevangen
1155 und wâren gegangen
niulîch von den vrouwen
vür daz kastel schouwen.
beide si dô sâhen
disen ritter zuo gâhen
1160 verre ûz dem walde.
nû tâten siz balde
der küeginne kunt.
ûf stuont si zestunt:

ir vrouwen si zuo ir nam,
1165 an ein venster si kam,
daz si war næme
wer dâ geriten kæme.
dâ stuont si und diu ritterschaft
bî ein ander zwîvelhaft
1170 wer der ritter möhte gesîn.
dô sprach diu künegîn:
'ez ist benamen der man,
als ich verre kiesen kan
und als mir mîn gemüete seit,
1175 dem Êrec dô nâch reit.
nû sehet, ir sint drîe:
daz getwerc und sîn âmîe
rîtent mit im dort her.
ez ist nieman wan er.
1180 jâ vert er sam er rîte
ûzer einem strîte.
ez mac iu dâ bî sîn erkant,
im ist der schilt unz an die hant
vil nâch verhouwen gar,
1185 sîn harnasch aller bluotvar.
ich wil iu zewâre sagen,
er hât Êrecken erslagen
und ist durch ruom her komen
daz er den sige hât genomen.
1190 oder er hât den ritter gesant
sigelôsen in diz lant
durch unsers hoves êre:
des selben gedinge ich sêre.'
nû jâhen si alle der künegîn,
1195 der eintwederz möhte wol sîn.
ê diu rede wære getân,
Îdêrs ûf Karadigân
gegenwürtic über den hof reit
zeinem steine, der was breit,
1200 ein wênic ûf an eine stat
vor der grêde gesat.
der was gemachet ûf dem hûs

daz der künec̅Artûs
dâ erbeizetę und ouch ûf saz.
1205 der ritter gedâhte wâ er baz
erbeizen möhte dan ouch dâ:
bî dem steinę erbeizetę er sâ.
  als man in diu ros emphie,
mit dem getwergę er dô gie
1210 und mit sîner vriundîn
mit zühten vür die künegîn.
diu bôt im hêrlîchen gruoz.
nû viel er ir an den vuoz,
er sprach: ʿvrouwe rîche,
1215 nû emphâhet genædeclîche
in iuwer gewalt einen man
dem got deheiner êren gan:
den ich dâ meine daz bin ich.
wider iuch vergâhetę ich mich:
1220 des entwanc mich dehein nôt,
wan daz mirz mîn schalcheit gebôt.
des sol ich iu ze buoze stân:
wan ich dar an gevolget hân
tumbes herzen râte.
1225 nû riuwetz mich ze spâte.
  jâ warnę ich mich ze unzît
sam der hase sô er in dem netze lît:
des ist mîn riuwe worden breit.
ez ist et als man dâ seit,
1230 daz unrehter hôchmuot
dem manne lîhte schaden tuot.
des hân ich mich enstanden
nâch grôzen mînen schanden
und bin es an ein ende komen:
1235 wan er hât mir nâch benomen
zuo den êren daz leben.
ich wil mich schuldic ergeben:
iu ist von mir geschehen leit.
ich binz der iu widerreit
1240 gester ûf der heide.
daz ist mir komen ze leide

daz ich die unzuht vertruoc
daz mîn getwerc die maget sluoc.
der unvuorę umbe den geiselslac
1245 hât mich Êrec fil de roi Lac
wol ze buoze gesat,
als in mîn wâriu schulde bat.
er gevalte mich mit sîner hant
und hât mich, vrouwe, her gesant,
1250 daz ich der selben schulde
gewinne iuwer hulde
und gar in iuwerm dienste stê.
dannoch sagę ich iu mê:
ir endurfet umbę in niht sorgen:
1255 er kumt iu selbe morgen
und bringet mit im eine maget
daz iu nieman ensaget
daz er dehein schœner habe gesehen,
muoz er der wârheite jehen.'
1260   von disen mæren wurden dô
vil herzenlîche vrô
Artûs und diu künegîn
und lobetens unsern trędhtîn,
daz im alsô jungen
1265 sô schône was gelungen
und im sîn êrstiu ritterschaft
mit lobelîcher heiles kraft
iedoch alsô gar ergie:
wan er begundes vor nie.
1270 oder ez wære
gar ein nîdære,
sô truoc im dâ niemen haz.
ez wart nie man geminnet baz
von einem ingesinde,
1275 wan er hetez von kinde
umbe si gedienet sô
daz si des alle wâren vrô.
zem ritter sprach diu künegîn:
'iuwer buoze diu sol ringer sîn
1280 dan ir doch gearnet hât.

ich wil daz ir hie bestât
und unser ingesinde sît.'
daz muoste ouch wesen âne strît.
    alsô diu rede geschach,
1285 der künec zuo den rittern sprach:
'nû suln wir in ze lône
emphâhen vil schône.
wir suln mit rehte einem man
derz sô wol gedienen kan
1290 aller êren gunnen.
er hât es wol begunnen
daz er ze lobenne sol geschehen.'
des begunden si dô alle jehen.
    dô ez alsô was komen,
1295 als ir dâ vor habet vernomen,
daz Érecke sô wol gelanc
daz er Îdêrs betwanc
ûf dem hûs ze Tulmein,
der ie ein wârer degen schein,
1300 und dô vrouwe Énîte
behertet wart mit strîte,
sîns gelückes wâren dô
vil herzenlîche vrô
arme unde rîche
1305 und jâhen alle gelîche,
dâ enwære dehein zwîvel an,
er enwære der tiuriste man
der ie kæme in daz lant.
dâ was nieman zehant
1310 dem sîn sige wære leit:
si prîsten sîne manheit.
ir spil begunden si mêren
dô ze sînen êren.
grôz buhurt huop sich dâ
1315 unde tanzen anderswâ.
in entwâfente der herzoge Îmâin:
in ir schôz leite in
daz kint vrouwe Énîte
ze ruowe nâch dem strîte.

1320 ir gebærde was vil bliuclîch,
    einer megede gelîch.
    si enredetẹ im niht vil mite:
    wan daz ist ir aller site
    daz si zem êrsten schamic sint
1325 unde blûc sam diu kint.
    dar nâch ergrîfent si den list
    daz si wol wizzen waz in guot ist,
    und daz in liep wære
    daz si nû dunket swære,
1330 unde daz si næmen,
    swâ si sîn reht bekæmen,
    einen süezen kus vür einen slac
    und guote naht vür übeln tac.
      dô bat in der herzogẹ Îmâîn
1335 daz er die naht geruochte sîn
    mit im durch alle minne
    mit sîner vriundinne
    und bats ouch den geswîen.
    des begundẹ in Êrec verzîhen.
1340 sus antwurtẹ er im dô:
    'herre, wie tætẹ ich danne sô,
    soldẹ ich mînen wirt lân
    der mir vil guotes hât getân?
    er emphienc mich gester,
1345 er und iuwer swester,
    in grôzer unkünde wol
    und sô daz ich ez dienen sol:
    ich weiz wol, baz enmohter.
    er gap mir sîne tohter:
1350 durch daz sô lât ez âne zorn.
    er enwirt von mir sô niht verborn.
    soldẹ ich nû von im wenken,
    sô möhtẹ er wol gedenken
    er engulte sîner armuot,
1355 des er weizgot niene tuot.
    ich sol mit im vil gerne sîn.
    mîn stæter wille wirt im schîn:
    und suln wir leben halbez jâr,

ich mache in rîche, daz ist wâr,
1360 mir engebreste des guotes.
mir enzerinnet niht des muotes,
ich enbringe in ûf die vart
daz er nie rîcher wart.'
dô sprach der herzoge Îmâîn:
1365 'sît ir bî mir niht enwellet sîn,
sô suln wir bî iu bestân,
mit iu ze herbergen gân.'
des genâdete im vil verre
Êrec der herre,
1370 und sîn sweher tete alsô.
ûf stuonden si dô.
bî handen si sich viengen,
ze herberge si giengen
und vuorten vrouwen Ênîten
1375 dâ enzwischen an ir sîten.
dô hete si wünnen genuoc,
wan si ûf ir hant truoc
den gewunnen sparwære:
daz was wol vreudebære.
1380 sus hâte diu maget
sæleclîche bejaget
von lobe michel êre:
doch vreute si sich mêre
von schulden ir lieben man
1385 den si des tages dô gewan.
    ein man den vreuden nie verdrôz,
des kurzwîle was vil grôz.
zen herbergen was grôzer schal.
dâ muoste er geste âne zal,
1390 ritter unde vrouwen,
den selben âbent schouwen:
wande si ladeten gar
alle die et kâmen dar
zuo den hôchzîten.
1395 der vater vrouwen Ênîten
enmöhtez niht erziuget hân:
ez muoste an dem herzogen stân.

von sînem hûse man dar truoc
spîse ebene genuoc.
1400   als im erschein der ander tac,
Êrec fil de roi Lac
der enwolde dâ niht langer tweln.
sîn unmuoze begunde er zeln
und sprach er müeste rîten
1405 und vüeren vrouwen Ênîten.
dô bat in ir œheim,
der herzoge von Tulmein,
daz er si müeste vazzen baz:
Êrec der widerredete daz.
1410 golt und silber er im bôt.
er sprach des wære im unnôt:
beide ros und gewant,
dar zuo beslôz Êrec die hant,
wan daz er ein phert nam,
1415 daz ir ze rîtenne gezam,
von ir nifteln, einer maget:
diu was, sô man saget,
mit dem herzogen dâ
unde sîn niftel nâ.
1420 vil güetlîche si in es bat,
alsô lange unz ûf die stat
daz er ez von ir emphie.
und wizzet wol daz vordes nie
in der werlde dehein man
1425 schœner phert mê gewan.
   ez was ze michel noch ze kranc,
sîn varwe rehte harmblanc,
sîn man tief unde reit,
[sîn brust starc unde breit,]
1430 mit ganzem gebeine,
ze grôz noch ze kleine.
sîn houbet truocz ze rehte hô.
ez was senfte unde vrô,
mit langen sîten
1435 (man mohtez wol gerîten)
rücke und vuoz guot genuoc:

hei wie rehte sanftę ez truoc!
ez gienc vil drâte über velt
schône sam ein schef enzelt:
1440 dar zuo und ez sanfte gie,
sô gestrûchetez doch nie.
der satel was alsam,
daz ez dem pherde wol gezam:
daz gesmîde sam ez solde
1445 von rôtem golde.
waz sol des langiu mære
wie daz geworht wære?
des muoz ich iuch vil verdagen:
wan soldę ich ez iu allez sagen,
1450 sô würde der rede ze vil.
den lop ich iu enden wil
mit vil kurzen worten:
die darmgürtel wâren borten.
    alz ez im gezogen wart,
1455 diu reise ęnwart niht mê gespart.
vrouwę Ênîte urloup nam,
als einem kinde wol gezam,
vil heize weinende,
ze rîten in ellende
1460 von ir lieben muoter.
diu sprach: 'rîcher got vil guoter,
dû geruoche mînes kindes phlegen.'
mit triuwen langer wart der segen.
nû errahte daz scheiden
1465 manegen trahen in beiden
unde dar zuo ir vater.
unsern herren got bater
daz er ir müeste walten.
Êrec sagete dem alten,
1470 swennę im sîn bote kæme,
swaz er von dem vernæme,
daz er dar nâch tæte:
wan er den willen hæte
ze tuone sîner armuot buoz.
1475 dô neic er im an den vuoz

und was des gedingen vrô.
urloup nâmen si dô
von allem dem gesinde dâ
unde schieden sich sâ
1480 unde riten von dan.
Êrec enwolde nieman
mit im von stete rîten lân:
mit heile bat er si dâ bestân.
    alsô si dô beide
1485 kâmen ûf die heide,
Êrec begunde schouwen
sîne juncvrouwen.
ouch sach si vil dicke an
bliuclîchen ir man.
1490 dô wehselten si vil dicke
die vriuntlîchen blicke.
ir herze wart der minne vol:
si gevielen beide ein ander wol
und ie baz unde baz.
1495 dâ envant nît noch haz
ze blîbenne dehein vaz:
triuwe und stæte si besaz.
    nû riten si vil drâte,
wan er gelobet hâte
1500 ze komenne an dem selben tage.
nâch der küneginne sage
westen die guoten knehte
alle vil rehte
die zît wenne er solde komen:
1505 ouch hâten siz vernomen
von dem ritter der dâ kam,
an dem er den sige nam.
diu ros wâren in bereit.
dô genôz er sîner vrümekeit.
1510 mit dem künege Artûse
riten von dem hûse
Gâwein und Persevâus
und ein herre genant alsus,
der künec Iels von Gâlôes,

1515 und Estorz fil roi Ares,
    Lucâns der schenke schein in der schar,
    dar zuo diu massenîe gar,
    daz sin emphiengen alle
    mit ritterlîchem schalle,
1520 geselleclîchen unde wol,
    als man lieben vriunt sol
    der verlorner vunden ist.
    gegen im was zer selben vrist
    über den hof gegangen,
1525 daz er würde emphangen,
    mîn vrouwe diu künegîn.
    si hiez in willekomen sîn:
    sîner âventiure was si vrô.
    vrouwen Ênîten nam si dô,
1530 si sprach: 'vrou maget wol getân,
    dirre kleider sult ir wandel hân.'
      nû vuorte si diu rîche
    in ir heimlîche.
    dâ was ir ein bat bereit,
1535 und wart nâch ir arbeit
    gebadet vaste schône.
    diu vrouwe mit der krône,
    ir lieben gast si kleite:
    wan dâ was bereite
1540 vil rîchez gewant.
    si nâte selbe mit ir hant
    in ein hemde daz magedîn:
    daz was wîz sîdîn.
    daz hemde si bedahte,
1545 daz manz loben mahte,
    mit einem rocke wol gesniten
    nâch kerlingischen siten,
    weder zenge noch ze wît:
    der was ein grüener samît
1550 mit spannebreiter lîste,
    dâ si si in brîste,
    mit gespunnem golde
    beidenthalp sô man solde,

        von ietweder hende
1555 an der sîten ende.
        ouch wart vrouwen Ênîten
        gegurt umbę ir sîten
        ein rieme von Îberne:
        den tragent die vrouwen gerne.
1560 vür ir brust wart geleit
        ein haftel wol hande breit,
        daz was ein gelpher rubîn:
        doch überwant im sînen schîn
        diu maget vil begarwe
1565 mit ir liehten varwe.
        der roc was bevangen,
        mit einem mantel behangen
        der im ze mâze mohte sîn,
        daz geville hermîn,
1570 daz dach ein rîcher sigelât.
        disiu küneclîche wât
        was gezobelt ûf die hant.
        ein bortę ir hâr zesamene bant:
        der was ze mâze breit,
1575 kriuzwîs überz houbet geleit.
        sô guot was des schapels schîn,
        ez enmohte borte bezzer sîn.
        ir kleit was rîch, si selbe guot.
           nû bedahte vrouwe Armuot
1580 von grôzer schame daz houbet,
        wan si was beroubet
        ir stat vil vrevenlîchen.
        si muoste dannę entwîchen,
        von ir hûse sî vlôch:
1585 Rîcheit sich in ir gesæze zôch.
        alsô schœne schein diu maget
        in swachen kleidern, sô man saget,
        daz si in sô rîcher wât
        nû vil wol ze lobe stât.
1590 vil gerne ich si wolde
        loben als ich solde:
        nû ęnbin ich niht sô wîser man,

mir engebreste dar an.
solh sin ist mir unkunt.
1595 ouch hât sich manec wîser munt
in wîbes lobe gevlizzen,
daz ich niht enmöhte wizzen
welhen lop ich ir vunde,
ez ensî vor dirre stunde
1600 baz gesprochen wîben.
si muoz von mir belîben
ungelobet nâch ir rehte,
wan des gebrist mir tumben knehte.
doch bescheidę ichz sô ich beste kan
1605 und als ichz vernomen han,
sô was ûzer strîte:
ez was vrouwę Ênîte
diu aller schœniste maget
diu ie, sô man saget,
1610 in des küneges hof kam.
diu küneginne si nam
vriuntlîchen bî ir hant
und gienc dâ si den künec vant
sitzen nâch sînem rehte
1615 mit manegem guoten knehte
dâ zuo der tavelrunde.
die zer selben stunde
dâ gesâzen oder sît,
der hetę einer âne strît
1620 an lobe den besten gewin.
des jâhen sị alle under in,
wan er nâch sage nie
deheine lôsheit begie
unde tugent sô manecvalt
1625 daz man in noch zalt
zeim dem tiuristen man
der ie stat dâ gewan:
des hetę er zem sedel guot reht,
Gâwein der guote kneht.
1630 dâ bî Êrec fil de roi Lac
und Lanzelot von Arlac

und Gornemanz von Grôharz
und li bels Côharz
und Lais hardîz
1635 und Meljanz von Lîz
und Maldwîz li sages
und der wilde Dodines
und der guote Gandelus.
bî dem saz Êsus,
1640 dar nâch der ritter Brîên
und Îwein fil li roi Vrîên
unde zallen êren snel
Îwân von Lônel.
ouch saz ir dâ mêre,
1645 Îwân von Lafultêre
und Onam von Galiot
und Gasosîn von Strangot.
ouch saz dâ zehant
der mit dem guldîn bogen genant,
1650 Tristram und Gârel,
Blîobleherîn und Titurel,
Garedeas von Brebas,
Gues von Strauz und Baulas,
Gaueros von Rabedic
1655 und des küneges sun von Ganedic,
Lis von quinte carous,
Isdex von mun dolerous,
Îthêr von Gaheviez,
Maunis und der kal Galez,
1660 Grangodoans und Gareles
und Estorz fil Ares,
Galagaundris und Gâlôes
und fil Dou Giloles,
Lohût fil roi Artûs,
1665 Segremors und Prauerâûs,
Blerios und Garredoinechschin,
Los und Troimar lo mechschin,
Brîên lingo mathel
und Equinot fil cont Haterel,
1670 Lernfras fil Gaîn

und Henec suctellois fil Gawîn,
Lê und Gahillet,
von Hochturasch Maneset,
und Batewain fil roy Cabcaflir,
1675 . . . . .
Galopamur, daz ist wâr,
fil Îsabon und Schonebâr,
Lanfal und Brantrivier,
Malivliôt von Katelangę und Barcinier,
1680 der getriuwe Gothardelen,
Gangier von Neranden
unde Scos der bruoder sîn,
der küene Lespîn
und Machmerit Parcefâl von Glois
1685 und Seckmur von Rois,
Inpripalenôt und Estravagaot,
Pehpimerôt und Lamendragot,
Oruogodelet
und Affibla delet,
1690 Arderoch Amander
und Ganatulander,
Lermebion von Jarbes,
fil mur defemius a quater bardes.
nû hân ich iu genennet gar
1695 die tugenthaften schar.
ir was nâch der rehten zal
vierzec und hundert über al.
    nû vuorte si diu künegîn
gegen der menigîn.
1700 der wunsch was an ir garwe.
als der rôsen varwe
under wîze liljen güzze,
und daz zesamene vlüzze,
und daz der munt begarwe
1705 wære von rôsen varwe,
dem gelîchete sich ir lîp.
man gesach nie ritterlîcher wîp.
    alsô si dô under die
von êrste zuo der tür in gie

1710 und si sitzen gesach,
 schame tetę ir ungemach.
 diu rôsen varwę ir entweich,
 nû rôt und danne bleich
 wart si dô vil dicke
1715 von dem aneblicke,
 ze gelîcher wîsę als ich iu sage:
 als diu sunnę in liehtem tage
 ir schîn vil volleclîchen hât,
 und gâhes dâ vür gât
1720 ein wolken dünnę und niht breit,
 sô ęnist ir schîn niht sô bereit
 als man in vor sach.
 sus leit kurzen ungemach
 diu juncvrouwę Ênîte
1725 von schamę unlange zîte.
  dô si zer tür in gie,
 ir schœnez antlütze gevie
 der wünneclîchen varwe mê
 und wart schœner dan ê:
1730 ei wie wol ez ir gezam
 dô ir varwe wandel nam!
 von grôzer schame daz geschach:
 wan si nie mê gesach
 sitzen ensamt sô manegen helt
1735 von ganzen tugenden ûz erwelt.
  dô diu maget in gie,
 von ir schœnę erschrâken die
 zer tavelrunde sâzen
 sô daz sį ir selber vergâzen
1740 und kapheten die maget an.
 dâ ęnwas dehein man,
 er enbegundę ir vür die schœnsten jehen
 die er hæte gesehen.
 der künec gegen ir gie:
1745 bî der hant er si vie,
 vrouwen Ênîten,
 und sazte si besîten
 und anderhalp sîn

die tugenthaften künegin.
1750 nû gedûhtᶒ ouch den künec zît
daz er den ritterlîchen strît
zehant enden wolde.
ir wizzet daz er solde
sîn reht hân genomen
1755 (daz habet ir ê wol vernomen),
von diu daz imz sô wol ergie
daz er den wîzen hirz gevie,
diu mit gelîchem mære
diu schœniste dâ wære,
1760 daz er die kustᶒ an ir munt.
des hâtᶒ er unz an die stunt
durch die künegîn erbiten.
nû ᶒnwart niht dâ wider gestriten,
si ᶒnwære diu schœniste dâ
1765 und über die werlt ouch anderswâ.
wan ich sagᶒ iu rehte wie
ir schœne vür die andern gie:
als ob an einer vinstern naht
die sterne wæren unbedaht,
1770 daz man si möhte wol gesehen,
sô müeste man von schulden jehen,
si wæren wol genæme
ob in schœners niht enkæme.
und sô den mânen sîn zît
1775 in der naht her vür gît,
sô hât man die wolgetânen
ze nihte bî dem mânen:
si dûhten lobebære,
ob der mâne niene wære
1780 und ob er si niht enlaschte
mit sînem liehten glaste.
sus swachetᶒ ir varwe
die vrouwen begarwe.
ouch vuor der künec ungebeit
1785 behalten sîn gewonheit,
als im si sîn vater liez
(sîn vater Utpandragôn hiez),

daz er den kus næme dâ
und ouch niender anderswâ
1790 wan swâz die guoten knehte
gesageten im ze rehte.
ûf stuont der künec dâ:
sîn reht nam er sâ
von sînes neven vriundîn.
1795 daz mohte wol âne haz sîn,
wan Êrec was sîn künne.
  nû huop sich michel wünne
ûf dem hûs ze Karadigân.
daz was ze liebe getân
1800 im und sîner vriundîn.
wâ möhte grœzer vreude sîn
dan man dâ hâte zaller zît?
si vlizzen sich enwiderstrît,
alle die dâ wâren,
1805 vrœlîchen gebâren.
  dô gedâhte der tugentrîche
Êrec vil ritterlîche
an sînes swehers armuot
unde sande im schœnez guot
1810 bî sînem boten in sîn hûs
(daz gap im der künec Artûs),
zwêne soumære,
der bürde was vil swære.
si truogen silber unde golt
1815 (wan er was der tohter holt),
daz er sich schône kleite
und er sich wol bereite
ze varne in sînes vater lant:
daz was Destregâles genant.
1820 bî sînem boten bater
den künec Lac sînen vater
daz er sînen sweher alten
zweier hiuser lieze walten,
diu er im benande
1825 in sînem lande,
und daz si wæren sîn eigen.

mit namen begunder si̦ zeigen,
Montrevel und Rôadân.
daz was allez getân.
1830 als er diu hiuser zim gewan,
dô wart der edel man
ergetzet swes im ie gewar:
unnôtic wart er gar.
man tete̦ in alsô rîche
1835 daz er sich hêrlîche
mit in begân mohte,
als sînem adel tohte.
    nû grîfe wir wider an die vart
dâ von der rede begunnen wart.
1840 dô Êrec hin ze hove kam
und der künec sîn reht genam,
vrouwe̦ Ênîte reizte daz,
diu dort als ein engel saz
mit schœne̦ und ouch mit güete,
1845 daz Êreckes gemüete
vil herzenlîche nâch ir ranc.
der tage dûhte̦ in ze lanc,
daz er ze langern zîten
ir minne solde bîten
1850 dan unz an die næhsten naht.
ouch truoc si im bedaht
einen willen dem gelîch,
daz ez wære wætlîch,
und hetez nieman gesehen,
1855 daz dâ wære geschehen
ein vil vriuntlîchez spil.
zewâre̦ ich iu daz sagen wil,
dâ was der Minnen gewin:
diu Minne rîchsete̦ under in
1860 und vuocte̦ in grôzen ungemach.
dô einz daz ander ane sach,
dô e̦nwas in beiden niht baz
dan einem habeche, der im sîn maz
von geschihte zougen bringet,
1865 sô in der hunger twinget:

und als ez im gezeiget wirt,
swaz ers dâ vür mêrę enbirt,
dâ von muoz im wirs geschehen
dan ob ers niht enhete gesehen.
1870 alsô tetę in daz bîten wê
zuo der mâzę und dannoch mê.
ir beider gedanc stuont alsô:
'jâ ęnwirdę ich nimmer vrô,
ich engelige dir noch bî
1875 zwô naht oder drî.'
ez gerten ir sinne
anderre minne
(dar nâch si gemâzet sint)
alsô dâ ein sunder kint
1880 sich nâch sîner muoter sent,
diu ez guotes hât gewent,
sô sį im ir gruoz diutet
und im die hende biutet
vor dem dâ von im leit geschiht.
1885 untiurre ęngerten si des niht
des si doch gewunnen sît.
nû was ouch briutennes zît,
wan ez wærę in beiden liep getân.
nû ęnwoldę in des niht erlân
1890 der tugenthafte Artûs,
er enbrûtę in sînem hûs
ze vreuden sînem lande.
zehant er ûz sande,
swar er mohte gereichen,
1895 brievę und wortzeichen,
daz im die vürsten kæmen
und alle diez vernæmen
von allen landen wîten
ze sînen hôchzîten.
1900 diu brûtlouft wart gesprochen
in der phingestwochen.
nû nennę ich iu die grâven gar
und ouch der vürsten schar
diu zuo den hôchzîten kam

1905 dâ Êrec vroun Ênîten nam.
ez wâren rîche geste:
grâve Brandes von Doleceste
(der brâhte in sîner schar
vünf hundert gesellen dar,
1910 der geziuc was lobelîch,
zuo im gekleit alle gelîch)
unde grâve Margôn,
geboren von Glufiôn,
die herren von Alte montanje
1915 (deist nâhen bî Britanje)
und grâve Libers von Treverîn
mit zehenzec gesellen sîn,
der rîche grâve Gundregoas
und der herre Maheloas,
1920 von dem glesînen werde genant.
sus stuont ez umbe sîn lant
daz dar über benamen nie
dehein ungewiter ergie:
ouch was dâ grôzer gemach,
1925 wan man dâ nie wurm gesach:
dâ enwart nie kalt noch heiz,
als manz von der wârheit weiz.
Gresmurs Fîne Posterne
(den sach man dâ gerne)
1930 und sîn bruoder Gimoers genant
(der wert Avalôn hiez sîn lant):
des sælde enwas niht kleine,
wan er minnete ein feine,
diu hiez Marguel.
1935 ouch kam Dâvît von Luntaguel:
der herzoge Guelguezins kam dar
mit hêrlîcher schar:
der Hôhe bois sô hiez sîn gewalt.
nû sint iu die herzogen gezalt
1940 und die grâven über al.
    nû vernemet ouch der künege zal.
ir wâren zehene, sô man zalt,
vünve junc und vünve alt,

alle gewaltic unde rîch.
1945 besunder hâten si sich
gesellet ritterlîchen,
die jungen zir gelîchen,
die alten zuo den alten:
diu mâze wart behalten.
1950 die jungen wâren, sô man seit,
gelîch geriten und gekleit:
die alten wâren rehte alsam,
zer mâze als ouch in gezam.
nû prüeve ich iu der jungen wât:
1955 samît unde sigelât
zesamene geparrieret,
enmitten gezieret
mit vêhen gevillen,
vil rehte nâch ir willen
1960 ze enge noch ze wît gesniten.
[diu ros diu die jungen riten]
garwe swarz sam ein raben,
diu enkunden niht wan draben.
dise riten vor in daz lant.
1965 ir iegelîch vuorte ûf der hant
vier mûze einen sparwære.
diu schar was lobebære:
ir brâhte iegelîcher dar
driu hundert gesellen in sîner schar.
1970 an ir wât was der vlîz.
der êrste künec Carnîz
(Schorces sîn lant hiez)
und der künec von Schotten Angwisiez
mit zwein sünen sîn
1975 (genant was einer Côîn
und der ander Goasilroet)
und künec Bêals von Gomoret.
    diz was diu junge ritterschaft.
nû kâmen dar mit hêrschaft
1980 vünf alte künege rîche.
die wâren ouch gelîche
beide geriten und gekleit.

4*

si hâten an sich geleit
ir alter ein gezæme wât,
1985 als manz von in vernomen hât,
den besten brûnât den man vant
über allez Engellant.
diu geville wâren grâ,
daz nieman anderswâ
1990 dehein bezzer enmohte hân,
ze Riuzen noch ze Pôlân.
si was lanc unde breit,
allenthalben drûf geleit
dickiu blech von golde,
1995 daz gewürhte als ez solde,
guot unde wæhe
und alsô spæhe
daz man ez volprîsen muoz,
gezobelt breit ûf den vuoz.
2000 der zobel was daz nie dehein man
deheinen bezzern gewan
noch tiurern envant
über allez Connelant.
des landes phliget der soldân,
2005 wan ez ist im undertân:
ez ist lanc unde wît.
Conne beslozzen lît
zwischen den landen beiden,
den Kriechen und den heiden.
2010 der beste zobel kumt von dan
den diu werlt ie gewan.
diz was der vürsten kleit.
dar under hâten si geleit
rîche bellizę alsam
2015 als ez der obern wât gezam.
ir iegelîches huot
was von zobel harte guot.
geriten wâren si vil wol,
als ich iu sagen sol,
2020 ir phert blanc snêwîz.
an in was aller der vlîz

der rîchen alten wol gezam:
ir gereite guot alsam,
von guotem golde was sîn schîn.
2025 daz daz gesmîde solde sîn,
daz was von silber durchslagen,
mit liehtem golde übertragen,
ir darmgürtel borten breit.
 dô disiu schar reit
2030 ze Britanje in daz lant,
ir iegelîchem ûf der hant
ein schœner habech saz,
sehs mûze oder baz.
 dô was guot kurzwîle
2035 des weges drî mîle.
si vunden guote beize dâ:
beide bach unde lâ
lâgen antvogele vol.
swaz ein habech vâhen sol,
2040 des vunden si dâ vil.
man gesach ouch nie vederspil
sô manegen schœnen vluc getuon.
 den antvogel und daz huon,
den reiger und den vâsân
2045 sâhen si vor in ûf stân,
den kranech an dem gevilde
und die gans wilde.
ouch vuorten ir knappen
des tages von den trappen
2050 ir satel vol behangen,
wan dâ was gar gevangen
swaz ir wart gestoubet.
vil garwe beroubet
wart daz gevilde
2055 [an vogelen und an wilde:]
swâ der hase erschrecket wart,
daz was sîn jungeste vart.
dô si nâch der beize riten
unde vriuntlîchen striten,
2060 under in was ein bescheiden haz:

ir iegelîch wolde daz dâ baz
sîn habech gevlogen hæte,
als man ouch noch tæte.
   nû reit der künec Artûs

2065 engegen in von sînem hûs
mit sîner massenîe gar
und emphienc die hêrlîchen schar
mit vil grôzer werdekeit:
ir komennes was er vil gemeit.

2070 ez wurden die guoten knehte
emphangen nâch ir rehte
und vil baz behalten.
   nû nenne ich iu die alten.
   daz was der künec Jernîs

2075 von Riel, biderbe unde wîs.
der brâhte mit im dar
eine lobelîche schar,
driu hundert gesellen.
   der alter hœret zellen:

2080 in was daz houbet gar
und der bart snêvar,
nider gewahsen alsô tief
daz er in ûf die gürtel swief.
der aller jungest, daz ist wâr,

2085 der hete vierzic und hundert jâr.
   nû vernemet waz ir mêre sî.
der getwerge künec Bîlêî
und sîn bruoder Brîans genant:
Antipodes hiez ir lant.

2090 ez enwurden einer muoter kint,
die bruoder geheizen sint,
nie ungelîcher danne sî,
Brîans und Bîlêî.
   uns saget daz wâre mære

2095 daz Brîans langer wære
dan iemen bî sînen zîten
in allen landen wîten
anderhalbe spanne:
sô saget man uns danne

2100 daz dehein getwerc enwære noch ensî
    kurzer danne Bîlêî.
    swes im an wahsenne gebrast,
    daz hete der wênige gast
    vol an dem muote.
2105 ouch envant man an dem guote
    niht sînen ebenrîchen.
    er kam dar hêrlîchen.
    sîn geselleschaft was grôz:
    er brâhte dar zwêne sîne genôz,
2110 ouch herren über getwerge lant.
    die wâren alsô genant,
    Grigoras und Glecidolân.
    die künege ich genant hân.
    nû emphienc der künec Artûs
2115 ze Karadigân in sînem hûs
    dise rîchen geste
    sô er mohte beste.
      nû was komen der tac
    daz Êrec fil de roi Lac
2120 solde nemen vrouwen Ênîten.
    wes möhten si langer bîten?
    wan si wârens beidiu vrô.
    zesamene gap si dô
    eines bischoves hant
2125 von Cantwarje ûz Engellant.
    dô huop sich dâ ein hôchzît
    daz man ir vollen lop gît.
    dâ enerschein dehein armuot.
    dâ was sô manec ritter guot
2130 daz ich iu zeiner mâze
    wil sagen von ir vrâze:
    wan si ahten mêre
    ûf ander êre
    danne daz si vræzen vil.
2135 dâ von ich iu kurze wil
    gesagen von der wirtschaft.
    dâ was alles des diu kraft
    des liute und ros solden leben:

  des wart in âne mâze gegeben,
2140 wan daz man des næme
  als es menlîch zæme.
   bûhurt, tanzen huop sich hie,
  sô der imbîz ergie,
  unde wertę unz an die naht.
2145 sô wart dâ trûren bedaht.
  alsô si des verdrôz,
  sô was ir vreude sus grôz.
  zen vrouwen si giengen
  die si schônę emphiengen.
2150 dâ was diu handelunge guot.
  dar zuo vreuwetę in den muot
  daz vil süeze seitspil
  und ander kurzwîle vil,
  sagen unde singen
2155 und snelleclîchen springen.
  dâ was aller künste kraft,
  von allen ambeten meisterschaft.
  die aller besten spilman
  die diu werlt ie gewan
2160 und die meister wâren genant,
  der was dâ zehant
  driu tûsent unde mêre.
  ez geschach nie grœzer êre
  weder vordes noch sît
2165 dan zuo der selben hôchzît.
   swaz der diete dar kam,
  diu guot umbę êre nam,
  der entete man eines niht rât.
  den gelimph varndez volc hât,
2170 swâ man einem vil gît
  und dem andern niht, des hât er nît
  und vluochet der hôchzît.
  des kam dâ niemen in den strît,
  wan si wurden rîche
2175 alle gelîche.
  man gap dâ vil starke.
  von golde drîzec marke

die gap man dâ vil manegem man
der vor nie gewan
2180 eines halben phundes wert.
si wurden alle sô gewert
des wætlîch nimmer mêre ergât.
beide ros unde wât
gap man der swachen diet
2185 die vor nieman beriet.
alsô wart daz wol behuot
daz dâ nieman umbe guot
dem anderen nît truoc:
man gap in allen genuoc.
2190 dâ enwart nieman geschant:
man gap in allen zehant.
emphâhens zeran in nie
unz daz diu hôchzît zegie,
unz an den vierzehenden tac.
2195 sus brûte Êrec fil de roi Lac.
    als diu brûtlouft nam ende,
nû schiet mit rîcher hende
vil vrœlîchen dan
manec wol sprechender spilman.
2200 die sprâchen alle
mit gelîchem schalle
wol den hôchzîten:
Êrecke und vrouwen Ênîten
wunschten si aller sælekeit.
2205 diu was in doch nû bereit
lange unde manec jâr.
ir wunsch wart volleclîche wâr,
wan zwei gelieber wurden nie
unz ez der tôt undervie,
2210 der allez liep leidet
sô er liep von liebe scheidet.
ouch wolden urloup hân genomen
die vürsten die dar wâren komen.
nû lancte die hôchzît
2215 der wirt vierzehen naht sît.
Êrecke ze liebe tete er daz,

wan er in sînem herzen saz,
und ouch durch vrouwen Ênîten.
zen andern hôchzîten
2220 stuont ir vreudę alsam ouch ê:
ir enwart niht minner, ir wart mê.
    nû jâhen des genuoge,
ez wærę âne vuoge
ob ein alsô guot man
2225 solde scheiden von dan,
dâ ęnwürdę ein turnei genomen,
sît si durch vreude wæren komen
ze Britanje in ir lant.
des antwurte Gâwein zehant,
2230 die solden ouch si vinden dâ.
einen turnei nam er sâ
wider dise vier gesellen,
der namen hœret zellen:
Entreferich und Tenebroc,
2235 Mêlîz und Meljadoc.
der turnei wart gesprochen
über drî wochen
von dem næhsten mântage.
nâch der âventiure sage
2240 sô solde der turnei sîn
zwischen Tarebrôn und Prûrîn:
daz was in gelîche gelegen,
in beiden ze halben wegen.
nû schieden dise viere man
2245 mit urloube von dan,
daz si sich bereiten dar zuo,
wan ez enwas in niht ze vruo.
    Êrec fil de roi Lac
maneger gedanke phlac,
2250 wie er dar sô kæme
als sînem namen gezæme,
wan er vor der stunde
turnierens nie begunde.
vil dicke gedâhtę er dar an,
2255 in swelhem werdę ein junger man

in den êrsten jâren stât,
daz er daz immer gerne hât.
er vorhte den langen itewîz.
deste grœzeren vlîz
2260 gâben sîne ræte
wie erz dâ wol getæte.
dô ęnwas er niht sô rîche
daz er volleclîche
mohte mit dem guote
2265 volziehen sînem muote.
swaz aber im des gebrast
(daz meinte daz er was dâ gast:
sîn lant was im verre),
Artûs der herre
2270 gap im swaz er vor gesprach.
doch was er im dar an gemach
daz es in iht bevilte.
er entweich sîner milte
mit bete swâ er mohte,
2275 als sîner schame tohte.
er hæte wunder getân,
möhtę er gehabet hân
nâch sînem willen volle hant.
als ez im nû was gewant,
2280 dar nâch saztę er sînen muot.
sîn harnasch enwas sô guot
noch solch sîn geselleschaft,
als ob er hete des guotes kraft.
nâch sîner maht vienc erz an.
2285   nû pruofte der junge man
drîe schilte gelîch
und driu gereitę alsamelîch
mit einem wâfen garwe:
doch schiet si diu varwe.
2290 der ein im hurtlîch genuoc was,
ûzę ein liehtez spiegelglas
(vil verre glaste des schîn),
dar ûf ein mouwe guldîn,
zer mâze sô si solde,

2295 innen gar von golde.
　　der ander von sinopel rôt:
　　dar ûf er slahen gebôt
　　ein mouwen von silber wîz:
　　diu was geworht in solhen vlîz
2300 daz man sį sô kurzer stunde
　　niht baz erziugen enkunde
　　und innen dem erren gelîch:
　　der was genuoc ritterlîch.
　　alsô wart der dritte var,
2305 von golde ûzę und innen gar,
　　dar ûf ein mouwe zobelîn,
　　diu niht bezzer enmohte sîn,
　　dar über ein buckel geleit:
　　von silber schône zebreit
2310 diu rîs, ze breit noch ze smal,
　　si beviengen daz bret über al:
　　daz bestuont diu mouwe.
　　innerhalp ein vrouwe
　　an dem vordern orte:
2315 der schiltriemę ein borte
　　mit guotem gesteine:
　　des enwas er niht eine.
　　si wâren innen alle gelîch,
　　die riemen alsamelîch.
2320 nû pruoftę er nâch der ahte
　　sô er behendeclîchest mahte
　　drî banier samelîch,
　　einem iegelîchen schilte sîn gelîch.
　　dar zuo Êrec der junge man
2325 mit Artûses helfe gewan,
　　des küneges von Britanje,
　　vünf ros von Spanje,
　　helme von Poitiers,
　　halsberge von Schamliers,
2330 îserkolzen von Glenîs.
　　der herre junc unde wîs
　　ziegelîchem rosse vuortę er
　　von Lôfanige zehen sper,

von Etelburc die schefte,
2335 geverwet ze ritterschefte.
sîn helm gezieret schône:
ein engel ûz einer krône
von golde geworht schein.
wâpenroc und kovertiurę al ein,
2340 beidiu genuoc kuntlîch,
grüener samît phelle rîch,
zesamene geparrieret,
mit borten wol gezieret.
vünfzehen knaben er gewan,
2345 sô behende daz dehein man
deheine tiurerę envant
ze Britanje überz lant.
iegelîches harnasch was guot,
ein panzier und ein îsenhuot
2350 und ein kiule wol beslagen.
sîniu sper truoc ein wagen
hin dâ der turnei solde sîn,
zwischen Tarebrôn und Prûrîn,
ê dan Êrec würde bereit.
2355 als ich ê hân geseit,
dâ was ouch turneies zil:
guoter ritter kam dar vil.
    als er wolde rîten
und von vrouwen Ênîten
2360 dô begunde scheiden,
von den gesellen beiden
ein getriuwiu wandelungę ergie,
unde sagę iu rehte wie:
der vil getriuwe man,
2365 ir herze vuortę er mit im dan,
daz sîn beleip dem wîbe
versigelt in ir lîbe.
    an der sambeztages naht
kam mit aller sîner maht
2370 der künec Artûs dar.
er brâhte sîn massenîe gar.
nû wâren die besten dâ ze wege

geherberget nâch ir phlege.
die uopten ritterlîchen schal.
2375 die herberge wâren über al
mit liehten bestaht
deiswâr alle die naht.
Êrec herbergete dort
von den andern an ein ort.
2380 deheines schalles er began:
er lebetẹ als ein vol karger man
ungiudeclîchen
und enwolde sich niht gelîchen
einem guoten knehte,
2385 und von allem rehte.
giudens urloup möhtẹ er hân
derz dicke vür in hete getân:
er endûhte sich niht sô vollekomen
noch an manheit vernomen,
2390 daz ez im erloubet möhte sîn.
swelher der gesellen sîn
durch geselleschaft geruochte
daz er sîn herberge suochte,
der wart schônẹ emphangen dâ
2395 mit gruoze baz dan anderswâ:
an swelhen andern dingen
erz niht enmohte bringen,
dâ schein sîn willẹ alsô
daz ir iegelîcher was vrô
2400 swâ er im ze lobenne geschach.
in minnetẹ allez daz in sach.
er tetẹ alsam der Sælden schol:
man enspræchẹ im anders niht sô wol.
nû lebete disiu ritterschaft
2405 mit gewonlîcher vreuden kraft,
als man ze turneien phlac.
morgen an dem suntac
tâten sị als ez in was gewant:
si hiezen ir îsengewant
2410 vegen unde riemen.
dâ was lützel iemen

    wan den turnierens wol gezam.
      alsô dô vür kam
    vil kûme mitter tac,
2415 Êrec fil de roi Lac
    der wâfente sich sâ
    ê iemen anderswâ,
    daz er die êrsten tjost næme
    und in vür kæme,
2420 swâ er des state vunde.
    nû wâren ouch zer stunde
    vür komen ûf den selben muot
    gesellen zwêne, ritter guot:
    und als si in gesâhen,
2425 zuo im begunden si gâhen
    ûf vil gewissen sin.
    der ein tjostierte wider in:
    den selben er von dem rosse stach.
    dem andern alsam geschach.
2430 ir rosse er niene ruochte,
    wan daz er vürbaz suochte
    ritterschefte mêre.
    dô geviel im diu êre
    diu in an lobe zierte,
2435 daz er vünfstunt tjostierte
    alsô daz nie ritter baz.
    zwô genâde vuocten im daz:
    sælde und grôze werdekeit,
    die hâte got an in geleit.
2440   dise tjost hete er genomen
    ê ieman wære ze velde komen,
    wan si was genuoc vruo.
    doch riten si enmitten zuo
    von ietwederem teile.
2445 ze grôzem sînem heile
    menneclîch diu ros sach
    dâ er die ritter abe stach,
    dô si dâ liefen hin und her.
    si sprâchen alle: 'jâ, herre, wer
2450 mac disiu ros erlediget hân?

ez hât benamen Êrec getân.'
   vil wol wart er geprîset dâ.
nû huop sich ouch sâ
vil rîch diu vespereide
2455 enmitten ûf der heide.
des wart vil guot diu ritterschaft,
daz ietwedernthalp ir kraft
wac vol gelîche.
dô wart ritterlîche
2460 genuoc getjostieret
und wol gepunieret
und geslagen mit dem swerte.
die wîle der turnei werte,
Êrec fil de roi Lac
2465 grôzer unmuoze phlac.
swer im gewartet solde hân,
der endorfte diu ougen ruowen lân:
man sach in dort unde hie.
baz turnierte ritter nie.
2470 si nâmen alle sîn eines war:
er was ie der êrste dar
und der jungeste dan.
Êrec den prîs gewan
des âbendes ze beiden sîten:
2475 des jâhen sị âne strîten.
   er reit unz im diu naht benam.
dô man ze herberge kam,
ander rede dô niemen phlac
wan: 'Êrec fil de roi Lac
2480 der ist der baz tuonde man
den unser lant ie gewan
von sînen jâren.
er enmöhte baz gebâren.'
des wart grœzlîche gejehen.
2485 im was des âbendes geschehen
dâ von er prîs bejagete.
   morgen als ez tagete,
Êrec ûf machte sich.
sîn êrste vart was ritterlich:

2490 zuo der kirchen er gie
und ergap sich im dem noch nie
voller genâden zeran:
ez enwart ouch nie gar vrumer man,
an im enstüende sîn rât:
2495 wan der in vor im hât
an allen sînen dingen,
der versehe sich gelingen.
Êrec trûwetẹ im vil sêre
umbe sîn ritterlîche êre,
2500 daz er der geruochte phlegen.
als sich endete der segen,
schilt und ros was im bereit.
nû diuhte mich diu genendekeit
lobelîch unde grôz,
2505 daz er âne wâfen blôz
und gesellelôs ze velde kam,
wan daz er vünf knaben zuo im nam.
der iegelîcher vuorte driu sper.
diu selben vertetẹ er
2510 ze rehter tjost unde bar,
daz des niemen wart gewar
von sînem teile.
nâch disem heile
stal er sich wider in,
2515 als ez niender wærẹ umbẹ in.
nû hâte vrouwe Melde
vruo gesant ze velde
einen garzûn besehen
waz Êrecke wære geschehen
2520 zêren und ze prîse.
daz tete der wortwîse
dem künegẹ Artûsẹ erkant.
die er ligende noch vant,
die begundẹ er strâfen
2525 und beruofen umbẹ ir slâfen.
er sprach: 'wes liget ir hie?
wer bejagete noch ie
mit slâfe dehein êre?

hiute hât Êrec sêre
2530 gurbort sper unde swert.
got gebe im heil swenne er sîn gert.
ich wil im immer guotes jehen:
ich hân an im ersehen
alsô manlîch getât
2535 des er immer êre hât.'
sus machete er im vriunde mê
und stuont ze prîse baz dan ê.
  ein kurze ruowe er dô nam.
wan als schiere er wider in kam,
2540 dô wâren sị alle ûz komen
und hâten messe vernomen,
als sis beginnen solden
die turnieren wolden.
ein lützel âz er unde tranc:
2545 vil enliez in der gedanc
den er hin wider hâte.
vil wunderlîchen drâte
wâfente sich dô menlich:
alsam tete er sich.
2550 daz geschach nie sô schiere
sô daz si die gesellen viere,
Entreferich Tenebroc
Mêlîz und Meljadoc,
über jenez velt sâhen
2555 mit ir baniere gâhen.
si hâten grôze kraft
und genendige ritterschaft,
manege banier rîche,
von varwe misselîche.
2560   Êrec unde Gâwein
und swaz dâ ritterschefte schein,
ûf machten si sich sâ.
dô hôrte man dâ
michel kroiieren
2565 vor den banieren.
Êrec der êrste an si kam,
als einem ritter gezam.

wâpenroc und krône
machetę in ûz schône
2570 unde sô daz dâ zehant
dehein ritter was sô verrę erkant.
Êrec der herre
kam hin vür sô verre
daz er tjostierens state gewan.
2575 engegen in reit ein vrum man:
der hôchvertige Landô
sûmte tjostierens si dô.
der hetez vordes âne wân
alsô dicke wol getân
2580 daz man in nande
zem besten in sînem lande.
Êrecke dô sô wol geschach
daz er in von dem rosse stach.
er urborte sich sêre,
2585 wan dannoch vertetę er mêre
zwelf sper enzwischen den scharn.
des muostę in sîn grôz tuht bewarn
daz er unbekumbert dô beleip.
alsô langę er daz treip
2590 unz man im den schilt zestach
und mit slegen sô zebrach
daz er im ze nihte tohte.
als er gewerlîchest mohte,
sô staphetę er ûz von in.
2595 schilt und ros gap er hin:
ûf ein anderz er gesaz
und warnte sich mit schilte baz
und mit niuwem baniere.
daz entetę er nie sô schiere
2600 ê er die sîne zuo sach varn.
nû ęnmohtę er zwischen den scharn
getjostieren mêre.
nû wart dâ vil sêre
geslagen und gestochen,
2605 manec sper zebrochen,
dô beidenthalp diu ritterschaft

mit sô williger kraft
zesamene liezen strîchen.
nû ẹnmohte sich gelîchen
2610 der schal von den scheften
niwan dâ von windes kreften
ein walt begunde vallen.
dô tetẹ erz vor in allen,
Êrec fil de roi Lac,
2615 wandẹ er den mântac
maneges ros erledegete dâ.
diu liez er von der hant sâ,
daz er ir deheinez nam,
wan er dar niene kam
2620 ûf guotes gewin.
dar an kêrtẹ er sînen sin,
ob er den prîs möhte bejagen.
ich wil ouch iu zewâre sagen,
sîn lîp wart lützel dâ gespart.
2625 dô der turnei stânde wart,
dô sach man in sô dicke
niender als in der dicke,
dâ er muostẹ emphâhen unde geben.
man sach in manlîche leben.
2630 als er getjostierte genuoc
und mit dem swerte gesluoc
unz daz er muoden began,
durch ruowẹ entweich er von in dan.
als er von dem rosse gesaz,
2635 ein soldier nam daz
und seitẹ ims genâdẹ unde danc.
sîn ruowe wertẹ unlanc.
als er den helm abe gebant,
sîn knaben wâren dâ zehant
2640 und lôsten im daz hüetelîn,
als er erküelet solde sîn,
des im doch niht state geschach,
wan er die sîne sach
vlühteclîchẹ entwîchen
2645 und doch müezeclîchen:

sô ruhten sị ie baz und baz.
nû begundẹ in bedunken daz,
si wæren enschumphieret nâch.
ze rosse wart im alsô gâch,
2650 daz er des helmes vergaz.
mit blôzem houbetẹ er ûf saz:
von geschihte begreif er
beide schilt unde sper.
dô ẹnwart niht langer gebiten:
2655 schône kam er in geriten
mit sîner baniere.
enwærẹ er niht schiere
den sînen ze helfe komen,
si müesten schaden hân genomen
2660 unde enschumphieret sîn.
daz was dar an wol schîn,
si wâren allẹ entwichen dan:
ze wer enthielt sich nieman
von al der massenîe
2665 niuwan die drîe:
her Gâwein der edel man,
der doch nie lasters teil gewan
unde aller tugende wielt,
fil Dou Gilules bî im hielt
2670 und Segremors: dise drî
enthielten vaste wider sî.
si tâtenz dâ, wizzet daz,
sô nie drî ritter baz,
wan si mit stichen noch mit slegen
2675 von stete niemen mohtẹ erwegen.
doch müesten sị sîn gevangen,
und wære daz ergangen
von der grôzen überkraft
(diust aller dingẹ meisterschaft,
2680 wider si niemen niht enmac),
wan daz Êrec fil de roi Lac
schône in geriten kam,
als vriundẹ an der nôt gezam,
rehte sam des windes dôz.

2685 sîn manheit was sô grôz
daz er si alle drâte
umbe gekêret hâte.
noch muostę erz enblanden
grimme den handen,
2690 sîn enwærę anders niht geschehen.
als diz die sîne heten ersehen,
nû kêrten sį wider dâ zehant.
wider in tjostierte Boidurant.
den edeln ritter entsaztę er
2695 ouch mit sînem sper.
guot wort bejagetę er dâ.
die vîendę enschumphiertę er sâ,
er einę in kurzer wîle
wol driu teil einer mîle.
2700 dar kam im sîn geselleschaft
ze helfe mit ir kraft
und tâten sį âne widerstrît
vastę unz an ir hâmît.
daz dritte ros gap er hin.
2705 harte schœnen gewin
hete sîn geselleschaft begân,
des ânę in niht enwære getân.
sîn genôz des tages manec man
der von im dâ vil gewan.
2710 grôz was ir bejaget.
des wart im dô genâde gesaget
und gezam si deste mêre
ze sprechen sîn êre.
dô dûhte von im vollen grôz
2715 daz er durch sîn houbet blôz
von ungewarheit niht vermeit
daz er schône in reit
und sô genendeclîchen
die vîende tet entwîchen.
2720   Gâwein tetez des tages dâ
guot als ouch anderswâ
und nach sîner gewonheit.
diu was, sô man seit,

daz nimmer dehein man gesach,
2725 swâz im ze tuone geschach
daz man ritterschaft urborte,
er enschine dâ ie in dem worte
daz ez niemen vür in tæte:
des ist sîn lop noch stæte.
2730 vil ritterlîchen stuont sîn muot:
an im enschein niht wan guot,
rîch und edel was er genuoc,
sîn herze niemen nît entruoc.
er was getriuwe
2735 und milte âne riuwe,
stæte unde wol gezogen,
sîniu wort unbetrogen,
starc schœne und manhaft.
an im was aller tugende kraft.
2740 mit schœnen zühten was er vrô.
der Wunsch hete in gemeistert sô,
als wirz mit wârheit haben vernomen,
daz nie man sô vollekomen
ans künec Artûses hof bekam.
2745 wie wol er im ze gesinde zam!
ûf êre leit er arbeit.
harte grôze manhcit
erzeigete er den tac:
âne Êrecken fil de roi Lac
2750 sô bejagete dâ niemen mêre:
wan er bejagete guot und êre.
zwêne ritter vienc er dâ zehant:
der ein Ginses was genant,
der ander Gaudîn de Montein:
2755 dise vienc Gâwein.
Êrec fil de roi Lac
den lâze ich vor den einen tac
(vürbaz engetar ich),
wan man saget, sîn gelich
2760 ze Britanje enkæme nie:
kam aber er dar ie,
daz mohte Êrec wol gesîn:

daz was an sînen tugenden schîn.
dô dâ ir vîende wâren getân
2765 in hâmît, als ich gesaget hân,
Êrec vrâgen began
ob her ûz dehein man
wolde tjostieren mêre
durch sîner âmîen êre.
2770 dô jach ein ritter zehant,
der was Roiderodes genant,
daz er tjostieren wolde,
obz mit vride wesen solde.
des was Êrec vil vrô:
2775 vride gelobetẹ er im dô.
engegen im er ze velde reit,
wan er an sîner manheit
was vil unerværet:
daz hâtẹ er dicke bewæret.
2780 zuo ein ander was in ger.
âne vælen zwelf sper
vertetẹ ir ietweder dâ.
nû erbeizete von rosse sâ
der tugenthafte Êrec
2785 unde gap daz enwec.
ûf daz vünftẹ er dô saz:
bereite was ime daz.
sîn ernest des gedâhte,
daz er ouch volbrâhte:
2790 er enwolde sị niht mê sûmen,
er bat im ez rûmen.
daz sper er undern arm sluoc.
guot wille si zesamene truoc.
nû erriet er in daz ers emphant
2795 zen vier nageln gegen der hant.
alsô sêrẹ er in stach
daz im daz vürbüege brach.
darmgürtel und surzengel brast,
sam ez wærẹ ein vûlez bast.
2800 im beleip ein swachez phant,
der zoum zebrochen in der hant.

er viel dô im misselanc
von rosse wol drîer schefte lanc.
daz er in dem satel gesaz,
2805 vil sêre prîste Êrecken daz,
wan er hâtes êre.
dâ enwas ze tuon niemêre.
    nû hete der turnei ende.
âne missewende
2810 schiet diu massenîe dan.
Êrec der tugenthafte man
wart ze vollem lobe gesaget.
den prîs hete er dâ bejaget,
und den sô volleclîchen
2815 daz man begunde gelîchen
sîn wîsheit Salomône,
sîn schœne Absolône,
an sterke Samsônes genôz.
sîn milte dûhte si sô grôz,
2820 diu gemâzete in niemen ander
wan dem milten Alexander.
sîn schilt was zebrochen,
mit spern sô zestochen,
man hete viuste dâ durch geschoben.
2825 sus verdiente Êrec sîn loben.
    dô daz mære ûz kam
und vrouwe Ênîte vernam
sô grôze tugent zellen
von Êrecke ir gesellen,
2830 dô was ir sîn manheit
beide liep unde leit.
daz ir liebes dran geschach,
daz was daz man im wol sprach.
daz si leides dran gewan,
2835 daz was, si weste wol ir man
in sô getânem muote,
im enwolde got mit huote
genædeclîchen bî gestân,
sô vorhte si in unlange hân,
2840 wan er den lîp ûf êre

solde wâgen sêre,
und wan erz versuochte,
sô ein zage ęnruochte
man spræchę im übel oder guot.
2845 ouch hâte sich vil snellę ir muot
der zweier eines bewegen,
daz ir ze manne wærę ein degen
lieber dan ein arger zage,
unde lie swache klage
2850 und was sîner manheit
beide stolz und gemeit.
 dô der turnei was ergân,
der künec reit ûf Karadigân
mit sîner massenîe.
2855 ir iegelîches âmîe
emphienc den ir mit vreuden dô.
ouch tete alsô
vrouwe Ênîte.
unlange zîte
2860 beliben si ze hove dâ.
urloubes gertę er sâ
ze dem künegę Artûse
rîten heim ze hûse
in sînes vater lant:
2865 daz was Destregâles genant.
des mohtę in dunken grôziu zît:
wan er was dar niht komen sît
daz er was ein kindelîn.
wie möhtes baz zît sîn?
2870 als im dô ze muote wart
umbe die heimvart,
dô nam er an sich
sehzec gesellen, die er gelich
zuo ime kleite
2875 unde wol bereite.
die vuorte der tugenthafte man
zuo geselleschefte dan.
sînen boten er sande
vor hin heim ze lande,

2880 derz sînem vater tæte kunt.
 ouch rantẹ er dâ ze stunt
 hin gegen Karnant
 (sô was ir houbetstat genant)
 unde vant den künec dâ
2885 unde sagetẹ ime sâ
 waz im sîn sun enbôt.
 des emphienc er rîchez botenbrôt:
 wan ez gelebete der künec Lac
 nie vrœlîchern tac
2890 danne den dô er vernam
 daz im sîn lieber sun kam.
 er was rüemic unde vrô.
 vil drâte besandẹ er dô
 beidiu mâgẹ unde man,
2895 der er vünf hundert gewan,
 und reit engegen im drî tage.
 nâch der âventiure sage
 sô emphiengen sị alle gelîche
 harte vriuntlîche
2900 Êrecken mit sînem wîbe.
 ez endorfte vrouwen lîbe
 baz erboten werden nie
 dan ouch ir dô man sị emphic.
  der alte künec Lac
2905 vil grôzer vreuden phlac,
 wan si gâben im beide
 schœne ougenweide,
 Êrec mit vrouwen Ênîten.
 ze swederer sîten
2910 er sînhalp sach, sô vreutẹ er sich,
 wan ir beider lîp was wünneclich.
 sîn sun geviel im wol,
 als einem man sîn kint sol,
 des schœne wol gerâten hât
2915 und alsô gar ze lobe stât:
 doch geviel im vrouwẹ Ênîte baz.
 wol bescheintẹ er in daz:
 er vuorte sị heim ze Karnant

unde gap sîn lant
2920 in ir beider gewalt,
daz er ze künege wære gezalt
und daz si wære künegîn:
er hiez si beide gewaltic sîn.
Êrec was biderbe unde guot,
2925 ritterlîche stuont sîn muot
ê er wîp genæme
und hin heim kæme:
nû sô er heim komen ist,
dô kêrte er allen sînen list
2930 an vrouwen Ênîten minne.
sich vlizzen sîne sinne
wie er alle sîne sache
wante zuo gemache.
sîn site er wandeln began.
2935 als er nie würde der man,
alsô vertreip er den tac.
des morgens er nider lac,
daz er sîn wîp trûte
unz daz man messe lûte.
2940 sô stuonden si ûf gelîche
vil unmüezeclîche.
ze handen si sich viengen,
zer kappeln si giengen:
dâ was ir tweln alsô lanc
2945 unz daz man messe gesanc.
diz was sîn meistiu arbeit:
sô was der imbîz bereit.
swie schiere man die tische ûf zôch,
mit sînem wîbe er dô vlôch
2950 ze bette von den liuten.
dâ huop sich aber triuten.
von danne enkam er aber nie
unz er ze naht ze tische gie.
dô Êrec fil de roi Lac
2955 ritterschefte sich bewac,
der tugende er dannoch wielt,
dâ er sich schône an behielt,

swie er deheinen turnei suochte,
daz er doch beruochte
2960 sîne gesellen alle gelîche
daz si vil volleclîche
von in selben mohten varn.
er hiez si alsô wol bewarn
als ob er selbe mit in rite.
2965 ich lobe an im den selben site.
    Êrec wente sînen lîp
grôzes gemaches durch sîn wîp.
die minnete er sô sêre
daz er aller êre
2970 durch si einen verphlac,
unz daz er sich sô gar verlac
daz niemen dehein ahte
ûf in gehaben mahte.
des begunde mit rehte
2975 ritter unde knehte
dâ ze hove betrâgen.
die vor der vreude phlâgen,
die verdrôz vil sêre dâ
unde rûmten imz sâ:
2980 wan ez enhâte wîp noch man
dcheinen zwîvel dar an,
er enmüeste sîn verdorben:
den lop hete er erworben.
ein wandelunge an im geschach:
2985 daz man im ê sô wol sprach,
daz verkêrte sich ze schanden
wider die die in erkanden:
in schalt diu werlt gar.
sîn hof wart aller vreuden bar
2990 unde stuont nâch schanden:
in endorfte ûz vremden landen
durch vreude niemen suochen.
des begunden vluochen
die in ane wunden
2995 und im guotes gunden.
si sprâchen alle: 'wê der stunt

daz uns mîn vrouwe ie wart kunt!
des verdirbet unser herre.'
   disiu rede geschach sô verre
3000 daz si die vrouwen ane kam.
als si den itewîz vernam,
des wart vil riuwic ir muot,
wan si was biderbe unde guot,
und gedâhte manegen enden
3005 wie si möhte erwenden
alsô gemeinen haz.
ouch geruochte si erkennen daz
daz ez ir schult wære.
si begunde dise swære
3010 harte wîplîchen tragen.
Êrecke engetorste siz niht klagen:
si vorhte in dâ verliesen mite.
   nû kam ez alsô nâch ir site
daz er umbe einen mitten tac
3015 an ir arme gelac.
nû gezam des wol der sunnen schîn
daz er ir dienest muoste sîn:
wan er den gelieben zwein
durch ein vensterglas schein
3020 und hete die kemenâten
liehtes wol berâten,
daz si sich mohten undersehen.
daz ir von vluochen was geschehen,
dâ begunde si denken an.
3025 vil gâhes ruhte si hin dan.
si wânde daz er sliefe.
einen sûft nam si tiefe
unde sach in vaste an.
si sprach: 'wê dir, dû vil armer man,
3030 und mir ellendem wîbe,
daz ich mînem lîbe
sô manegen vluoch vernemen sol.'
dô vernam Êrec die rede wol.
   als si der rede hete gedaget,
3035 Êrec sprach: 'vrouwe Ênîte, saget,

waz sint iuwer sorgen
die ir dâ klaget verborgen?'
nû wolde sis gelougent hân.
Êrec sprach: 'lât die rede stân.
3040 des nemet iu ein zil
daz ich die rede wizzen wil.
ir müezet mir benamen sagen
waz ich iuch dâ hôrte klagen,
daz ir mich sus habet verswigen.'
3045 si vorhte daz si würde gezigen
von im ander dinge
und seite imz mit gedinge
daz er ir daz gehieze
daz erz âne zorn lieze.
3050   als er vernam diu mære
waz diu rede wære,
er sprach: 'der ist genuoc getân.'
zehant hiez er sị ûf stân,
daz si sich wol kleite
3055 unde ane leite
daz beste gewæte
daz si iender hæte.
sînen knaben er seite
daz man im sîn ros bereite
3060 und ir phert vrouwen Ênîten.
er jach er wolde rîten
ûz kurzwîlen.
des begunden si dô îlen.
dô wâpentẹ er sich verholne
3065 unde truoc verstolne
under der wât sîn îsengewant.
sînen helm er ûf bant
überz houbet alsô blôz.
sîn vlîz was ze helne grôz:
3070 er tetẹ alsam der karge sol.
er sprach: 'mîn helm enist niht wol.
mirst liep daz ichz hân ersehen:
und wære mir sîn nôt geschehen,
sô wærẹ ich gar geirret.

3075 ich sagę iu waz im wirret:
man sol in baz riemen.'
dô ęnwas aber niemen
der sich des mohte verstân
wie sîn gemüete was getân.
3080 abę einer wende nam er
beide schilt unde sper
und begunde kroiieren,
als er wolde buhurdieren.
ritter unde knehte
3085 wolden sament rehte
mit ir herren rîten:
dô hiez er si dâ bîten.
gein küchen sandę er zestunt
daz man den köchen tæte kunt
3090 daz si des war næmen,
swie schiere daz si kæmen,
daz in daz ezzen wære bereit.
mit solher redę er ûz reit
und gebôt sînem wîbe
3095 niuwan bî dem lîbe,
der schœnen vrouwen Ênîten,
daz si muoste vür rîten,
und verbôt ir dâ zestunt
daz ze sprechennę ir munt
3100 zer reisę iht ûf kæme,
swaz si vernæme
oder swaz si gesæhe.
dise kumberlîche spæhe
muoste si geloben dô,
3105 wan si vorhte sîne drô.
nû riten si beide
âne holz niuwan heide,
unz daz si der tac verlie.
dô diu naht ane gie,
3110 schône schein der mâne.
nâch âventiure wâne
reit der guote kneht Êrec.
nû wîste si der wec

in einen kreftigen walt:
3115 den hâten mit gewalt
drîe roubære.
deiswâr swer in wære
zuo den zîten widerriten
dem si möhten hân gestriten,
3120 sô hâten si den wec behuot
daz si im umbe daz guot
næmen êre unde lîp.
die ersach von êrste daz wîp,
wan si verre vor reit.
3125 diz was ir êrstez herzeleit
daz ir zuo der verte geschach,
wan si an ir gebærden sach
daz si roubære wâren.
si wolde imz mit gebâren
3130 gerne kunt hân getân.
dô enmohte ers niht verstân,
ouch enhete ers selbe niht ersehen:
des was im nâch schade geschehen.
vrouwe Ênîte wart dô
3135 beide trûric und unvrô:
wan si sach die vreise,
daz si vorhte werden weise
des aller liebisten man
den ie vrouwe gewan,
3140 wan ez stuont im angestlîchen.
waz möhte sich gelîchen
sô nâhen gânder riuwe
die si von ir triuwe
durch ir mannes liebe leit?
3145 dô si in solhem zwîvel reit,
ob si imz torste gesagen
oder solde gedagen,
nû redete si in ir muote:
ʻrîcher got der guote,
3150 ze dînen genâden suoche ich rât:
dû weist al eine wiez mir stât.
mîner sorgen der ist vil,

wan mir ein unsenftez spil
in einer sô kurzen vrist
3155 ze gâhes vor geteilet ist.
nû enkan ichz wægeste niht ersehen:
waz sol mir armen geschehen?
wan swederz ich mir kiese
daz ich doch verliese.
3160 warne ich mînen lieben man,
dâ genim ich schaden an,
wan sô hân ich den lîp verlorn.
wirt aber diu warnunge verborn,
daz ist mîns gesellen tôt.
3165 jâ ist einer solhen nôt
wîbes herze ze kranc.'
    nû kam der muot in ir gedanc:
'bezzer ist verlorn mîn lîp,
ein als unklagebære wîp,
3170 dan ein alsô vorder man,
wan dâ verlür maneger an.
erst edel unde rîche:
wir wegen ungelîche.
vür in wil ich sterben
3175 ê ich in sihe verderben,
ez ergê mir swie got welle.
ez ensol mîn geselle
daz leben sô niht enden
unz ich ez mac erwenden.'
3180   hin umbe si zuo im sach
vorhtlîchen unde sprach:
'sich ûf, lieber herre,
ûf genâde verre
wil ich dir durch triuwe sagen
3185 (dînen schaden enmac ich niht verdagen):
dir sint ritter nâhen bî
die dir schadent, mugen sî,
unser herre ensî der dich ner.'
dô sazte Êrec sich ze wer.
3190   nû sprach ein roubære:
'ich sage iu liebiu mære

dâ von uns wol mac geschehen'
(der hâte si von êrste ersehen):
'ich sihe dort rîten einen man:
3195 als ich ez verre kiesen kan,
er vüeret eine vrouwen.
ir muget wol schouwen,
an ir geverte sint si rîch:
ir kleider sint hêrlîch.
3200 hie endet unser armuot:
mich dunket, si vüerent michel guot.
nû sult ir herren sîn gemant
daz iu diu triuwe sî erkant,
waz wir under uns gelobet hân,
3205 und sult mir die wal lân
an disem roube,
und daz mir erloube
vor iu iuwer beider munt
die êrsten tjost hie zestunt
3210 diu wider den ritter sol geschehen,
wan ich si von êrste hân gesehen.
ist daz ich im benim den lîp,
sô wil ich niuwan daz wîp:
sîner habe enger ich niht mêre.'
3215 dô gewerten si in der êre.
    den schilt er dô ze halse nam.
als im Êrec nâhen kam,
daz ros nam er mit den sporn.
er sprach: 'herre, ir habet verlorn
3220 beide lîp unde guot.'
Êrec durch sînen grimmen muot
im dehein antwurt enbôt
und stach in von dem rosse tôt.
sîn geselle in wolde gerochen hân:
3225 dem wart alsam getân.
in wâren bein und arme blôz,
des Êrec an dem sige genôz.
si wâren gewâfent slehte
nâch roubære rehte:
3230 daz was Êrecke guot.

ir iegelîch hetẹ einen îsenhuot
zeinem panziere:
des hetẹ er si schiere
zuo ein ander geleit.
3235 dô im von sîner vrümekeit
alsô rehte wol geschach,
ze vrouwen Ênîten er dô sprach:
'wie nû, ir wunderlîchez wîp?
jâ verbôt ich iu an den lîp
3240 daz ir iht soldet sprechen:
wer hiez iuch daz brechen?
daz ich von wîben hân vernomen,
daz ist wâr, des bin ich komen
vol an ein ende hie:
3245 swaz man in unz her noch ie
alsô tiure verbôt,
dar nâch wart in alsô nôt
daz sis muosten bekorn.
ez ist doch vil gar verlorn
3250 swaz man iuch mîden heizet,
wan daz ez iuch reizet
daz irz enmuget vermîden:
des sult ir laster lîden.
swaz ein wîp nimmer getæte,
3255 der irz nimmer verboten hæte,
niht langer si daz verbirt
wan unz ez ir verboten wirt:
sô ẹnmac sis langer niht verlân.'
si sprach: 'herrẹ, ẹnhætẹ ichz niht getân
3260 durch iuwers lîbes gewarheit,
ich enhætez iu nie geseit.
ich tetez durch mîne triuwe.
welt ir nû daz ez mich riuwe,
sô vergebet mirz durch iuwer êre.
3265 ez geschiht mir nimmer mêre.'
er sprach: 'vrouwe, daz sî getân.
ich wil diz ungerochen lân.
ob ez iu immer mêr geschiht,
ich envertragẹ ez iu niht.

3270 doch enkumt iuz niht ze heile:
    ich riche mich an einem teile.
    ich enlâze iuch niht under wegen,
    ir enmüezet der rosse phlegen
    vol unde rehte.
3275 ich enwil iuwer ze knehte
    ze dirre reise niht entwesen.ʼ
    ʻherre mîn, daz sol wesenʼ
    sprach diu vil guote,
    wan ez si niht enmuote.
3280 vil wîplîchen si dô leit
    dise ungelernet arbeit
    und dar zuo swaz ir geschach
    an ir herzen ungemach.
    der rosse si sich underwant,
3285 die zoume nam si in ir hant
    und reit vor an den wec.
    diz gebôt Êrec.
    der pherde si dô phlac
    dar nâch als ein vrouwe mac:
3290 baz si enkunde.
      sâ zuo der stunde
    kûme eine wîle,
    niuwan drî mîle
    riten sî beide,
3295 ê daz ir aber leide
    von sorgen geschach,
    wan si vor ir ligen sach
    vünf roubære.
    man saget daz ez wære
3300 ein geselleschaft under in
    und daz si teilten ir gewin
    mit den die Êrec hete erslagen.
    der eine begundez den andern sagen.
    dise vünve und jene drî man
3305 von den ich iu vor gesaget han,
    die heten den walt in ir phlege
    unde lâgen bî dem wege,
    swer die einen vermite,

daz er den andern gerite.
3310   Êrec was vür die drîe komen
mit êren, als ir habet vernomen.
als er dô disen sô nâhen kam
daz sîn der eine war genam,
der verre von den andern lac
3315 und der schiltwahte phlac,
sîns zuorîtens was er vrô.
ze sînen gesellen sprach er dô:
ʿgehabet iuch vrœlîche:
wir werden alle rîche.
3320 ich sihe liute rîten
den wir wol gestrîten.
ez ist niuwan ein man,
als ich ez kiesen kan.
er vüeret ein ritterlîchez wîp:
3325 der ist bekumbert ir lîp.
si vüeret driu ros an der hant:
si ist, hân ich ez rehte erkant,
dem ambet ungezæme.
mich wundert wâ er næme
3330 sô seltsænen schiltkneht.
man sol si im nemen, daz ist reht.
als ich ez verre mac gespehen,
ich enhân nie schœner wîp gesehen.
ir herren, die sult ir mir lân,
3335 wan ich si von êrste ersehen hân.ʾ
dô sprâchen si alle gelîche,
si würde im billîche.
ʿvernemetʾ, sprach sîn geselle,
ʿwaz ich des roubes welle:
3340 niuwan sîn îsengewant.ʾ
die andern teilten dâ zehant
diu vünf ros under sich.
daz was doch ungenædeclich,
wan ez diente von rehte
3345 Êrecke dem guoten knehte:
er kundes wol geniezen.
ouch vluren si ir liezen.

Êrecke was diu redę unkunt.
nû bereite sich einer dâ zestunt
3350 engegen im dâ er in sach.
vil sorclîchen ungemach
vrouwę Ênîte gewan.
si gedâhte: 'warnę ich mînen man,
sô brichę ich aber sîn gebot.
3355 er enlâtz durch êre noch durch got,
er enneme mir den lîp.
ouwê ich sældenlôsez wîp!
wærę ich nû niuwan tôt,
daz næmę ich vür dise nôt:
3360 sô wære mir verre baz geschehen.
sol ich den slahen sehen
der mich von grôzer armuot
ze vrouwen schuof über michel guot
dâ von ich schône gêret bin
3365 (ich heizę ein rîchiu künegin),
daz sol mich geriuwen:
wan sô muoz von untriuwen
mîn sêle verderben
und von rehtę ersterben
3370 gelîche mit dem lîbe.
got rât mir armen wîbe
wie ich ez ane vâhe
daz ich mich niht vergâhe.
ich wænę ez solde verdagen.
3375 entriuwen niht, ich sol imz sagen:
ze swelher nôt ez mir ergê,
ez wirt gewâget alsam ê.'
vil drâte si hin umbe sach,
zÊrecke si mit vorhten sprach:
3380 'herre, durch got vernim mich:
bewar ez oder man sleht dich.
ich sihe vünf gesellen
die dich slahen wellen.'
als schiere si imz seite,
3385 ze wer er sich bereite.
ir einer hete sich ûz genomen

und was den andern vür komen,
daz er tjostierte wider in,
ûf sîn selbes ungewin,
3390 wan in stach Êrec fil de roi Lac
daz er underm rosse tôt lac.
dannoch wâren ir viere.
der einen er schiere
ouch tôten von dem rosse stach
3395 unde daz sîn sper zebrach.
dô enblient erz dem swerte.
der strît unlange werte:
er begunde vellen
die drîe zir gesellen.
3400   alsô dô der eine man
den vünven sige an gewan
und er wolde rîten,
er sprach ze vrouwen Ênîten:
'saget, ir wîp vil ungezogen,
3405 war umbe habet ir aber gelogen?
wan ichz iu von êrste vertruoc,
nû endûhtę iuch dar an niht genuoc,
ir entætets aber mêre.
und möhte dehein êre
3410 man an wîbe begân,
ez ensoldę iuch niht sô ringe stân,
ich ennæmę iu hie zehant den lîp.'
'genâde, herre!' sprach daz wîp.
'ir sult mich des geniezen lân
3415 daz ichz durch triuwe hân getân.
noch duldę ich baz iuwern zorn
dan iuwer lîp wære verlorn,
swaz mir nû von iu geschiht.
und hætę ich gebiten iht,
3420 herre, sô wæret ir erslagen.
nû wil ich immer gerne dagen.
nû vergebet mir diz durch got:
zebrichę ich mêr iuwer gebot,
daz rechet sâ zestunt.'
3425 Êrec sprach: 'vrouwę, ich tuon iu kunt,

ir gewinnet an iuwerm strîte
niuwan übele zîte:
ir enbelîbet râche niht vrî.
swies dannẹ iu gedâht sî,
3430 sô muoz ez iu ergân.
ich wil iuch ze knehte hân
die wîle wir sîn ûf disem wege.
nû nemet diu ros in iuwer phlege
und bewart si alsô schône
3435 daz ich iu mit übelẹ iht lône:
und wirt ir einez verlorn,
ir müezet dulden den zorn
des ir gernẹ enbæret,
ob ir wîse wæret.'
3440   vrouwẹ Ênîte nam dô diu.
vordes wâren ir driu:
nû wurden aller ahte.
si vuorte sị̈ als si mahte:
si ẹnkunde niht wol dâ mite.
3445 swie verrẹ ez wider vrouwen site
und wider ir reht wære,
si leit ez âne swære
mit senftem gemüete:
daz lêrte si ir güete.
3450 diu vrouwe grôzen kumber leit,
wan daz si ze liebẹ ir leit
in ir herzen verkêrte,
als si ir diemuot lêrte.
swer ez rehtẹ ahten wil,
3455 sô hæten dar an harte vil
ze tuone vier knehte,
solden si ze rehte
aht ros vüeren und bewarn,
dâ sị̈ eine muoste mite varn.
3460 wan daz vrou Sældẹ ir was bereit
und daz diu gotes hövescheit
ob mîner vrouwen swebete
und dâ wider strebete
daz ir dehein grôz ungemach

3465 von den rossen niene geschach,
 sô wære kumberlîch ir vart:
 des wart diu vrouwe wol bewart.
 ouch muosten durch einen solhen kneht
 diu ros gernę und durch reht
3470 ir ungestüemez streben lân
 und senfteclîchen mite gân.
  dô begunden si balde
 gâhen von dem walde:
 vil schône der tac ûf gie.
3475 als si dô diu naht verlie,
 dô sach vür sich Êrec
 wâ in wîste der wec
 zeinem hûs niht verre,
 dâ des landes herre,
3480 ein rîcher grâve, ûfe saz.
 nû wâren sị beide âne maz
 alle die naht geriten
 und hâten kumber erliten.
 des hûses wâren si vrô,
3485 wande si gedâhten dô
 dâ ze ruowen über tac
 in einem markete der dar under lac.
 si begunden hin gâhen
 dâ si den market sâhen.
3490 nû bekam in ûf dem wege
 ein knabe, der hetę in sîner phlege
 gesoten schultern unde brôt,
 gewunden, als man im gebôt,
 und bewart ze vlîze
3495 in eine tweheln wîze:
 ein kandel vuortę er an der hant
 mit wîne. wem diz wart gesant,
 des enist mir niht geseit.
  dô dirre knabe zuo reit,
3500 ze vlîze begundę er schouwen
 die bekumberten vrouwen.
 ir gevertes in grôz wunder nam.
 als er zuo ir geriten kam,

si gruozte in vil schône:
3505 dô neic er ir ze lône.
vürbaz wîste in der wec.
nû gap im Êrec
mit gruoze guoten morgen,
under helme verborgen.
3510 der knabe an im dô wol sach
daz er grôzen ungemach
die naht hâte erliten
und gewâfent was geriten,
und bewegete in ir arbeit.
3515 er sprach: 'herre, enwærez iu niht leit,
ich vrâgete iuch mære
war iuwer wille wære.
saget mirz durch iuwer diemuot:
ich vrâge iuch niuwan durch guot.
3520 mich dunket ir sît gast hie:
sô was ich in dem lande ie
unde bin des grâven kneht.
mich dunket gevüege unde reht
und bite iuch des verre
3525 daz von iu mîn herre
dâ mite sî geêret
daz ir ûf sîn hûs kêret
und geruowet nâch iuwer arbeit:
man ist iu dienstes dâ bereit.
3530 unde bite iuch mêre
durch die gotes êre:
mich dunket daz ir habet geriten
und grôze arbeit erliten:
und twinge iuch dehein hungernôt,
3535 ich vüere hie schultern unde brôt
unde vil guoten wîn.
nû lâtz in iuwern hulden sîn
und heizet die vrouwen bîten
unde wider rîten,
3540 und enbîzet hie an dirre stat.'
er tete als in der knabe bat:
des was der kneht vrô.

hin vür zer vrouwen îlte er dô,
daz er ir diu ros emphie.
3545 wider zir gesellen si dô gie.
der kneht diu ros zesamene bant:
dar zuo leite er sîn gewant.
sînen huot nam er in die hant
und gienc dâ er wazzer vant.
3550 in beiden er sô vil truoc
daz man die hende getwuoc.
die tweheln leite er ûf daz gras,
dar ûf die spîse diu dâ was,
vleisch brôt unde wîn:
3555 es enmohte nie mêre sîn.
als si dô genuoc gâzen
und wider ûf gesâzen,
Êrec sprach zuo dem knehte:
'knabe, ir sult von rehte
3560 etelîchen lôn emphân
des ir zuo uns habet getân.
ir habet minne wol versolt.
nû enhân ich silber noch golt
dâ ich ius gelône mite:
3565 geselle, nû tuot des ich iuch bite
unde nemet die wal
under der rosse zal,
ein daz iuz liebiste sî.
unde sît gewis dâ bî,
3570 kumt uns immer der tac
daz ich iuch baz gehandeln mac,
des gebristet iu niht an mir:
daz phert sult nemen ir
durch unsere bete.'
3575 der knabe daz vil gerne tete.
er hete si im elliu gegeben,
wan daz der vrouwen leben
dâ mite gesenftet wære:
er liez ez durch ir swære.
3580 als er dô ein ros genam
des in aller beste gezam,

dô genâdetę er im verre.
er sprach: 'lieber herre,
nû gewert mich des ich iuch bite:
3585 dâ handelt ir mich wol mite.
diu vrouwe lîdet von arbeit
mit disen rossen michel leit,
daz ich si vüeren müeze:
der dienest ist mir süeze.'
3590 Êrec sprach: 'knabe, daz sult ir lân.
jâ ęnist ez doch niht getân
garwę âne sache.
si muoz mit ungemache
leben ze disen zîten.'
3595 er sprach: 'sô wil ich rîten.'
'got vergeltę iu genâdę unde guot:
iuwer êre sî von im behuot,
daz ir mit sælden müezet leben.
knabe, nû rîtet gotę ergeben.'
3600 sîner gâbe was er vrô:
wider umbe rîten begundę er dô:
von vreuden was im vil gâch.
Êrec reit müezeclîchen nâch.
     nû ersach in sîn herre
3605 und erkandę in verre,
wan er was vür daz bürgetor
gegangen: dâ saz er vor.
vil michel wunder in des nam
daz er sô schiere wider kam,
3610 und vrâgetę in mære
wes daz ros wære
daz er dâ vuortę an der hant.
vil schiere tetę er im erkant
die rede an ein ende gar.
3615 er sprach: 'herre, nû nemet war
wâ si zuo iu rîtent:
nû ęnweiz ich wes ir bîtent
daz ir nû niht zer strâze ęngât:
ir missetuot ouch, ob irz lât.
3620 jâ muget ir an der vrouwen

daz schœniste wîp schouwen
die wir ie gesâhen.
[ir sult si schône emphâhen.']
zem wege er dô hin gie,
3625 mit schœnem gruoze er in emphie.
als er si zuo rîten sach,
er gienc engegen in unde sprach:
'willekomen, vrouwe und herre'
und bat si vil verre
3630 daz si in dâ mite êrten
und ûf sîn hûs kêrten
und daz si wolden dâ bestân.
'herre, des sult ir uns erlân'
sprach der ritter Êrec:
3635 'uns hât der lange wec
getân unhovebære:
von müede sîn wir swære.
iuwern genâden sî genigen
und des mit hulden verzigen.
3640 ir sult uns ze disen zîten
ze gemache lâzen rîten.'
urloubes begunden si dô gern
unz er sis muoste gewern.
einen knaben er sich dô wîsen bat
3645 zem tiuristen wirte in die stat.
dâ entwâfente er sich dô.
vrouwe Ênîte was vil vrô
der ruowe der si dô bekam
dô man ir diu ros benam.
3650 ir was als der sêle
der von Michâêle
wirt der hellewîze rât,
diu lange dâ gebûwen hât.
ein bat hiez er bereiten,
3655 wan er von arbeiten
von dem gewæfen ûf der vart
sweizic unde râmic wart:
des belôste er den lîp.
als er gebadete und sîn wîp,

3660 daz ezzen was bereite.
als man in daz seite,
den tisch er dô rihten hiez.
vrouwen Ênîten er niht enliez
ensament mit im ezzen,
3665 wan er was gesezzen
besunder hie und si dort
von im an der tweheln ort.
nû begunde den grâven riuwen,
und gedâhte wider sînen triuwen,
3670 daz er die vrouwen verliez,
daz er si̧ im niht nemen enhiez.
manecvalt wart sîn gedanc,
als in der vrouwen schœne twanc,
wie er si möhte gewinnen.
3675 untriuwe riet sînen sinnen
daz er dar sô kæme
daz er si im benæme.
daz was doch wider dem rehte
daz er dem guoten knehte
3680 sîn wîp wolde hân genomen,
dô er in sîn lant was komen,
den er bevriden solde
ob im iemen schaden wolde.
der muot was im von minne komen,
3685 wan wir haben vernomen
von dem grâven mære
daz er benamen wære
beide biderbȩ unde guot,
an sînen triuwen wol behuot
3690 unz an die selben stunt.
dô tetȩ im untriuwe kunt
diu kreftige minne
und benam im rehte sinne.
wan an der minne stricke
3695 vâhet man vil dicke
einen alsô kargen man
den niemen sus gewinnen kan.
vil manegen man diu werlt hât

der nimmer in dehein missetât
3700 sînen vuoz verstieze
ob ins diu minnę erlieze:
und engæbe sį niht sô rîchen muot,
sô ęnwære der werlde niht sô guot
noch sô rehte wæge,
3705 sô ob man ir verphlæge.
nû ęnhât aber niemen solhe kraft,
und ergrîfet in ir meisterschaft,
er enmüezę ir entwîchen.
swer aber ir gewislîchen
3710 ze rehte kunde gephlegen,
den enlieze si niht under wegen,
im enwære der lôn von ir bereit
daz in sîn arbeit
niht endorfte riuwen,
3715 huotę er sîner triuwen
baz dan der grâve tæte.
der enwas dar an niht stæte,
wan in vrou Minne betwanc
ûf einen valschen gedanc,
3720 daz er dem vil biderben man
sîn wîp ze nemenne muot gewan.
vier ritter er zuo im nam.
als er zen herbergen kam,
ob dem tischę er si vant.
3725 von im leitę er sîn gewant:
mit gruoze begundę er vür si stân.
dô ęnhetę Êrec deheinen wân
daz er im schaden solde,
als er doch gerne wolde.
3730 den grâven nam grôz wunder
daz si sô besunder
an dem tische sâzen
und ensament niht enâzen.
er sprach in sîner valscheit:
3735 ʻherre, ęnwærez iu niht leit,
sô soldet ir mich wizzen lân
war umbe diz sî getân.

ist disiu vrouwe iuwer wîp?
der ist wünneclîch ir lîp
3740 und sô wol genæme
daz si baz bî iu zæme
danne dort an jener stat.
wes habet ir si von iu gesat?'
sus antwurte im Êrec dô:
3745 'herre, mîn gemüete stât alsô.'
der grâve bat in vürbaz
daz erz lieze âne haz
ob er zuo ir sæze
die wîle daz man æze.
3750 des antwurte im Êrec dô:
'geruochet irs, herre, ich bins vrô.'
er sprach als er zuo ir gesaz:
'ich sage iu, vrouwe, umbe waz
ich her zuo iu komen bin:
3755 ein teil durch iuwern gewin
und benamen durch iuwer êre.
mir erbarmte nie sô sêre
weder man noch wîp
als iuwer wætlîcher lîp.
3760 sît ich iuch hiute lîden sach
als missezæmen ungemach
der einer vrouwen nie gezam,
vil nâ ez mînem herzen kam
und ouch noch dicke leider tuot.
3765 iuwer grôze armuot
die enverwîze ich iu durch übel niht,
wan daz mir leide dran geschiht.
nû zæmet ir wærlîche
ze vrouwen wol dem rîche.
3770 wer gap iuch armen solhem man
der enmac noch enkan
iuch gêren ze rehte?
er hât iuch zeinem knehte.
der selbe iuwer geselle
3775 (daz in got velle!),
der vlîzet sich dar zuo

waz er iu leides getuo.
und hete mich iuwer got gewert,
ir wæret bezzer êren wert.
3780 welt ir, noch geschiht iu allez guot.
ich sagę iu, vrouwe, mînen muot:
und ist daz ir sô wîse sît,
sô lât irz âne widerstrît:
ich wil iu kumbers schaffen rât.
3785 ich sagę iu wie mîn dinc stât.
ich bin dises landes herre:
nâhen noch verre
envant ich noch daz wîp
[nie, sô mir der lîp,]
3790 diu mir gezæme
daz ich si næme.
nû gevallet ir mir sô wol
daz ich iuch gerne machen sol
ze vrouwen disem lande:
3795 sô habet ir âne schande
wol gewehselt iuwer leben.'
ʻein vrouwen müezę iu got geben',
sprach daz tugenthafte wîp,
ʻdiu iuwer lant und iuwern lîp
3800 baz ze rehte ziere.
ez müestę iuch harte schiere
von rehte geriuwen
und wære wider mînen triuwen.
als ez diu werlt vernæme
3805 und ez ir vür kæme,
sô wærez niuwan ir spot.
durch daz sô lât die rede durch got,
wan iu von rehte baz geschiht.
ich entouc ze grævinne niht:
3810 ich enhân geburt noch daz guot.
swaz ouch mir mîn geselle tuot,
daz duldę ich mit rehte.
ze wîbe und ze knehte
und ze swiu er mich wil hân,
3815 des bin ich im alles undertân.

herre, waz mac ich sprechen mê?
wan ich woldę erweln ê
daz ich lebende hie zehant
ze pulver würde verbrant
3820 und man den zesæte,
ê ich ez immer getæte.
unser ahte stât gelîche:
wir ensîn beide niht rîche,
wir komen wol ze mâze.
3825 got mir in leben lâze!'
    als er disę antwurt vernam
und ir willen alsam,
er sprach: 'ich sagę iu mînen muot:
dar nâch beweget iuch waz ir tuot.
3830 welt ir niht güetlîchen
mîner betę entwîchen,
sô geschiht ez under iuwern danc.
iuwer wer ist mir hie ze kranc.
iuwer geselle
3835 var swar er welle:
ir müezet hie mit mir bestân.
diu rede sol ein ende hân.'
    als si sînen ernest sach
und daz erz von herzen sprach,
3840 vil güetlîchen sach sį in an,
den vil ungetriuwen man,
und lachete durch schœnen list.
si sprach: 'ich wænę iu ernest ist.
herre, ęnzürnet ir niht:
3845 wan iu der redę unnôt geschiht.
ez was zewâre mîn wân,
ir hetet die rede durch schimph getân.
wan ez ist iuwer manne site
daz ir uns armiu wîp dâ mite
3850 vil gerne trieget
(ich entar gesprechen: lieget),
daz ir uns vil ze guote
geheizet wider iuwerm muote:
dâ von ich dicke hân gesehen

3855 wîben michel leit geschehen.
enhætę ich niht ervorht daz,
ich hætę iu gantwurtet baz,
wan ich, herre, niene bin
iedoch sô gar âne sin,
3860 und möhtę ich mîne sache
zêren und ze gemache
verwandeln, daz entætę ich.
wan mîn leben ist sô kumberlich,
als irz selbe habet gesehen.
3865 vil rehte wil ich iu bejehen
wie mich von êrste mîn man
im ze wîbe gewan.
ich enbin im niht genôzsam:
mînem vater er mich nam,
3870 wan der ist wærlîche
edel unde rîche.
in des hof er dicke reit.
nâch kinde gewonheit
lief ich dâ hin unde her.
3875 eines tages spiltę er
mit uns. dô schein wol daz kint
lîhte ze triegenne sint.
mit listę er mich vürz tor gewan:
dâ zuhtę er mich und vuorte mich dan
3880 und hât mich alsô iemer sît.
manege kumberlîche zît
tuot er mich lîden,
wan hie von muoz er mîden
daz wesen in sînem lande.
3885 schaden unde schande
ich armiu zallen zîten wone.
swer bezzer mich dâ vone
nâch êren lœsen wolde,
gernę ich des volgen solde:
3890 dar zuo vergultez im got.
ich wânte diu rede wærę iuwer spot.
ist daz ir mir bescheinet
ob ir die rede meinet

mit etelîcher sicherheit,
3895 sô bin ich iuwer bete bereit.'
    der rede was der grâve vrô.
lachende antwurte er ir sô:
'ir enmuget iuch des niht erwern,
wan ich wil iu stæte swern.'
3900 sîn vinger wurden ûf geleit,
diu vrouwe gap im den eit:
ouch gap si im dâ zestat,
ze leisten des er gebat,
ein ungewissez phant,
3905 ir triuwe an sîne hant.
    als dô diu sicherheit geschach,
mit listen vrouwe Ênîte sprach:
'herre, nû râte ich iu wol,
als ein vriunt dem andern sol,
3910 wan ich nû deheinem man
guotes alsô iu gan,
ir volget mîner lêre:
ez enkumbert iuch niht sêre.
sît ir mich genemen welt,
3915 dâ mite râte ich daz ir twelt
unze vruo morgen:
sô muget ir âne sorgen
mich genemen und âne strît.
sô er an sînem bette lît,
3920 sô kumet ir her:
wande sô enmac er
iu niht geschaden, sô werdet ir
iuwers willen an mir
unbekumbert gewert,
3925 wan hînaht stil ich im daz swert.'
    si sprach: 'ich bin iu nû holt,
wan daz habet ir wol versolt,
und müet mich, sult ir dulden
schaden von mînen schulden:
3930 daz doch benamen muoz ergân,
ir entuot als ich gesprochen hân.
wande nemet ir mich zehant,

ez ist umbe uns sô gewant
daz er mich ungerne lât.
3935 sîn swert er bî im hât:
ich weiz wol daz er schaden tuot.'
er sprach: 'iuwer rât der ist guot,
der gevellet mir sô wol
daz ich iu gerne volgen sol.'
3940 mit schœnen wîbes listen
begunde si dô vristen
ir êre und ir mannes lîp.
vrouwe Ênîte was ein getriuwez wîp.
sus überredete si den man
3945 daz er schiet mit urloube dan
ûf solhe ungewisheit,
als ich iu dâ hân geseit.
    als si dô gezzen hâten,
in eine kemenâten
3950 hiez er in betten beiden
und doch diu bette scheiden:
er enwolde si bî im ligen lân.
slâfen begunden si dô gân.
    nû lâgen si besunder.
3955 diz was iedoch ein wunder,
daz er durch deheinen zorn
im den muot hete erkorn
daz er ein sô schœne wîp meit.
von sorgen grôzen kumber leit
3960 der vrouwen gemüete
durch triuwe und durch güete,
wie im diu rede würde kunt:
wan er verbôt daz ir munt
ze sprechenne iht ûf kæme,
3965 swaz si vernæme,
als ich iu ê gesaget hân.
doch enhete siz niht verlân:
dâ mite hete si in verlorn,
sô daz er ir durch den zorn
3970 ze geselleschefte niht enphlac,
wan er sunder âz und lac.

nû gedâhte diu guote
alsô in ir muote:
'ez ist mir ûf daz zil komen
3975 daz mir benamen wirt benomen
der aller liebiste man
den ie wîp mêr gewan,
ez ensî daz ich in warne.
ouch weiz ich daz ichz arne,
3980 zebriche ich aber sîn gebot.
nû rât mir, herre, rîcher got!
des enwart mir nie sô nôt.
ich weiz wol, ez ist mîn tôt,
wan er hât mirz nû zwir vertragen.
3985 waz aber von diu, wirde ich erslagen
unde nimt er mir den lîp?
dannoch lebet manec vrum wîp.
ich enbin ouch niht sô klagelîch:
sô ist er edel unde rîch,
3990 mîn lieber herre.
ê im iht gewerre,
sô wil ich kiesen den tôt.'
ir triuwe ir daz gebôt
daz si ze sînem bette gie
3995 und bôt sich vür in an ir knie
und sagete im die rede gar.
von vorhten wart si missevar.
als ez im dô wart erkant,
ûf stuont er zehant
4000 und bat den wirt wachen.
dô begunde er sich ûf machen:
des wirtes knehten er seite
daz man im diu ros bereite.
daz was schiere getân.
4005 den wirt bat er zuo im gân.
er sprach als er zuo im gie:
'in iuwerm hûs habet ir uns hie
gehandelt schône unde wol:
des geltes bin ich iuwer schol.
4010 nû vernemet waz irs erholt.

ich enhân hie silber noch golt
dâ ich iu vergelte mite.
nû tuot als ich iuch bite:
diu siben ros nemet ir
4015 nû ze gelte von mir.'
der wirt neic im an den vuoz.
als ein man der gewinnen muoz,
sô was er herzenlîche vrô.
zehant truoc er im dô
4020 ze heiles gewinne
sant Gêrtrûte minne.
alsô reit des nahtes dan
Êrec der ellende man
unde rûmte zehant
4025 mit sînem wîbe daz lant.
diu hete den grâven betrogen
und âne sünde gelogen.
ê daz sich Êrec
ûf machetẹ ûf den wec,
4030 dô gedâhte dar an
der vil ungetriuwe man,
wennẹ er zer vrouwen solde komen,
ob er si wolde hân genomen.
von dem slâfẹ er ûf erschrac
4035 dâ er an sînem bette lac:
wan er des vorhtẹ und hete wân,
er solde sich versûmet hân.
vil lûte schrei er: 'wâfen!
wir haben uns verslâfen.
4040 wol ûf, mîne gesellen,
die mir helfen wellen!'
niunzehene wâren ir über al
und er der zweinzegestẹ an der zal.
als er die zuo im genam
4045 und zuo den herbergen kam,
nâch ungevüegem gruoze
sô stiez er mit dem vuoze
die tür daz si zebrach.
daz was dem wirtẹ ungemach

4050 und wolde wâfen hân geschrirn.
'nû sihstû wol daz wirz birn'
sprach der ungetriuwe man:
'envürhte dir niht und sage an,
waz diutent disiu lieht hie?'
4055 diz wâren diu dâ lie
der tugenthafte Êrec
dô er sich machete ûf den wec.
der grâve des niht enweste.
'wâ slâfent dîne geste?'
4060 'herre, si sint geriten.'
mit zornigen siten
sprach der grâve: 'si ensint.'
'lüge ich, herre, ich wære ein kint.'
'ez ist entriuwen dîn spot.'
4065 'nein ez, herre, sô helfe mir got.'
'ez ist. nû wîse mich dar.'
'nû heizetz selbe ersuochen gar.'
'entriuwen, daz ich daz sol.'
'nû gan ouch ich es iu wol.'
4070 'wie lange sol ich dich vrâgen?'
'nû seht selbe wâ si lâgen.
war umbe solde ich si iu versagen?'
er sprach und wolde in hân erslagen:
'dû wæne ein abeleitære bist.'
4075 'herre, si sint geriten, wizze Krist.'
'daz ist von dînen schulden.'
'nein ez, bî iuwern hulden.'
'sô hæten si des tages erbiten.'
['herre, si sint nû geriten.']
4080 'sage, sint si iht verre?'
'nein si entriuwen, herre:
si riten an dirre stunt.'
'war sint si?' 'deist mir unkunt.'
dô twanc in sîn untriuwe
4085 ze grôzer herzeriuwe.
dem slâfe vluochte er sêre.
er sprach: 'mir enwas êre
niht ze teile getân,

daz ich sus verlorn hân
4090 daz schœniste wîp durch gemach
die mîn ougę ie gesach,
vremde oder kunde.
vervluochet sî diu stunde
daz ich hînaht entslief.'
4095 nâch den rossen er dô rief.
er sprach: 'swer sîne sache
wendet gar ze gemache,
als ich hînaht hân getân,
dem sol êre abe gân
4100 unde schande sîn bereit.
wer gewan ie vrumen ânę arbeit?
mir ist geschehen vil rehte.'
nû kâmen ouch die knehte
mit den rossen geriten.
4105 dô ęnwart niht langer gebiten.
'wol ûf, ir herren' sprach er.
niuwan schilt unde sper
hâten si ze wer genomen:
daz was von ir gæhe komen.
4110   dô begundę ûf gân der tac,
daz si den huofslac
und daz spor wol sâhen.
nâch im wart michel gâhen.
nû was Êrec zuo der wîle
4115 geriten wol drî mîle.
wan durch vorhte des wîbes,
[niene sînes lîbes,]
was im von dem lande gâch.
er weste wol, man ritę im nâch.
4120 als im vor gæhedę ûf der vart
sô vil ze redenne state wart,
er sprach: 'vrouwę Ênîte,
ir habet iuch ze strîte
ze vaste wider mich gesat.
4125 daz ich dâ lâzen bat
und ez iu an den lîp verbôt,
daz ist mir ein michel nôt

daz ir des deste mêre tuot.
nû sage ich iu mînen muot:
4130 ich enwilz von iu niht lîden,
und enwelt ir ez niht mîden,
ez gât iu benamen an den lîp.'
'genâde, herre' sprach daz wîp:
'ir sult mich des geniezen lân,
4135 und enhete ich des niht getân,
sô hætet ir den lîp verlorn:
von diu enwærez niht guot verborn.
ich solz iemêre wol bewarn.'
nû hôrte si si zuo varn
4140 mit zornigem muote.
swie niuwelîch diu guote
warnen verlobet hæte,
daz gelübede beleip unstæte,
wan si zebrach ez dâ zehant,
4145 als si betwanc der Triuwen bant.
dannoch wâren si verre.
si sprach: 'lieber herre,
dir rîtet michel her nâch.
si wellen dir schaden: in ist sô gâch.'
4150   nû endarf niemen sprechen daz:
'von wiu kam daz diu vrouwe baz
beide gehôrte und gesach?'
ich sage iu von wiu daz geschach.
diu vrouwe reit gewæfens bar:
4155 dâ was er gewâfent gar,
als ein guot ritter sol.
des gehôrte er noch gesach sô wol
ûz der îsenwæte
als er blôzer tæte.
4160 des was im warnunge nôt
und vrumte im dicke vür den tôt.
doch ez im solde wesen zorn,
er hæte dicke verlorn
von unbesihte den lîp,
4165 wan daz in warnte daz wîp.
nû enhete si imz niht vol geseit

ê der grâve zuo reit.
und als er in ane sach,
vil unritterlîch er sprach
4170 mit ungezæmen grimme
nâch unvriuntlîcher stimme:
'sehet umbe, ir arger diep!
wem solde daz wesen liep
daz ir in disen landen
4175 nâch unser aller schanden
vüeret ein edel süeze wîp?
und wizzet wol daz ir den lîp
mir alzane liezet:
wan daz ir geniezet
4180 daz ir ritter sît genant,
ich hieze iuch hâhen hie zehant.
ir habet si under vriunde danc.
jâ was ez ein vil arger wanc
daz ir nahtes ritet dan.
4185 dâ mac man wol kiesen an
daz ir si ir vater habet genomen.
von wannen wære si iu anders komen?
ez möhte an dirre vrouwen
ein tôre wol schouwen
4190 daz si iu niht enist ze mâze.
welt ir daz ich iu lâze,
arger schalc, den lîp,
sô lât belîben daz wîp.
ich wil si ir vriunden wider geben.
4195 si ensol niht mê sô swache leben.
nû lât si und schabet iuwern wec.'
'ir enthöveschet iuch', sprach Êrec,
'an mir harte sêre.
von wem habet ir die lêre
4200 daz ir scheltet einen man
der ie ritters namen gewan?
ir sît an swachem hove erzogen.
nû schamet iuch: ir habet gelogen.
ich bin edeler dan ir sît.'
4205 nû huop sich der strît.

dô ẹnwart niht langer gebiten:
mit zorne si zesamene riten,
dâ von der ungetriuwe man
sînes valsches lôn gewan,
4210 einen stich ze sîner sîten
der in ze manegen zîten
sît niht enverswar,
wan er was underm schilte bar.
dar zuo im abe der arm brach.
4215 dô er in von dem rosse stach,
nû begundẹ er sîne getriuwen
harte sêre riuwen.
die vielen über ir herren,
daz im iht möhte gewerren.
4220 sumelîche wâren dâ,
die wolden in sâ
rechen mit den swerten:
vil unlange die werten.
sehsẹ er ir ze tôde sluoc:
4225 den was vehtennes genuoc.
die andern wâren alle zagen:
die vluhen âne jagen.
dô was dẹs strîtes ende.
âne missewende
4230 reit der ritter Êrec
vil drâte den wec.
    er sprach: 'herre got der guote,
habe mich in dîner huote
und hilf mir âne schande
4235 von disem lande.
wirt ez dem lantvolke kunt,
daz ziuhet mir allez nâch zestunt
[und slahent mich: des ist unlanc.']
vergebene was doch der gedanc,
4240 wan ez nieman vernam
ê er vol ûz dem walde kam:
daz was sîn grôziu sælekeit.
alsô beleip ez ungeseit:
die ritter die dâ genâren

4245 und bî ir herren wâren,
der enwolde deheiner von im komen,
von dem man ez hete vernomen:
dô ẹngetorstenz die vliehenden zagen
vor ir schande niht gesagen,
4250 ê daz Êrec der herre
kæme von dem lande verre.
die ritter dô verbunden
dem grâven sîne wunden
und vuorten in ûf bâren
4255 und die dâ tôt wâren
hin heim mit herzeriuwen.
sô genôz er sîner untriuwen.
als Êrec dô gereit
an sîne gewarheit,
4260 dâ er den grâven niht entsaz,
nû verweiz er vrouwen Ênîten daz
daz si sîn gebot sô dicke brach.
sîn zorn wart grôz und ungemach
und unsenfter dan ê.
4265 nû gelobete sị daz siz nimmer mê
vürdermâl getæte:
daz enliez si aber niht stæte.
swaz Êrec nôt unz her erleit,
daz was ein ringiu arbeit
4270 unde gar ein kindes spil
dâ wider und ich iu sagen wil
daz im ze lîden noch geschach.
beide nôt und ungemach
was im ze teile getân:
4275 des enwart er niht erlân,
er enlite vil und genuoc.
der wec in zehant truoc
in ein unkundez lant.
des herre was im unerkant.
4280 von des selben manheit
ist uns wunder geseit.
er was ein vil kurzer man,
mir ensî gelogen dar an,

vil nâ getwerges genôz,
4285 wan daz im harte grôz
wâren armę unde bein.
dâ zuo den brüşten er schein
kreftic unde dic genuoc.
dar under er ein herze truoc
4290 volleclîche manhaft.
daz gap im ouch die kraft,
wan dâ stât ez allez an:
und wizzet rehte, wærę ein man
gewahsen zwelf klâfter lanc
4295 und wære sîn herze kranc
und ûf zageheit geborn,
daz michel âs wære verlorn.
sus enwas dem herren niht.
wir müezen sîner geschiht
4300 ein michel teil verdagen.
man möhte vil dâ von gesagen,
wan daz der rede dâ würde ze vil:
dâ von ich iu si kürzen wil.
ez hâte der herre guot
4305 gelückę uņde rîchen muot
unde hâte unverzaget
den prîs an manegem man bejaget:
dar umbe man noch von im seit
daz im an sîner manheit
4310 unz an den tac nie misselanc.
er wære starc oder kranc
der im mit übel zuo kam,
der wênigę ie den sige nam.
dehein ritterschaft er enversaz
4315 (ouch entetez niemen baz)
swaz er ir bî sînen zîten
ie mohtę errîten.
. . . . .
dô er den strît niuwen vant,
dô wart im aber ir triuwę erkant.
4320 als sị in gewarnet hâte,
nû sâhen sị alsô drâte

in dort zuo rîten.
nû gruoztę er vrouwen Ênîten.
als er Êrecke sô nâhen kam
4325 daz er sîniu wort vernam,
er sprach: 'willekomen, herre,
ir nâhen oder verre
in disiu lant geriten sît,
mich bedunket âne strît,
4330 ir muget wol ein degen sîn.
daz ist an zwein dingen schîn:
ir vüeret, sam mir mîn lîp,
daz aller schœniste wîp
der ich ie künde gewan:
4335 wer gæbe die einem bœsen man?
dar zuo sît ir gewâfent wol,
als ein guot ritter sol
der ze deheinen stunden
werlôs enwil werden vunden
4340 und der âventiure suochet.
ob sîn got nû ruochet,
der vindet ir hie teil.
und gevellet iu daz heil,
ich wil iu daz zewâre sagen,
4345 ir muget hie den prîs bejagen
des ir wol gelobet sît.
nû wert iuch, ritter, ez ist zît.'
   sus antwurtę im durch sînen spot
Êrec: 'nû enwelle got,
4350 ritter biderbę unde guot,
daz ir immer getuot
sô vil wider iuwern triuwen.
ez müestę iuch her nâch riuwen.
jâ butet ir mir iuwern gruoz:
4355 wanne würdę iu slasters buoz,
bestüendet ir mich dar nâch?
sô wærę iu ze gâch
und belibet sîn âne ruom.
ir sult ez durch got tuon
4360 und mich mit gemache lân,

wan ich enhabe̥ iu niht getân.
ich hân verre geriten
und hân solh arbeit erliten
daz aller mînes herzen rât
4365 unwilleclîchen stât.'
  der herre gedâhte̥: 'er ist verzaget,
sît er sîne arbeit klaget.'
er sprach: 'ir wert iuch âne nôt
dâ mite daz ich iu dienest bôt.
4370 daz enhân ich anders niht getân
wan ûf ritterschefte wân.
swaz iu nû mê von mir geschiht,
dar umbe e̥ndürfet ir mir niht
an mîne triuwe sprechen,
4375 die ich nimmer wil zebrechen.
wert iuch durch iuwer schœnez wîp,
welt ir behalten den lîp.'
  als Êrec dô gesach
daz im ze vehtenne geschach,
4380 sîn ros er wider kêrte,
als in sîn ellen lêrte.
zesamene riten zwêne man
der ietweder nie gewan
zageheit dehein teil.
4385 ez muoste sterke̥ unde heil
under in beiden
an dem sige scheiden.
diu sper si ûf stâchen
daz si gar zebrâchen.
4390 diu tjost wart sô krefteclich
daz diu ros hinder sich
an die hehsen gesâzen.
dô muosten si lâzen
die zoume von den handen
4395 und anders inz enblanden.
si erbeizten beide gelîche
vil unmüezeclîche
und ervuorten diu swert.
ir ietweder wart gewert

4400 volleclîchen an der stat
des er got lange bat,
daz er im sandẹ einen man
dâ er sich versuochtẹ an.
   nû begunden si vehten
4405 gelîch zwein guoten knehten.
diz huop sich umbẹ einen mitten tac.
Êrec fil de roi Lac
vorhte laster und den tôt.
den schilt er im dar bôt
4410 und begunde sich mit listen
âne slege vristen.
der gedanc was jenem unerkant,
unde sluoc im von der hant
den schilt unz an den riemen.
4415 wande si niemen
ûf der heide dô schiet,
zuo der sîten ern erriet
und sluoc im eine wunden.
dô wândẹ er haben vunden
4420 einen zagen an dem gaste.
ouch zwîvelte vaste
diu schœne vrouwẹ Ênîte,
dô im sîn sîte
alsô sêre bluote.
4425 vil lûte schrê diu guote:
'ouwê, lieber herre mîn,
soldẹ ich ez vür iuch sîn!
jâ wænẹ ich iuch verlorn hân.'
'vrouwẹ, iuch triuget iuwer wân'
4430 sprach der unverzagete man:
'wan dâ verlür ich mêrẹ an.'
vil wol bewârtẹ er ir daz.
ein wênic trat er vürbaz:
niht langer er im envertruoc,
4435 ûf den helm er in sluoc
daz der wênige man
dâ durch ein wunden gewan
und daz er vor im gelac.

Êrec fil de roi Lac
4440 hâte nâch missetân,
wan er woldę in erslagen hân.
'nein', sprach er, 'ritter guot,
durch dînen tugenthaften muot
unde durch dîn schœne wîp
4445 sô lâ mir den lîp
und êre got an mir.
vil gerne sicher ich dir.
nû emphâch mich ze man,
und wizzest daz ich nie gewan
4450 deheinen herren mêre.
wan daz dir diu êre
geschiht von dîner manheit,
ich wære des tôdes ê bereit
êz immer ergienge:
4455 dehein edel dich vervienge.
sus ist ez mir unmære:
swer dîn vater wære,
sô edelet dich dîn tugent sô
daz ich dîn bin ze herren vrô.'
4460 nû hete gewert dirre strît
unz an die nônezît,
den sumertac alsô lanc.
dô Êreckę alsô gelanc,
die genâdę er an im begie
4465 daz er in leben lie.
ûf zuhtę er in bî der hant:
den helm er im abe bant.
er sprach: 'ich enmuote mêre
von iu deheiner êre,
4470 wan daz ir mir âne schamen
rehte nennet iuwern namen.
ich enmuote ze dirre zît
wan daz ich wizze wer ir sît.'
er sprach: 'herre, daz sî getân.
4475 ich wil iuch wizzen lân,
ich bin künec über Îrlant,
Guivreiz le pitîz genant.'

Êrec gevienc sîn niht ze man.
ir ietweder klagen began
4480 des anderen ungemach.
Êrec eine binden brach
abe sînem wâpenrocke sâ.
nû wâ möhte er anderswâ
ein vriuntlîcher binden
4485 zuo den zîten vinden?
Guivreiz le pitîz eine alsam
von sînem wâpenrocke nam.
ein ander si verbunden
ir ietweder die wunden
4490 die er mit sîner hant sluoc.
diz was vriuntlîch genuoc.
hie was vrouwe Ênîte mite
vil güetlîchen nâch ir site.
ze handen viengen si sich dô,
4495 ir ietweder was des andern vrô,
und sâzen ensamet ûf daz gras,
wan in ruowe nôt was.
in hete der strît getân vil heiz:
beide bluot unde sweiz
4500 hâte si berunnen gar.
vrouwe Ênîte gienc ouch dar.
diu hâte liep bî leide,
als ich iu bescheide.
nû was sî ir mannes siges vrô:
4505 sîn wunden weinde sî aber dô.
nû ervurpte si diu guote
von sweize und von bluote
mit ir stûchen orte.
nâch vriuntlîchem worte
4510 sâzen an der heide
dise herren beide
und kuolten sich durch gemach.
der künec zuo dem gaste sprach:
'vernemetz, herre, vür ein spil
4515 daz ich nû reden wil
und enlât ez iu niht wesen leit.

mich betwanc iuwer manheit
daz ich wolde werden iuwer man:
dâ ist iu wol gelungen an.
4520 nû ist diu vrümekeit an iu schîn
daz ichz noch gerner wolde sîn,
ob ich wizzen mehte
ob irz an dem geslehte
alsô wol hætet,
4525 und mir daz kunt tætet:
sô wære mîner êre
sô vil deste mêre.
daz mir von iu geschehen ist,
des ich unz an dise vrist
4530 niene wart betwungen,
noch ist mir wol gelungen
und wil ez âne klage lân,
hâtz ein edel man getân,
und wil es immer wesen vrô.'
4535   Êrec antwurte im alsô:
'mîn künne ich iu nennen sol.
ich wæne ez vil wol
von gebürte wesen mac.
mîn vater ist der künec Lac,
4540 Êrec heize ich.'
dô vreute der künec sich.
als schiere und er diu mære
vernam wer er wære,
sîn sitzen wart vil unlanc:
4545 von vreuden er ûf spranc
und bôt sich an sînen vuoz.
er sprach: 'wie gerne ich wesen muoz
iu immer stæte als iuwer man,
mit swiu ich iu gedienen kan.
4550 iuwer vater ist mir wol erkant.
beide lîp unde lant
sol iu wesen undertân.
ouch sult ir mich geniezen lân
daz ich iu stæte triuwe
4555 leiste âne riuwe

al die wîle daz ich lebe.
und gewert mich einer gebe:
des man ich iuch sô verre.
wâ wart ie triuwe merre
4560 dan vriunt sînem vriunde sol,
die beide ein ander trûwent wol?
bî der man ich iuch daz ir
durch mîne liebe ensamet mir
ûf mîn hûs rîtet
4565 und dâ sô lange bîtet
unz daz ir geruowet sît.
diz lât wesen âne strît:
dâ handelt ir mich wol an,
daz ichz immer dienen kan.'
4570 Êrec sprach: 'ich wil iuch wern:
doch ensult irs niht sô lange gern.
ir müezetz âne zorn lân:
ich enmac niht langer hie bestân
niuwan unze morgen vruo
4575 und sage iu war umbe ich daz tuo.
ich envar nâch gemache niht:
swaz ouch mir des geschiht,
dar ûf enahte ich niht vil,
wan ich dar nâch niht werben wil.'
4580   der künec was des gastes vrô.
zuo den rossen gienc er dô.
er sprach: 'wir suln rîten.'
nû half er vrouwen Ênîten
daz si ûf ir phert gesaz:
4585 mit schœnen zühten tete er daz.
er vuorte si vür an den wec.
dar nâch reit Êrec.
und als si vür daz hûs riten,
niht langer daz envermiten
4590 sîne juncherren,
si enliefen engegen ir herren
ûz vür daz bürgetor:
dâ emphiengen si in vor
mit vrœlîchem schalle,

4595 wan sî wâren alle
von einem wâne gemeit,
daz er nâch gewonheit
den ritter hete gevangen.
er sprach: ʿez enist niht ergangen
4600 als ir wænet daz ez sî᾽
unde sagetę in dâ bî
vil rehte diu mære
wiez ergangen wære.
er sprach: ʿswem ich nû liep bin,
4605 der kêre dar an sînen sin
daz er emphâhe schône,
daz ich ius immer lône,
den aller tiuristen man
des ich ie künde gewan.᾽
4610 ouch tâten si gerne daz.
Êrec enwart nie baz
gehandelet anderswâ
dan ouch des selben nahtes dâ.
   des âbendes dô si gâzen
4615 und dar nâch gesâzen,
der wirt sprach: ʿherrę, ez ist mîn rât
daz ir uns einen arzât lât
gewinnen zunsern wunden.
ist daz ir ze disen stunden
4620 ungeheilet scheidet hin,
daz dunket mich ungewin.
ir sît leider sêre wunt:
dar zuo ist iu daz lant unkunt,
und mac iu vil wol missegân.᾽
4625 Êrec sprach: ʿnû lât die rede stân,
wan ich belîben niene mac
niuwan unz an den tac.᾽
   nû was im die naht bereit
von êren elliu werdekeit,
4629¹ wan Guivreiz le pitîz
kêrtę allen sînen vlîz
dar an daz er sîn schône phlac
unz an den anderen tac.

4629⁵   als er smorgens [schiet von dan]

. . . . .

[als uns der âventiure] sage
von dem tugentrîchen zalt,
kam er in einen schœnen walt,
dar in der künec Artûs
4629¹⁰ von Tintajôl sînem hûs
was geriten durch jaget,
als uns Crestiens saget,
mit schœner massenîe.
er und sîn kumpânîe
4629¹⁵ lâgen bî der strâze
alsô ze mâze
ein vierteil einer mîle.
in der selben wîle
kam her Walwân geriten
4629²⁰ und hete sîn ors Wintwaliten
zer poulûne gebunden.
dâ hetez Keiîn vunden.
durch baneken er dar ûf saz,
her Walwân erloubete daz.
4629²⁵ beide sîn schilt unde sper
lente dâ bî, daz nam er
und reit einę ûf den wec.
der herre Êrec
engegen im geriten kam.
4629³⁰ von verrę er sîn war nam.
als er in rehte gesach,
dô kôs er daz er ungemach
ûf dem wege hetę erliten
unde verre hete geriten
4629³⁵ und berunnen was mit bluote.
dô wart im des ze muote
daz er engegen ime reit
und sprach in sîner valscheit:
'willekomen, herrę, in diz lant.'
4629⁴⁰ an den zoum leitę er sîn hant.
er entorste in anders niht bestân:

sus wolde̜ er in gewunnen hân
und vrâgete [wer er wære.]
. . . . .
'ir erbelget âne sache.
4629⁴⁵ ich wolde daz ir ze gemache
mit mir ritet an dirre stunt.
ich sihe wol, ir sît sêre wunt.
der künec Artûs mîn herre
enliget hie niht verre.
4629⁵⁰ von im und von der künegîn
sult ir gebeten sîn
daz ir nû mit mir hin
rîtet unde dâ bî in
geruowet nâch iuwerm leide.
4629⁵⁵ si sehent iuch gerne beide.'
    alsus was im gedâht:
4629⁵⁷ hete̜ er in ze hove brâht,
 4630 daz er danne wolde sagen,
er hete̜ im die wunden geslagen
und er solde gevangen sîn.
dar an wart volleclîche schîn
daz diu werlt nie̜ gewan
 4635 deheinen seltsænern man.
sîn herze was gevieret:
eteswenne gezieret
mit vil grôzen triuwen
und daz in begunde riuwen
 4640 allez daz er unz her ie
zunrehte begie,
alsô daz er vor valsche was
lûter sam ein spiegelglas
und daz er sich huote
 4645 mit werken und mit muote
daz er immer missetæte.
des was er unstæte,
wan dar nâch kam im der tac
daz er deheiner triuwen enphlac.
 4650 sô e̜nwolde̜ in niht genüegen,

swaz er valsches gevüegen
mit allem vlîze kunde
mit werken und mit munde:
daz riet elliu sîn ger.
4655 dar zuo sô was er
küenę an etelîchem tage,
dar nâch ein werltzage.
diz wâren zwêne twerhe site:
dâ swachetę er sich mite,
4660 daz er den liuten allen
muoste missevallen
und niemen was ze guotę erkant.
von sînem valschę er was genant
Keiîn der quâtspreche.
4665 nû verstuont sich vil gereche
Êrec waz er meinte,
als er im ouch bescheinte.
er sprach: 'herre,
ich hân ze varne verre
4670 und enmac ze disen zîten
ûz dem wege niht gerîten.
wærez an mîner muoze,
nâch des küneges gruoze
vüerę ich tûsent mîle.
4675 ir sult mich ze dirre wîle
mîne strâze lâzen varn.
got müezę iuch bewarn.'
dô sprach der valsche Keiîn:
'herre, lât die rede sîn.
4680 ir ensult sus hin niht scheiden:
ez missezæmę uns beiden.
ich bringe iuch ze hûse
dem künegę Artûse
zewâre oder ich enmac.'
4685 Êrec fil de roi Lac
wart ein teil dâ von beweget.
er sprach: 'ich wæne ir enmeget.
dâ von ist iu alsô guot,
ir habet dar umbe ringen muot:

4690 wan welt ir mich dar bringen,
　　ir müezet mich es twingen.
　　doch sît ir vrum, ir bringet mich hin,
　　wan ich iu wol gewunnen bin.'
　　'ich weiz wol', sprach Keiin,
4695 'daz ich harte vrum bin.
　　ê ir mich des überstrîtet
　　daz ir sus hinnen rîtet,
　　ir engesehet mînen herren,
　　wandez iu enmac gewerren,
4700 ich twinge iuchs güetlîchen.
　　dâ von sult ir entwîchen
　　und mînen herren gesehen.
　　daz muoz benamen geschehen.'
　　　　daz wart Êrecke alrêst zorn.
4705 daz ros ruorte er mit den sporn.
　　'ziehet zuo iu die hant!'
　　ûf warf er daz gewant
　　und ervuorte daz swert.
　　wan ers wol wære wert,
4710 sô wolde er dem argen zagen
　　abe die hant hân geslagen.
　　dô zuhte er si enzît
　　unde vlôch âne strît.
　　swie er ûf Wintwaliten
4715 dem besten rosse wære geriten
　　daz ie ritter gewan,
　　alsô seine kêrte er dan
　　rehte an die widervart:
　　von Êrecke er ervolget wart.
4720 und als er rehte daz gesach
　　(als ez im ze heile geschach),
　　daz er was gewæfens blôz,
　　wie wol her Keiîn genôz
　　der tugent die Êrec hâte.
4725 vil wunderlîchen drâte
　　daz sper er umbe kêrte
　　daz er in niht versêrte.
　　er wante gegen im den schaft

und stach in mit solher kraft
4730 daz Keiîn rehte sam ein sac
under dem rosse gelac,
nâch sînem rehte
ungelîch einem guoten knehte.
daz ros vuortę Êrec dan.
4735 Keiîn, der schalchafte man,
ime vaste nâch lief:
lûtę er in ane rief:
'nein, ritter vil guot!
durch dînen tugenthaften muot
4740 daz mir daz ros hie bestê!
oder ich muoz es immer mê
geswachet und gehœnet sîn.
jâ ęnist ez weizgot niht mîn.'
dô kêrte der guote
4745 mit lachendem muote
und vernam sîne klage.
er sprach: 'ritter, nû sage,
wie bistû genant?
unde tuo mir erkant
4750 dises rosses herren.
ez enmac dir niht gewerren:
ich wil wizzen dînen namen.
dû ęndarft dich niht sô sêre schamen.
ez ist geschehen manegem man
4755 der doch nie zagen muot gewan.'
    Keiîn sprach: 'nein, herre!
ich bites iuch vil verre:
ist daz ir mir genâde tuot,
sô sît mir volleclîche guot,
4760 alsô daz ir mich des erlât
des ir mich gevrâget hât,
daz ich mich iu nande.
mich hât ûf solhe schande
hie brâht mîn zageheit
4765 daz doch mir ein herzeleit
von den dingen muoz geschehen,
sol ich iu mînes namen jehen,

wan ich hân wol garnet iuwern spot.
nû enbert es durch got.'
4770 Êrec sprach: 'ritter, saget an:
jâ ẹnist hie nieman
niuwan iuwer unde mîn:
es enmac dehein rât sîn,
oder ir habet daz ros verlorn.'
4775 daz sîne mantẹ er mit den sporn,
als er dan wolde rîten.
Keiîn bat in bîten.
er sprach: 'ich wil ez gote klagen
daz ich muoz mîn laster sagen.
4780 nû sagẹ ich iu wer ich bin.
mîn name lûtet Keiin.
ouch geruochet mîn der künec Artûs
ze truhsæzen in sînem hûs.
sîner swestersüne ein,
4785 der edel ritter Gâwein,
ditze ros er mir lêch:
mirst leit daz er mirs niht verzêch,
wan sô wære mir schande buoz
die ich nû dulden muoz.
4790 dô mîn herre hiutẹ enbeiz
(den tiuvel ich mir selben weiz
daz ich mir niht sanfte ẹnkunde leben:
nâch laster begundẹ ich streben:
des hân ich gewunnen teil),
4795 dô riet mir mîn unheil
daz ich mir sîn ros lîhen bat.
dô lêch er mir ez an der stat.
enhetẹ er dô des niht getân,
sô wærẹ ich schanden erlân
4800 diu mir sus ist widervarn.
nû ẹnmac doch daz nieman bewarn
daz im geschehen sol.
edel ritter, nû tuot sô wol
und gebet mirz wider durch got,
4805 oder ich bin aller der spot
die mich wider in sehent gân.'

Êrec sprach: 'daz sî getân.
ich gibe iuz mit gedingen:
ir sult ez wider bringen
4810 dem herren Walwân von mir.
mit iuwern triuwen müezet ir
daz geloben wider mich.'
Keiîn sprach: 'daz tuon ich'
unde tete ouch alsô,
4815 wan er was der rede vrô.
    als er daz ros zuo im gewan,
er sprach: 'ich bite iuch, tugenthafter man,
sît ir mir sît gewesen guot,
daz ir nû volle wol tuot,
4820 daz ich iuch müeze erkennen:
geruochet iuch mir nennen.
ez enschadet iu niht und hilfet mich.
iuwern namen den wolde ich
wizzen durch iuwer vrümekeit.
4825 ez ist mir immer ein leit,
muoz ich alsus scheiden hin
daz ich iuwers namen unwîse bin
und enweiz wie ich iuch nennen sol,
sô ich iuwer gedæhte gerne wol.
4830 durch got saget mir wer ir sît.'
er sprach: 'nein ich ze dirre zît:
ez wirt iu lîhte her nâch kunt.'
    nû schieden si sich zestunt.
ir ietweder reit sînen wec,
4835 Keiîn und Êrec.
    Keiîn hin ze hove reit,
und twanc in des sîn wârheit
daz ers doch niht verdagete,
wan daz er rehte sagete
4840 sîn schemelîchez mære,
wiez im ergangen wære,
und gap dem schaden solhen gelimph
daz man gar vür einen schimph
sîne schande vervie
4845 und man sîn ungespottet lie.

als in dô solh manheit
von dem ritter wart geseit,
dô nam si besunder
alle michel wunder
4850 wer der ritter möhte sîn.
dô sprach Keiîn:
'ich enmohte sîn niht erkennen:
er enwolde sich niht nennen.
sîne stimme hôrtẹ ich,
4855 wan er jach vil wider mich:
als ichz dar an kiesen mac,
sôst ez Êrec fil de roi Lac.'
dô rieten sị alle gelîche
er wærez wærlîche.
4860   der künec Artûs sprach dô:
'nû wærẹ ich es harte vrô
und lôntẹ ims mit minnen,
swer mir in möhte gewinnen.
Gâwein, daz tuon ich
4865 an Keiîn und an dich.
ir habet mich unz an disen tac
sô gêret daz ich niene mac
iu gesprechen wan guot.
ist daz ir nû ditze tuot,
4870 daz wil ich vor im allen hân
swaz ir mir liebes habet getân.
Gâwein, nû wis gemant
wiez under uns ist gewant,
daz dû mîn næhster vriunt bist,
4875 und ensûme dich deheine vrist
mêre durch die liebe mîn.
sô hilf mir und der künegîn
daz wir Êrecken gesehen:
sô ẹnmac mir liebers niht geschehen.'
4880   Gâwein sprach: 'herre,
enmanet mich niht sô verre,
wan ich der verte willic bin.
jâ ẹnlebet er niht den ich vür in
iezuo wolde sehen.

4885 und lât mir got sô wol geschehen
daz ich im immer kume zuo,
ich sagę iu, herre, waz ich tuo:
ich bringę in, mac ich ins erbiten.'
sâ zehant si dô riten.
4890 Gâweinen brâhte Keiin
rehte des endes hin
dâ er in lâzen hâte.
vil wunderlîchen drâte
îlten si im beide nâ,
4895 allez ûf sîner slâ.
und alsô schierę er ûf der vart
von in ervolget wart,
Gâwein der tugentrîche
gruoztę in minneclîche
4900 nâch vriuntlîcher stimme
unde niht mit grimme.
dar an er im bescheinte
daz erz in guot meinte.
er gap im einen guoten tac.
4905 als im Êrec fil de roi Lac
dô genâden began,
dâ marhtę er sînen namen an,
und als er in erkande,
zehant er in nande.
4910 vastę er in zuo im gevie,
als ins diu vreude niht erlie,
von liebe diu im geschach,
wan er in starc und guot sach.
er hiez in willekomen sîn
4915 unde sîne vriundîn.
er genâdetę im vil sêre
sô vriuntlîcher êre
die er im an sînem rosse bôt:
von triuwen gie im nôt
4920 daz er imz wider sande.
als schierę er in nande,
er sprach zuo dem gaste:
'wir haben iu vil vaste

durch den walt geriten nâch.
4925 vrâget ir von wiu sô gâch
uns sî oder waz ich welle,
herre, wîlent geselle,
daz sol iuch unverswigen sîn.
ich bite iuch, nû lât werden schîn
4930 ob iu mîn herre liep sî,
unde sage iu wâ bî.
dô unser vriunt Keiîn
hin ze hove daz ros mîn
mir wider brâhte
4935 und er iuwer gedâhte
ze alsô grôzer manheit,
als er diu mære hete geseit,
dô nam uns wunder
alle besunder
4940 wer ez möhte hân getân:
doch rieten wir ûf einen wân
iuwern namen mit gelîchem munde.
nû hât uns dâ ze stunde
gemanôt sô verre
4945 diu künegîn und mîn herre
daz wir iu îlten hin nâch
(dâ von ist uns gewesen gâch)
und iuch im bræhten ze hûs.
würde iu der künec Artûs
4950 ie liep oder wert,
sô sehet daz er iht werde entwert
und geruochet in gesehen.
mac daz nû geschehen,
sô gewan nie dehein man
4955 græzer liep dan er dar an.
diz leistet âne widerstrît,
ob ir dienstes willic sît:
dar zuo sîn wirs alle vrô.'
        Êrec antwurte im alsô:
4960 'noch hât der künec verschuldet wol
daz ich im immer wesen sol
mînes muotes undertân,

und swâ ich im des abe gân,
daz sîn gebot niene geschiht,
4965 dâ ẹnwendet michs der wille niht,
ich entuo swes er niht wil enbern.
disse muoz ich in entwern.
mînen willen ich im wol schîn tuo,
kumt ez immer dar zuo,
4970 als ez doch vil lîhte getuot,
daz mir lîp unde guot
durch in ze wâgenne geschiht:
daz entriuget danne niht,
ich enzeigẹ im wol wie er mir ist.
4975 er sol mich ze dirre vrist
mit hulden lâzen rîten.
ich hân ze disen zîten
gemaches mich bewegen gar.
geruochet, swâ ich hin var,
4980 daz ich iuwer dienest müeze sîn.
mînem herren und der künegîn
sult ir mînen dienest sagen
und mich zornes übertragen.'
als daz her Gâwein ersach
4985 daz er sô gar dâ wider sprach,
des wart er ein teil unvrô.
sînem gesellen winctẹ er dô
unde rûntẹ ime zuo.
er sprach: 'edel ritter, nû tuo
4990 tugentlîchen unde wol,
als ichz verschulden sol
und ouch mîn herre umbe dich:
daz selbe râtẹ ich.
rît drâte dînen wec
4995 unde sage daz Êrec
niht erwinden welle.
sus hân ich an im, geselle,
uns erdâht einen list
der doch nû der wægest ist.
5000 sagẹ im, wellẹ er in gesehen,
daz müezẹ alsô geschehen

als ich dir wol gesagen kan.
heiz inz rûmen von dan
dâ er lît in dem walde,
5005 und daz er sich balde
vür mache ûf den wec
dâ der ritter Êrec
jenhalp ûz rîten sol.
die wîle kan ich in wol
5010 ûf dem wege mit listen
gesûmen und gevristen
daz er niht vür enkumt.'
'und ist daz ez uns vrumt',
sprach der ritter Keiîn,
5015 'daz sol mit guotem willen sîn.'
zehant reit er unde tete
allez nâch sîner bete.
    als diz der künec Artûs vernam,
die tavel man abe nam,
5020 und îlte vür vil drâte
nâch sînes neven râte
und leite sich rehte umbe den wec,
daz der ritter Êrec
iender kæme dâ bî,
5025 er enrite rehte vür sî.
    Gâwein, der tugenthafte man,
Êrecken sûmen began
mit listen swâ er kunde,
unz daz er im die stunde
5030 mit kurzewîle abe genam,
unz daz der künec wol vür kam.
swie ofte er in wider rîten bat,
sô sprach er: 'iezuo an der stat,'
unz er mit schœner trügeheit
5035 den walt mit im ûz reit
dâ der künec umbe den wec lac.
    und als Êrec fil de roi Lac
die poulûne alle ersach,
niht liebes im dar an geschach,
5040 wan daz velt was sô vol.

ouch erkande er si wol,
wan er si dicke hete gesehen.
[er sprach: 'wie ist mir geschehen?]
ich wæne mich verriten hân.
5045 ir enhabet niht wol an mir getân,
her Gâwein, diz ist iuwer rât.
nû hân ich iuwer missetât
selten alsô vil vernomen.
daz ich dâ her bin komen,
5050 des was mir vil ungedâht.
ir habet mich übele her brâht.
swer hin ze hove kumt
daz ez im sô lützel vrumt
als ez mir nû hie tuot,
5055 dem wære dâ heime alsô guot.
swer ze hove wesen sol,
dem gezimet vreude wol
und daz er im sîn reht tuo:
dâ enkan ich nû niht zuo
5060 und muoz mich sûmen dar an
als ein unvarnder man.
ir sehet wol deich ze dirre stunt
bin müede unde wunt
und sô unhovebære
5065 daz ich wol hoves enbære,
hetet ir es mich erlân.
ir enhabet niht wol an mir getân.'
    Gâwein den zorn mit güete rach.
er hiels in zuo im unde sprach:
5070 'herre, senftet iuwern zorn.
jâ ist ein vriunt baz verlorn
bescheidenlîchen unde wol
dan behalten anders dan er sol.
wirt im ein teil ze zorne gâch,
5075 er verstât sich rehtes dar nâch
und hât in lieber dan ê.
waz mac ich nû gesprechen mê?
wan sol ich iuch beswæret hân,
daz hân ich doch durch guot getân.

5080 ouch rihtet selbę über mich.'
      alsô versuontę er sich
      mit im vil tugentlîchen,
      daz im begundę entwîchen
      ungemüetę unde leit:
5085 ez enwart ouch grœzer werdekeit
      noch volleclîcher êre
      nie mannę erboten mêre
      dan im dâ ze hove geschach.
      daz man in dâ gerne sach
5090 daz tâten vil wol schîn
      Artûs und diu künegîn
      mit der massenîe gar.
      si wâren willekomen dar:
      man emphienc si wirdeclîche
5095 beidiu gelîche,
      Êrecken und Ênîten,
      die ze manegen zîten
      unruowe hâten gephlegen
      ûf unkunden wegen.
5100   Ginovêr diu künegîn
      tete süezen willen schîn,
      dô ir vrouwę Ênîte kam.
      in ir phlege si si nam
      und vuorte si von danne
5105 besunder von ir manne
      in ir heimlîche.
      dâ wart vil wîplîche
      von in beiden geklaget,
      vil gevrâget und gesaget
5110 von ungewonter arbeit
      die vrouwę Ênîtę erleit.
      sô kumberlîcher sache
      ergazte sį mit gemache
      diu vil edel künegîn
5115 die wîlę und daz mohte sîn.
      ouch wart her Êrec
      von den rittern enwec
      gevüeret besunder

dâ er alsô wunder
5120 sîner müede ruowę emphie.
diu ritterschaft zuo im gie
und entwâfenten in sâ.
er gewan vil rîcher knaben dâ,
der deheiner dâ ze stunde
5125 dem andern niht engunde
daz er wære vür in guot.
sich vleiz von in ein gelîcher muot
swaz im dienest mohte sîn.
    vil schiere kam diu künegîn
5130 in klagen unde schouwen
mit allen ir vrouwen.
ein phlaster wart mit ir getragen.
dâ von wil ich iu sagen
wie guot ez ze wunden was:
5135 manec verchwunder sîn genas.
swem ez wart gebunden
über sîne wunden,
den geswar si nie mêre,
und enheilte niht ze sêre,
5140 wan ze rehter mâze genuoc.
dehein übel nie dar zuo gesluoc.
allez argez ez vertreip:
swaz ez guotes vant, daz beleip,
und die dâ von genâsen,
5145 die überhuop ez mâsen,
daz man die lîch ebene sach
als dâ nie wunde geschach.
mit disem phlaster verbant
der küneginne hant
5150 des ritteres sîten.
diu werlt ze deheinen zîten
bezzer phlaster nie gewan.
    wundert nû deheinen man,
derz gerne vernæme
5155 von wanne diz phlaster kæme,
daz hâte Fâmurgân,
des küneges swester, dâ verlân

lange vor, dô si erstarp.
waz starker listę an ir verdarp
5160 unde vremder sinne!
si was ein gotinne.
man enmac diu wunder niht gesagen
von ir, man muoz ir mê verdagen,
der diu selbe vrouwe phlac.
5165 doch sô ich meiste mac,
sô sagę ich waz si kunde.
swenne si begunde
ougen ir zouberlist,
sô hâte si in kurzer vrist
5170 die werlt umbevarn dâ
unde kam wider sâ.
ich enweiz wer siz lêrte.
ê ich die hant umbe kêrte
oder zuo geslüege die brâ,
5175 sô vuor si hin und schein doch sâ.
si lebetę ir vil werde:
in luftę als ûf der erde
mohte si ze ruowe sweben,
ûf dem wâgę und drunder leben.
5180 ouch was ir daz untiure,
si wontę in dem viure
als sanftę als ûf dem touwe.
diz kunde diu vrouwe.
und sô si des gern began,
5185 sô machete si den man
ze vogelę oder ze tiere.
dar nâch gap sį im schiere
wider sîne geschaft:
si kundę et zoubers die kraft.
5190 si lebete vaste wider gote,
wan ez wartę ir gebote
daz gevügel zuo dem wilde
an waldę und an gevilde,
und daz mich daz meiste
5195 dunket, die übelen geiste,
die dâ tiuvel sint genant,

die wâren allę under ir hant.
si mohte wunder machen,
wan ir muosten die trachen
5200 von den lüften bringen
stiure zuo ir dingen,
die vische von dem wâge.
ouch hâte si mâge
tiefę in der helle:
5205 der tiuvel was ir geselle.
der sandę ir ze stiure
ouch ûz dem viure
swie vil si des wolde.
und swaz si haben solde
5210 von dem ertrîche,
des nam sį unangestlîche
alles selbe genuoc.
diu erde deheine wurz entruoc,
ir enwærę ir kraft erkant
5215 alse mir mîn selbes hant.
sît daz Sibillâ erstarp
und Erictô verdarp,
von der uns Lûcânus zalt
daz ir zouberlîch gewalt
5220 swem si wolde gebôt,
der dâ vor was lange tôt,
daz er erstuont wol gesunt.
von der ich iu hie zestunt
nû niht mêre sagen enwil,
5225 wan es würde ze vil:
sô gewan daz ertrîche
(daz wizzet wærlîche)
von zouberlîchem sinne
nie bezzer meisterinne
5230 danne Fâmurgân,
von der ich iu gesaget hân.
von diu ęnwærę er niht wîser man
swer im wolde dar an
nemen grôz laster,
5235 ob ouch si ein phlaster

vür in geprüeven kunde.
jâ wæne man iender vunde,
swie sêre man woldẹ ersuochen
die kraft ûz arzâtbuochen,
5240 sô krefteclîche liste
die si wider Kriste
uopte sô des gertẹ ir muot.
 daz selbe phlaster machete sị guot
von allem ir sinne,
5245 dâ mite diu küneginne
Êrecke die wunden bant.
des phlasters güetẹ er wol emphant:
wan als er verbunden wart,
dô hügetẹ er wider ûf die vart.
5250 in dûhtẹ er wære gar genesen
und enwolde dâ niht langer wesen,
swie vil si in gebâten
und rede dar umbe hâten,
rítter unde vrouwen
5255 die kâmen in schouwen.
doch handelten si die naht
volleclîche nâch ir maht
die werden geste
und sô si kunden beste,
5260 und heten des gerne vil getân,
woldẹ ins Êrec gehenget hân:
des er doch niht entete.
des künec Artûses bete
unde der künegîn
5265 enmohte niht vrum gesîn,
daz sị in mit deheinen listen
langer mohte gevristen
dan unz morgen vil vruo:
dâ ẹnstuont doch dehein bete zuo.
5270 alsô ez dô morgen wart
und er ouch sîner vart
durch niemen woldẹ abe stân,
diz dûhte sị alle missetân.
nû enbeiz der künec durch in vruo:

5275 dar nâch zôch man diu ros zuo.
Êrec urloup dô nam,
als sînen zühten wol gezam,
von rittern und von vrouwen.
dô mohte man êrste schouwen
5280 an ir aller gebâren
daz sị in dâ liep wâren,
wan dô weinde wîp und man
vor leide dô si schieden dan.
den künec muote sêre,
5285 daz er niht enwolde mêre
in dem walde bestân:
er vuor gegen Karadigân.
nû reit der ritter Êrec
als in bewîste der wec,
5290 er enweste selbe war:
sîn muot stuont niuwan dar
dâ er âventiure vunde.
nû reit er dâ ze stunde
ein wênige wîle,
5295 kûmẹ eine mîle:
dô hôrtẹ er eine stimme
jæmerlîchen grimme
von dem wege wüefen,
nâch helfe rüefen
5300 erbarmeclîchen ein wîp,
der was bekumbert ir lîp.
als er daz rüefen vernam,
michel wunder in des nam
waz diu rede möhte sîn.
5305 dô was doch sîn manheit schîn.
er hiez vrouwen Ênîten
sîn dâ ze stete bîten
und tete sị erbeizen ze wege.
ir sorgẹ ergap sị in gotes phlege,
5310 als si der wille lêrte,
dô er von ir kêrte.
des endes huop sich Êrec
durch rûhen walt âne wec

      unerbûwen strâze,
5315 wan daz er die mâze
      bî des wîbes stimme nam,
      unz daz er rehte dar kam
      dâ si von klage michel leit
      in dem wilden walde erleit.
5320 ir riuwigen hende
      hâten daz gebende
      unschône abe gestroufet:
      zekratzet und zeroufet
      hete sich daz lîplôse wîp,
5325 daz ir diu wât und der lîp
      mit bluote was berunnen.
      si hâte ouch gewunnen
      von jâmer solhe swære
      daz doch niemen wære
5330 alsô vestes herzen,
      hæte er ir smerzen
      zuo den zîten gesehen,
      sît ich der wârheit sol jehen,
      si enmüeste im erbarmen.
5335   als er dô die armen
      in solher ungehabe sach,
      vil nâch weinende sprach
      Êrec der tugenthafte man:
      'vrouwe, durch got saget an,
5340 waz ist daz ir weinet?
      wie sît ir sus vereinet
      in disem walde?
      durch got saget balde
      ob ich iu ze staten müge komen.'
5345 nû hâte ir benomen
      diu bitter leides grimme
      vil nâch gar die stimme:
      ir herzen sûft daz wort zebrach
      daz si vil kûme gesprach:
5350 'weinens gât mir michel nôt.
      herre, mir belîbet tôt
      der aller liebiste man

den ie wîp gewan.'
Êrec sprach: 'vrouwe, wiest daz komen?'
5355 'herre, dâ hânt mir in benomen
zwêne risen, die vuorten in
des gevertes vor mir hin.
herre, si ęnlânt in niht genesen,
wan si sint im gewesen
5360 vîent nû vil manegen tac.
ouwê wie wol ich weinen mac!'
'vrouwe, sint sị iht verre?'
'nein si, lieber herre.'
'nû wîset mich nâch in.'
5365 'herre, hie riten si hin.'
mit dem vinger wîste sị in die vart
dâ er hin gevüeret wart.
Êrec sprach: 'vrouwe, nû gehabet iuch wol,
wan ich benamen sol
5370 bî im belîben tôt,
oder ich hilfę im ûz der nôt.'
nû bevalh in diu guote
mit worten und mit muote
in unsers herren gewalt.
5375 ir gebet wart vil manecvalt
und getriuwelîch der segen
den si tetę über den degen.
    nû was er komen ûf ir slâ
und îltę in vil sêre nâ
5380 unz er sị begunde sehen an.
nû heten die zwêne grôzen man
weder schilt noch sper
noch swert alsô er:
des er von rehte genôz.
5385 wâfens wâren si blôz.
waz ir wer wære?
zwêne kolben swære,
grôzę unde lange:
den wâren die stange
5390 mit îsen beslagen.
ez möhte doch einen zagen

immer mêre vergân
daz er getorste si bestân.
ouch vuorten die unguoten
5395 zwô geiselruoten
mit vingergrôzen strangen:
den si dâ heten gevangen,
den triben si dâ mite
nâch vreislîchem site.
5400 er reit âne gewant
unde blôz sam ein hant.
geleit wâren im die hende
ze rücke mit gebende
und die vüezę unden
5405 zesamene gebunden.
vil manegen geiselslac er leit
dâ er vor in hin reit.
si sluogen in âne barmen,
sô sêre daz dem armen
5410 diu hût hin abe hie
von dem houbetę an diu knie.
si brâchen vaste ritters reht
und handelten den guoten kneht,
und wærę er begangen,
5415 an diebes stat gevangen,
solher zuht wære ze vil.
er was geslagen unz ûf daz zil
daz er des bluotes was ersigen
unde nû sô gar geswigen
5420 daz in schrîens verdrôz.
daz bluot regens wîs vlôz
des rosses sîten hin ze tal:
ez was bluotic über al.
der ritter grôze quâle leit,
5425 sô unvernomen arbeit,
daz nimmer man âne tôt
möhtę erlîden grœzer nôt
dan ime dô geschach.
als diz Êrec ersach,
5430 nû bewegete sritters smerze

sô sêre sîn herze
daz er bî im ê wære erslagen
ê er inz hæte vertragen
und daz ez an sîner varwe schein.
5435 er sprach zuo den zwein:
'ir herren beide,
ich envrâge iu niht ze leide:
durch got muget irz mich wizzen lân,
waz hât iu der man getân
5440 den ir dâ habet gevangen?
saget, waz hât er begangen?
ez enschadet iu niht und ist mir liep.
weder ist er mordære oder diep?
oder wie hât erz umbe iuch verholt,
5445 sô swære zuht die er dolt?'
des antwurte im der eine
(der ahte sîn vrâge kleine):
'nû waz hâstû tumbe
ze vrâgen dar umbe
5450 waz er uns habe getân?
des enwellen wir dich niht wizzen lân.
rehter affe, nû sich,
dû unwirdest dich
daz dû vrâgest alsô vil
5455 daz dir niemen sagen wil.
nû war umbe jagestû mich?'
Êrec sprach: 'herre, nein ich.'
dannoch redete er mit listen
und wânde in sô gevristen:
5460 'ich hôrte in rüefen verre.
geloubet ir mir, herre,
ich enhân ez niht durch übel getân
daz ich iu her gevolget hân.
mich wundert waz ez wære.
5465 daz ensî iu niht swære.
doch wil ich iu zewâre sagen
(daz enmöhte ich niht verdagen),
hât dirre man ritters namen,
sô möhtet ir iuch immer schamen

5470 daz er des niht geniuzet
und iuch niht bedriuzet
der grôzen unvuoge.
jâ hât er zuht genuoge
emphangen, swaz er hât getân:
5475 muget ir in durch got lân?'
der michel man sus wider sprach:
'dîn klaffen ist mir ungemach:
erlâ mich dîner vrâge.
dû setzest enwâge
5480 dînen lîp vil sêre.
möhte ich an dir dehein êre
begân oder deheinen ruom,
ich zebræche dich als ein huon.
waz vrumet im dîn vrâge?
5485 nû nim dir in ze mâge
und hilf im: dest im nôt genuoc.'
im ze sehenne er in sluoc
und hiez in strîchen sînen wec.
dannoch wolde in Êrec
5490 mit güete überwunden hân
daz er den ritter hæte lân.
diu bete was vil gar verlorn,
wan daz er reizete srisen zorn.
dem ritter tâten si dô wê
5495 durch sînen haz wirs dan ê,
wan si enhâten vorhte noch wân
daz er si getorste bestân.
und als Êrec der degen balt
ersach daz er sîn engalt,
5500 daz muote in harte sêre.
nû entwelte er niht mêre,
wan undern arm sluoc er
mit guotem willen daz sper.
daz ros nam er mit den sporn:
5505 an si truoc in der zorn.
daz huop si dannoch kleine,
wan daz der eine
von unwirde versûmte sich

unz daz im ein sperstich
5510 engegen in sîn houbet kam,
der im ein ouge benam.
der stich ergie mit solher kraft
daz im wol ellenlanc der schaft
ûz hienc vor dem ougen.
5515 swie kleine erz wolde erougen,
er stach in zuo der erde tôt,
als ez der hövesche got gebôt.
  als sîn geselle
daz grôze gevelle
5520 gesach von dem micheln man,
mit zorne kêrte er wider dan
und begunde den kolben wenden
und gap in ze beiden henden.
Êrec erbeizete dô:
5525 des was der rise vrô
und wânde in sâ gewunnen hân.
in trouc ob got wil sîn wân.
er sluoc sam er wuote:
wan daz sich Êrec huote
5530 unde sich mit listen
wol kunde gevristen,
er wære zem êrsten erslagen.
sîn snelheit kunde in ûz getragen.
den schilt er im dar bôt:
5535 über den gienc doch diu nôt.
swâ er den schilt erreichte,
daz herte bret erweichte
daz ez sich wol endriu zekloup
unde hôhe ûf stoup
5540 swaz dar gehaft wære.
der kolbe was sô swære,
alsô dicke und er sluoc,
daz er sô sêre nider truoc
daz er in sô kurzer stunde
5545 [in niht erziehen kunde:]
ê er in ze slage vol erreit,
Êrecken hete sîn snelheit

an in und wider von im getragen.
alsô hetẹ er in geslagen
5550 wol vierstunt zuo dem beine:
ez enhuop in nie sô kleine,
eŕ enslüegez im ze jungest abe.
dô der ungevüege knabe
begunde sîgen ûf diu knie,
5555 Êrec im vaste zuo gie.
dannoch vaht der vâlant
mit unverzageter hant.
er sluoc sô manegen grimmen slac
daz uns wol wundern mac
5560 daz Êrec vor im genas,
wan daz der mit im was
der Dâvîde gap die kraft
daz er wart sigehaft
an dem risen Gôliâ:
5565 der half ouch im des siges dâ
daz er in mit gewalte
volle gevalte
und im daz houbet abe sluoc.
dô was dâ vehtens genuoc.
5570   als Êrec den sige gewan,
dô hâte den gevangen man
daz ros in den walt getragen,
daz ez niemen kunde gesagen
wâ er im ze vindenne wart.
5575 doch brâhtẹ in daz ûf die vart:
swâ er hin geriten was,
dâ wâren boumẹ unde gras
von sînem lîbe gar
worden harte bluotvar,
5580 swâ er ane ruorte
dâ in daz ros hin vuorte,
wan er was gebunden
daz er ze deheinen stunden
den boumen mohtẹ entwîchen,
5585 er enmüeste sich dran strîchen.
dô spürtẹ in der guote

allez an dem bluote
verrę unz daz er in vant.
dô lôstę er im diu bant
5590 von vüezen und von henden
und brâhte den ellenden
wider ze sînem wîbe
mit ganzem lîbe
und doch anders gesunden,
5595 als er in hete vunden,
mit geiseln zeslagen.
doch endorftę er nimmer geklagen,
sît im daz leben beliben was,
wan er dises smerzen wol genas.
5600 als si in ane sach,
beide liebę und ungemach
vuoren in ir herzen schrîn,
doch si niht wol ensament sîn.
als in diu guote
5605 berunnen sach mit bluote,
dâ erlasch ir herze von,
wan si was vil ungewon
an im der herzesêre.
si hâtę in nie mêre
5610 in solhen zühten gesehen.
dâ bî was ir ein liep geschehen,
daz ez den sigę an leide nam:
diz was daz er hin wider kam
mit lebendigem lîbe.
5615 hie verkêrte sich dem wîbe
ir herzen trüebe
als ein glas, derz wol schüebe,
daz von swarzer varwe
bestrichen wære begarwe:
5620 sô diu varwę abe kæme,
sô würdez genæme
und lieht daz ê vinster was.
sus wart ir herzę ein lûter glas,
der erren sorgen beschaben
5625 unde wol ze liehtę erhaben

mit unvalscher wünne,
sam si nie leit gewünne.
  diu zwei gelieben wâren vrô.
Êrecke sageten si dô
5630 genâde sô manecvalt.
si sprâchen: 'herre, in iuwer gewalt
suln wir uns vür eigen geben:
von iu sô haben wir daz leben.'
  Êrec antwurte dem ritter dô:
5635 'herre, des wære ich immer vrô,
hetę ich iu vrumes gedienct iht,
daz, ob got wil, noch geschiht,
swâ ich es niht enhân getân,
wan ich es guoten willen hân.
5640 ich enbitę iuch mêre
deheiner slahte êre
ze widergeltę an dirre zît,
wan saget mir wer ir sît.'
  Cadoc er sich nande
5645 von Tafrîol dem lande
und jach im wie daz wærę ergangen
daz in hæten gevangen
die zwêne vâlande:
er wolde varn von lande
5650 ze Britanje in daz lant,
daz er dâ würdę erkant,
er und sîn âmîe
von des küneges massenîe.
nû was sîn rihte durch den walt:
5655 daz was den risen vor gezalt.
die wâren im lange vîent genuoc:
welh schulde si hin zuo im truoc,
des enist mir niht kunt,
wan si heten im zuo der stunt
5660 lâgę al umbe den wec geleit
und viengen in dâ er zuo reit.
  als Êrec hâte vernomen
wie im sîn dinc was komen,
durch schœnen list er sprach,

5665 im ze benemen sîn ungemach:
'herre, ęnmissehabet iuch niht
umbe dise geschiht,
daz iu die risen hânt getân.
jâ ęnwirt es nieman erlân
5670 swer sô manheit üeben wil,
in enbringe geschiht ûf daz zil
daz er sich schamen lîhte muoz:
dar nâch wirt im es buoz.
wie dickę ich wirs gehandelt bin!'
5675 mit dirre rede trôstę er in.
er sprach: 'diz ist mîn rât,
daz ir durch nieman enlât
ir enleistet iuwer vart,
als si ûf geleget wart,
5680 ze Britanje in daz lant.
dâ ist ez alsô gewant,
daz ich iu wil zewâre sagen,
ez enmac ein ritter niht bejagen
in deheinem landę anderswâ
5685 bezzer lop dan ouch dâ.
swer ez dâ gevürdern kan,
der wirt schierę ein sælic man.
nû muotę ich einer êre
von iu und ouch niht mêre:
5690 swennę ir komet in daz lant,
sô nemet iuwer vriundîn an die hant
und gât vür die künegîn
und saget ir den dienest mîn.
kündet ir iuwer sache gar,
5695 unde daz ich iuch ir dar
zingesinde habe gesant.
Êrec bin ich genant:
vil wol erkennet si mich.'
diz lobetę er, unde schieden sich.
5700 Cadoc vuor hin ze hovę und tete
al nâch Êreckes bete.
er bôt der künegîn êre
rehte nâch der lêre,

als er im hâte vor gezalt:
5705 er ergap sich in ir gewalt.
Êrecke wunschte ze lône
diu vrouwe mit der krône,
diu vil edel künegîn,
daz er sælic müeste sîn.
5710   ouch schiet harte balde
wider ûz dem walde
der tugentrîche Êrec
unde suochte den wec
dâ er vrouwen Ênîten
5715 sîn gehiez bîten.
nû hâte er sich ervohten
daz im niene mohten
die wunden ganz bestân:
die wâren wider ûf gegân.
5720 des bluotes was er gar ersigen,
die slege heten in erwigen
daz im diu varwe gar erbleich
und im diu kraft sô nâch entweich
daz er mit grôzer arbeit
5725 hin widere gereit
dâ sîn diu vrouwe hâte erbiten:
solde er iht vürbaz sîn geriten,
sô müeste er beliben sîn.
daz wart hier an wol schîn.
5730   als sich der halptôte man
zuo neigen began,
als er erbeizen wolde,
wan er ruowen solde,
dô was er sô betoubet
5735 daz im daz houbet
vor den vüezen nider kam.
einen solhen val er nam
daz er lac vür tôt.
nû huop sich ein bitter nôt
5740 und alles leides galle
von disem valle
in vrouwen Ênîten muote.

von jâmer huop diu guote
ein klage vil barmeclîche,
5745 herzeriuweclîche.
ir wuof gap alsolhen schal
daz ir der walt widerhal.
nû ẹnhalf ir niemen mêre
klagen ir herzesêre
5750 niuwan der widergelt
den ir der walt ûz an daz velt
mit gelîchem galme bôt.
der half ir klagen ir nôt,
wan ir enwas niemen mêre bî.
5755 diu guote, nû viel sî
über in unde kusten.
dar nâch sluoc si sich zen brusten
und kustẹ in aber unde schrê.
ir ander wort was ꞌwê ouwê.ꞌ
5760 daz hâr si vastẹ ûz brach,
an ir lîbe si sich rach
nâch wîplîchem site,
wan hie rechent si sich mite.
swaz in ze leide geschiht,
5765 dâ wider entuont die guoten niht,
wan daz siz phlegent enblanden
ougen unde handen
mit trehenen und mit hantslegen,
wan si anders niht enmegen.
5770 dâ von müezẹ er unsælic sîn
(des wünschet im der wille mîn)
swer den wîben leide tuot,
wan ez enist manlîch noch guot.
    frouwẹ Ênîte zurnte vastẹ an got.
5775 si sprach: ꞌherrẹ, ist diz dîn gebot
daz ein ritter alsô guot
durch sînen reinen muot
sînen lîp hât verlorn,
sô hât ein wunderlîcher zorn
5780 dîner genâden barmunge genomen.
daz ich hân von dir vernomen

daz dû barmherzic sîst,
wie swachez bilde dû des gîst
an mir vil armen!
5785 mahtû dich nû erbarmen
über mich, sich, des ist zît.
nû warte wâ mîn man lît
gar oder halp tôt.
nû erbarme dich, des ist nôt,
5790 wan ich ein tôtez herze hân.
nû sich wie trûric ich stân.
erbarme dich, herre, über mich,
wan ez ist erbarmeclich
daz ich verweisetez wîp
5795 langer habe mînen lîp
in solhem ellende.
wan daz âne missewende
allez dîn werc stât,
herre, ich zige dich missetât
5800 daz dû mich langer leben lâst,
sît dû mir den benomen hâst
dem ich eine solde leben.
mahtû des, herre, bilde geben
daz dir aller herzen grunt
5805 ist gesihteclîchen kunt
(wan dir enmac niht verborgen sîn),
daz tuo durch dîne bermde schîn.
unde habe ich mînen man,
sît ich in von êrste gewan,
5810 verworht an ihtes ihte
mit muote oder von geschihte
alsô daz ez niht wol gezimt,
ob mir in dîn gewalt danne nimt,
daz selbe reht vinde ich mir,
5815 wan ichs von rehte danne enbir.
enhân aber ich des niht getân,
des soltû mich geniezen lân:
herre, sô erbarme dich
durch dîne güete über mich
5820 unde heiz mir in leben.

enwil aber dû mirs niht wider geben,
sô wis, herre got, gemant
daz aller werldę ist erkant
ein wort daz dû gesprochen hâst,
5825 und bite dich daz dûz stæte lâst,
daz ein man und sîn wîp
suln wesen ein lîp,
und ensunder uns niht,
wan mir anders geschiht
5830 von dir ein unreht gewalt.
sî dîn erbermde manecvalt,
sô hilf ouch mir des tôdes hier.
wâ nû hungerigiu tier,
beide wolf unde ber,
5835 lewę, iuwer einez kom her
und ezze uns beide,
daz sich sô iht scheide
unser lîp mit zwein wegen!
und ruoche got unser sêlen phlegen,
5840 die ęnscheident sich benamen niht,
swaz dem lîbe geschiht.'
    der si deheinez komen sach,
si rief in aber unde sprach:
'ir tier vil ungewizzen,
5845 nû habet ir erbizzen
manec schâf unde swîn,
armer liute vihelîn,
die ius niht engunden
noch überwinden kunden.
5850 wæret ir nû wîse,
ir holtet iuwer spîse
hie mit vollem munde,
wan ich iu mîn wol gunde:
dâ von müestę ich iu wol gezemen.
5855 nû kumt, ir muget mich gerne nemen.
wâ sît ir nû? jâ bin ich hie.'
    daz laden si niht envervie
daz dehein tier ez vernæme
oder dar kæme.

5860 ob aber deheinez kæme
und ob ez rehte vernæme
ir trûrige gebâre,
sô weiz ich wol zewâre,
swie hungeric ez wære,
5865 ez müestę ir die swære
ze jungest helfen weinen
und daz wol bescheinen
daz si zerbarmenne was.
über ir willen si genas.
5870   alsô si rehtę ersach
daz ir ze sterben niene geschach,
dô begunde si von êrste klagen
und hete sich selben nâch erslagen.
man sach nie jâmer merre.
5875 si sprach: 'lieber herre,
sît ich dich muoz verliesen,
sô wil ich hie verkiesen
alle man immer mêre
wan einen den ich sêre
5880 in mînem herzen minne
von allem mînem sinne.
dem bin ich gâhes worden holt.
hætę ich umbe den versolt
daz im geviele mîn lîp,
5885 dem woldę ich sîn ein stætez wîp.
vil lieber Tôt, nû meinę ich dich.
von dîner liebe kumt daz ich
alsô verkêre den site
daz ich wîp mannes bite.
5890 nâch dîner minnę ist mir sô nôt.
nû geruoche mîn, vil reiner Tôt.
ouwê wie wol ich arme
gezim an dînem arme!
dû bist vil wol ze mir gehît.
5895 wan nimestû mich enzît?
sît daz dû mich doch nemen muost,
sô râtę ich daz dûz iezuo tuost.
ich gezim dir wol ze wîbe:

ich hânz noch an dem lîbe,
5900 beide schœnẹ unde jugent,
ich bin an der besten tugent.
dir enmac mit mir niht wesen ze gâch.
nû waz touc ich dir her nâch,
sô beide alter unde leit
5905 mir schœnẹ unde jugent verseit?
nû waz sol ich dir danne?
noch zæmẹ ich guotem manne.'
    dô si der rede vil getete
und si den Tôt mit ir bete
5910 niht enmohtẹ überwinden
noch ir willen vinden
daz er si næmẹ in sînen gewalt,
vil wîplîchen sị in dô schalt
als ir der wille gebôt.
5915 si sprach: 'wê dir, vil übeler Tôt!
daz dû vervluochet sîst!
wie manec bilde dû gîst
dîner unbescheidenheit!
diu werlt doch wâr von dir seit,
5920 dû sîst mit valsche beladen.
dû vlîzest dich ûf maneges schaden
dem nimmer solde leit geschehen.
des hân ich vil von dir gesehen.
dû hâst vil bœser râtgeben,
5925 wan dû gâhes nimst daz leben
einem sô gewanten man
den diu werlt niht überwinden kan,
und gebiutest einem an sîne stat
dem ie diu werlt des tôdes bat
5930 unde lâst den werden alt.
dû zeigest dînen gewalt
unbescheidenlîchen.
einen tugentrîchen
hâstû hie gevellet
5935 unde mich gesellet
anders dan dû soldest,
ob dû gedienen woldest

daz ich dir immer spræche wol.
nû enweiz ich war ich armiu sol.
5940 unheiles wart ich geborn,
wan nû hân ich verlorn
beide sêle unde lîp,
als von rehte tuot ein wîp
von sô grôzer missetât,
5945 diu ir man verrâten hât
als ich mînen herren hân.
des tôdes wære er hie erlân,
ob ich in drûf niht enhæte brâht.
jâ enhæte er im nie gedâht
5950 dirre leidigen vart,
hæte ich den klagenden sûft bewart
den ich nam sô tiefe
dô ich wânde er sliefe,
des tages dô ich bî im lac.
5955 daz vervluochet sî der tac,
dô ich die rede ruorte!
wan ich mîn heil zevuorte,
vil grôze êre und gemach.
ouwê wie übele mir geschach!
5960 nû waz wolde ich tumbe
ze redenne dar umbe?
swie mîn herze wolde leben,
jâ hâte mir got gegeben
daz mîn dinc ze wunsche stuont.
5965 ich tete als die tôren tuont,
unwîses muotes,
die êren unde guotes
in selben erbunnen
und niht vertragen enkunnen
5970 sô ir dinc vil schône stât,
und leistent durch des tiuvels rât
dâ von ir heil zestœret wirt,
wan er ir êren gerne enbirt.
      ouwê liebiu muoter
5975 unde vater guoter!
nû ist iu ze dirre stunt

mîn grôzer kumber vil unkunt.
ez was iuwer beider wân
mîn dinc vil wol gebezzert hân:
5980 ouch was ez vil wænlîch,
dô ir mich einem künege rîch
gâbet ze wîbe.
der wân ist mînem lîbe
verkêret zungewinne.
5985 in triegent sîne sinne,
swem daz ze wendennę ist gedâht,
ez enwerde vollebrâht
swaz von gote geschaffen ist:
dâ vür enhœret dehein list,
5990 man enmüezę im sînen willen lân.
der muoz ouch an mir ergân:
ich muoz et unsælic sîn.
daz ist mir wol worden schîn
an grimmeclîcher arbeit,
5995 der ich vil unz her erleit.
er hât mir armen wîbe
verteilet an dem lîbe:
des bin ich wol innen brâht.
wes im zer sêle sî gedâht,
6000 des enmac ich wizzen niht.
swaz dem lîbe nû geschiht,
ze ringer klage mir daz stât,
wirt iedoch der sêle rât.
daz ich dicke hân vernomen,
6005 des bin ich an ein ende komen:
swaz man dem unsæligen tuot,
sîn gelücke ęnwirt doch nimmer guot.
    swer die linden von dem wege
næmę ûz unwerder phlege
6010 und sį in sînen garten sazte
und si mit bûwę ergazte
daz sį in dürrer erde
stüendę unz dar unwerde,
und daz dar ûf tæte
6015 daz er gedâht hæte

daz er ir wolde warten
in sînem boumgarten
ze guotem obezboume,
der enmöhte von einem troume
6020 niht sêrer sîn betrogen,
wan dâ enwürde niht an erzogen,
swie vlîzic man ir wære,
daz si bezzer obez bære
dan ouch ê nâch ir art,
6025 ê daz si ûz gegraben wart
ûz bœser erde von dem wege,
dâ si schein in swacher phlege.
swie schœne und edel ein boum si ist,
michel graben unde mist
6030 mac man dar an verliesen.
des sol man bilde kiesen
an mir vil gotes armen,
und möhte die werlt erbarmen
mîn vil grôzer ungeval:
6035 und krônte mich diu werlt al
ze vrouwen über elliu wîp,
sô hât doch got den mînen lîp
sô unsælic getân
daz ich kumber muoz hân
6040 al die wîle und ich lebe,
got ensî der mirs ein ende gebe.
    sît mir mîn dinc alsô ist komen
daz mir got hât benomen
den aller liebisten man
6045 den ie vrouwe gewan
und mîn der Tôt niene wil,
des selben neme er im ein zil.
diu stæte under uns beiden
ensol sich sô niht scheiden:
6050 den list ich vil wol vinde
daz er mich zingesinde
sunder danc nemen muoz.
war umbe solde ich sînen vuoz
sô vlîzeclîche suochen

6055 sît er mîn niht enwil ruochen?
dar umbę ich in sô sêre bat,
des mac ich mich an dirre stat
selbe vil wol gewern.
ich enwils ouch langer niht enbern,
6060 ez enwerde vollebrâht.
entriuwen, ich hân nû wol gedâht.'
   diu hant ir gegen der erde sleif,
ir mannes swert si begreif
und zôch ez ûz der scheide,
6065 als si sich vor leide
mit im woldę erstechen
und kintlîchę errechen
über sich ir mannes tôt,
wan daz irz got verbôt
6070 und ir leben gevriste
mit genædeclîchem liste
dar an daz si begunde
dem swerte dâ ze stunde
vluochen dô siz gesach.
6075 daz ir herze niht zebrach
von leide, daz was wunder.
sich teilte dô besunder
von des jâmers grimme
rehtę enzwei ir stimme,
6080 hôhe unde nidere.
der walt gap hin widere
vorhteclîch swaz si geschrê.
dô lûte dickę: 'ouwê ouwê!'
vil lûte schrîende sî sprach,
6085 dô si daz swert ane sach,
mit klegelîchem munde:
'ouwê, vervluochet sî diu stunde
daz man dich ie smiden began!
dû hâst getœtet mînen man.
6090 daz im der lîp ist benomen
daz ist von dînen schulden komen.
jâ ęnhætę er anderswâ noch hie
dehein eislîch dinc bestanden nie,

wan daz erz tetẹ ûf dînen trôst.
6095 sus hâstû mich sîn belôst.
er reit vil manege reise
sîns lîbes envreise,
die er hæte verlân,
enwære sị dar ûf niht getân
6100 daz mîn lieber herre
dir getriute verre.
vil dickẹ er jach dû wærest guot:
nû hâstû dich an im missehuot:
ich enweiz ob ez dich riuwe.
6105 dû hâst dîne triuwe
gar an im zebrochen.
daz wirt an dir gerochen.
ez ensol dich niht sô ringe stân:
dû muost noch mordes mê begân.'
6110   vil wol bewârte si daz wort
unde kêrte daz ort
engegen ir brüsten,
nâch tôdes gelüsten,
als si sich woldẹ ervallen dran.
6115 nû kam geriten ein man
der si es erwande,
den got dar gesande.
diz was ein edel herre,
ein grâve: vil unverre
6120 sô stuont sîn wesen von dan.
Oringles hiez der rîche man,
von Lîmors geborn.
den hâte got dar zuo erkorn
daz er si solde bewarn.
6125 [er kam von sînem hûs gevarn,]
ir ze heile reit er durch den walt:
nâch wiu, des enist mir niht gezalt,
wan daz ich betrahte
in mînes herzen ahte,
6130 ez kam von ir sælikeit
daz er des tages ie ûz gereit.
er vuorte mit im ritter genuoc.

von geschihte in truoc
in den walt der selbe wec
6135 dâ der ritter Êrec
in sô grôzem kumber lac
und sîn vrouwe Ênîte phlac.
dannoch dô der herre
von in was vil verre,
6140 dô gehôrte er daz wîp
mit wuofe quellen ir lîp.
und als er ir stimme vernam,
von wunder er dar kam,
ze diu daz er gesæhe
6145 waz wunders dâ geschæhe,
iemitten unde si daz swert
gegen ir brüsten wert
sich ze tœten hete gesat.
nû kam er rîtende an die stat,
6150 und als er ir gebærde ersach,
daz si gegen dem lîbe stach,
dô wart im von dem rosse gâch,
wan er mohte sich vil nâch
an der rede versûmet hân
6155 daz der stich wære getân.
er vienc si gâhes an sich
und erwante den stich.
ûz der hant er irz brach,
er warf ez von im unde sprach:
6160 'saget, wunderlîchez wîp,
war umbe woldet ir den lîp
selbe hân ersterbet
und an iu hân verderbet
daz schœniste bilde
6165 daz zam oder wilde
ie mannes ouge gesach?'
vrouwe Ênîte kûme sprach:
'nû sehet ir, lieber herre,
selbe waz mir gewerre.'
6170 'woldet ir iu selbe tuon den tôt?'
'herre, des gienc mir doch nôt.'

'was er iuwer âmîs oder iuwer man?'
'beide, herre.' 'nû saget an,
wer hât in erslagen?'
6175 nû begunde vrouwę Ênîte sagen
vil rehte diu mære
wiez im komen wære.
    nû begúnde der grắvę ahten
und bî im betrahten
6180 daz er bî sînen zîten
nâhen noch wîten
nie schœner wîp hete gesehen:
ouch begunden ims die ritter jehen.
die vrouwen er von im lie.
6185 zeiner kurzen sprâchę er gie.
er sprach ze den gesellen sîn:
'ein dinc ist wol schîn,
daz muget ir wol schouwen
an dirre vrouwen.
6190 swâ si der ritter habe genomen
oder swie si her sî komen,
si ist benamen ein edel wîp:
daz erziuget ir wünneclîcher lîp.
nû sprechet, waz ist iuwer rât?
6195 ir wizzet wol wiez mir stât,
daz ich âne wîp bin.
nû rætet vaste mir mîn sin
daz ich si ze wîbe neme.
mich dunket daz si wol gezeme
6200 ze vrouwen über mîn lant.
ich hân kurzę an ir erkant,
si ıst mir genuoc wol geborn.
ouch hât sî mir erkorn
mînes herzen rât ze wîbe.
6205 nû bitę ich daz ez belîbe
in iuwerm râtę âne haz
(vil gerne wil ich immer daz
umbę iuch verschulden unz ich lebe),
daz ez iu âne widerstrebe
6210 gelîchę allen wol gevalle.'

nû rieten si imz alle.
des râtes was der grâve vrô.
vrouwen Ênîten trôste er dô
vlîzeclîche unde wol,
6215 sô man den vriunt nâch leide sol.
er sprach: 'wünneclîchez wîp,
war umbe quellet ir den lîp
sô grimmeclîchen sêre?
vrouwe, durch gotes êre
6220 und ouch durch mich sô tuot daz
und gehabet iuch ein lützel baz
dan iu doch sî geschehen.
ich muoz iu des von schulden jehen
daz ir wîplîchen tuot,
6225 und dunket mich von herzen guot
daz ir klaget iuwern man,
wan dâ schînet iuwer triuwe an.
doch habet irs nû genuoc getân,
wan ez enmac iuch niht vervân.
6230 diz ist der schœniste list
der vür schaden wæne ich vrum ist,
daz man sichs getrœste enzît,
wan langiu riuwe niht engît
wan einen bekumberten lîp.
6235 dar an gedenket, schœnez wîp.
und möhtet ir im daz lében
mit weinenne wider geben,
sô hulfen wir iu alle klagen
und iuwer swære gelîche tragen:
6240 des enmac doch leider niht geschehen.
als ouch ichz hân ersehen,
ob ich ez rehte erkiesen kan,
sô enwas iuwer man
weder sô edel noch sô rîch,
6245 sô starc noch sô wætlîch
noch sô ahtebære,
ir enmüget iuwer swære
vol werden ergetzet:
er wirt iu wol ersetzet,

6250 ob ir mir gevólgic sît.
mich wæne in sæliger zît
ze iu got her geséndet hàt.
iuwer wirt vil guot rât.
dâ dicke ein man
6255 grôzen schaden nimet an,
daz verkêret sich vil ringe
ze lieberme dinge,
als sich, vrouwe, iuwer wân
hiute hie hât getân:
6260 der muoz sich verkêren
ze míchelen êren.
sich wandelt iuwer armuot
benamen hie in michel guot.
ich bin ein grâve genant,
6265 joch herre über ein rîchez lant:
dar über sult ir vrouwe sîn.
sehet, nû wirt iu wol schîn
daz iu iuwers mannes tôt vrumt
und iu zallem heile kumt,
6270 wan iu nû êrste wol geschiht.
ich enhân wîbes niht:
ze wîbe wil ich iuch genémen.
des lébennes mac iuch baz gezemen
dan ir mit einem manne vart
6275 über lant unbewart,
nâch deheinem iuwerm rehte.
ritter unde knehte,
vrouwen, rîche dienestman,
sô ir nie grâve mê gewan,
6280 die mache ich iu undertân,
muget ir noch iuwer weinen lân.'
    nû enmohte im diu guote
vor grôzem unmuote
und vor herzensêre
6285 gantwurten mêre.
si sprach sô si daz herze twanc:
'lât, herre, die rede lanc:
herre, lât iuwern spot

mit mir armen durch got.
6290 und sît ir rîche, deist iu guot,
erkennet, herre, mînen muot.
des wil ich iu kurze bejehen:
ez enmac nimmer geschehen
deich iuwer wîp werde
6295 oder iemens ûf der erde
über kurz oder über lanc:
ez geschæhe sunder mînen danc,
mir engebe got wider mînen man.
den êrsten den ich ie gewan,
6300 der müeze mir ouch der jungest sîn.
geloubetz, herre, ez wirt wol schîn.'
    der grâve sprach zen rittern dô:
'diu wîp suln reden alsô.
dâ von man irz wîzen ensol:
6305 si bekêret sich wol
von ir unmuote.
ich bringez wol ze guote.'
der vrouwen was er vil vrô.
die knehte hiez er houwen dô,
6310 alle die dâ wâren,
eine rosbâren.
diu wart vil schiere bereit.
dar ûf wart dô geleit
Êrec vür einen tôten man.
6315 ûf Lîmors vuorten si in dan,
und gewan im ze wahte
alle die er mahte
und hiez im lieht gewinnen
diu ob im solden brinnen
6320 unz daz man in begrüebe.
bitterlîcher trüebe
gienc vrouwen Ênîten nôt,
wan si hâte in vür tôt.
    dem wirte dô von ir geschach,
6325 dô er ir schœne rehte ersach,
daz er sô lange stunde
erbeiten niene kunde

unz ir man würde begraben,
si ęnwürde der naht erhaben
6330 ze vrouwen sînem lande.
swiez doch dûhte schande
alle sîne dienestman,
sîne boten sandę er dan
allenthalben in daz lant,
6335 daz im kæmen zehant
die herren die des ambetes phlegent
daz si die gotes ê gewegent.
daz si im würde gegeben,
wan er entriute nie mê geleben.
6340 sô grôz ist der minne maht:
er woldę et briuten der naht.
bischovę und ebbete kâmen dar
und diu phafheit vil gar,
swaz man der mohte berîten
6345 in des tages zîten.
swiez der vrouwen wære
widermüetę und swære,
si wart im sunder danc gegeben.
ez enhalf ouch niht ir widerstreben:
6350 er wolde si zę wîbę hân.
got hete den gewalt und er den wân.
nû was ouch ezzennes zît.
daz liez der wirt âne strît,
wan er die naht gerne sach.
6355 er gedâhte, des lîhte niht geschach,
mit ir vil guote naht hân.
ich enruoche, trügę in sîn wân.
der wirt gienc ezzen,
und als er was gesezzen,
6360 zwêne kappelâne sandę er dan
und drîe sîner dienestman
nâch der vrouwen dâ si phlac
ir mannes dâ er ûf der bâre lac,
daz si ze tische gienge.
6365 doch wænę ichz iht vervienge,
wan si si niht ane ęnsach,

dô der eine zuo ir sprach.
daz tâten si dem wirte kunt.
nû sandę er nâch ir anderstunt
6370 der herren michel mêre.
daz tetę er durch ir êre,
daz si deste gerner kæme
swenne si vernæme
daz tischgerihte mære.
6375 von ir herzen swære
nam si der boten deheine war.
der wirt sprach: 'ich muoz selbe dar.'
    alsô er dô zuo ir kam,
bî der hant er si nam
6380 und hiez si mit im ezzen gân.
des bat diu vrouwe sich erlân.
si sprach: 'ob ich nû æze
und sô schiere vergæze
des aller liebisten man
6385 den ie wîp mê gewan,
daz wærę ein unwîplîch maz:
ouwê wie zæme mir daz?'
er sprach: 'waz ist daz ir saget?
âne nôt ir iuch sô sêre klaget.
6390 ir habet verlorn einen man
den ich iu, ob mirs got gan,
harte wol ersetze:
vil gernę ich iuchs ergetze
mit lîbę und mit guote.
6395 des wære mir ze muote,
wan daz ir mich dâ von nement
mit gebærden die iu missezement,
daz iuch disen langen tac
nieman getrœsten mac.
6400 ez ist ein unbiderber strît,
dâ ir doch ane sô stæte sît.
iuwer schade ęnist niht sô grôz:
ich bin vil wol sîn übergenôz
oder doch wol als vrum als er.
6405 vrouwe mîn, nû tuot her.

ich wil geben in iuwer hant
mich unde mîn lant
und sô kreftigez guot
daz ir iuwer armuot
6410 und leides müget vergezzen.
noch gât dan mit mir ezzen.'
si sprach: 'daz ensol got wellen,
daz ich mînen gesellen
alsô muoz hân verlorn'.
6415 des wart vil tiure dô gesworn:
'ê erwel ich daz ich der erde
mit im bevolhen werde.
ich hân immer manne rât
sît mir in got benomen hât.'
6420 er sprach: 'nû lât die rede sîn
immer durch die liebe mîn
und gât dan ezzen mit mir,
wan ichs benamen niht enbir.'
swie vil er doch si gebat,
6425 sô enwolde si niht von der stat,
unz er si alsô betwanc:
er zôch si hin sunder danc,
wan si enmohte im niht gestrîten.
er ensazte si niht besîten:
6430 ir wart ein valtstuol vor gesat
ze tische engegen, als er bat,
daz er die vrouwen
deste baz möhte schouwen.
er bat si dicke ezzen.
6435 nû enmohte si aber niht vergezzen
ir lieben gesellen.
trehene begunde si vellen:
der tisch wart von ir ougen naz
al des endes dâ si saz.
6440 von jâmer want si ir hende,
diu vil ellende,
ir klage was vil stæte.
swie vil der wirt gebæte
daz si sichs wolde mâzen,

6445 nû ẹnmohte sis niht gelâzen.
nû sprach er aber zir:
'vrouwẹ, ir machet iu und mir
den jâmer al ze vesten
und mînen lieben gesten
6450 die her durch vreuwen komen sint.
und enwæret ir niht ein kint,
ir möhtet iuwer klage lân,
und kundet ir iuch rehtẹ entstân,
wie rehte schônẹ in kurzer vrist
6455 iuwer dinc gehœhet ist,
doch iuch lützel noch bedrôz.
ich engesach nie wunder sô grôz
daz ir niht enkunnet gedagen
und niht enmuget wol vertragen
6460 daz iuwer dinc nû vil wol stât
unde sich verkêret hât
ze guoter handelunge.
swem alsô gelunge
als iu hie muoz gelingen,
6465 er möhte baz gesingen
danne weinen unde klagen.
ich muoz doch die rihte sagen,
iuwer jâmer ist alze vester.
hiute wider gester
6470 sô stât iuwer dinc doch ungelîch.
ê wâret ir arm, nû sît ir rîch:
vor wâret ir niemen wert,
nû hât iuch got êren gewert:
ê wâret ir vil unerkant,
6475 nû sît ir gewaltic über ein lant:
ê in swacher schouwe,
nû ein rîchiu vrouwe:
vor muostet ir ûz der ahte sîn,
nû sît ir ein mehtic grævîn:
6480 ê vuoret ir wîselôs,
unz iuwer sælde mich erkôs:
vor wâret ir aller genâden bar,
nû habet ir die êre gar:

ê litet ir michel arbeit,
6485 dâ von hât iuch got geleit:
vor hetet ir ein swachez leben,
nû hât iu got den wunsch gegeben:
vor muostę iu vil gewerren,
nû lobet unsern herren
6490 daz er iuchs hât übertragen
und lât iuwer tumbez klagen:
ê lebetet ir ânę êre,
der habet ir nû mêre
dan dehein iuwer lantwîp.
6495 ir kestiget den lîp,
welt ir wizzen, âne nôt.
iu ist ein arm man tôt:
des sît ir ergetzet mit mir.
den selben wehsel möhtet ir
6500 immer gerne trîben.
ich rietez allen wîben,
wan ez enmöhtę in niht gewerren
daz si einen rîchen herren
næmen vür einen solhen man.
6505 iuwer tumpheit ich iu verban.
nû ezzet durch den willen mîn.'
dô sprach diu edel künegîn:
'herrę, ir habet mir genuoc gesaget,
daz wære doch als guot verdaget.
6510 vil kurzę ich iu antwürten wil.
ir muget wol rede verliesen vil.
bî dem eide geloubet daz,
in mînen munt kumt nimmer maz,
mîn tôter man enezze ê.'
6515 nû ęnmohte der grâve mê
im selben meister gesîn,
er entæte sîn untugent schîn:
sîn zorn in verleite
ze grôzer tôrheite
6520 [und ûf grôzen ungevuoc,]
daz er si mit der hant sluoc
alsô daz diu guote

harte sêre bluote.
er sprach: 'ir ezzet, übel hût!'
6525 beide stille und überlût
sô dûhtez sị alle gelîche,
arme unde rîche,
ein michel ungevuoge.
ouch wizzenz im genuoge
6530 under sîniu ougen:
die andern redetenz tougen,
ez wære tœrlîch getân
und er möhtez gerne lâzen hân.
er wart dar umbe gestrâfet vil:
6535 si wizzen imz unz ûf daz zil
daz der schalchafte man
vil sêre zürnen began.
ir strâfen was im ungemach.
vil unsenfteclîche er sprach:
6540 'ir herren, ir sît wunderlich,
daz ir dar umbe strâfet mich
swaz ich mînem wîbe tuo.
dâ bestât doch niemen zuo
ze redenne übel noch guot,
6545 swaz ein man sînem wîbe tuot.
si ist mîn und bin ich ir:
wie welt ir daz erwern mir,
ich entuo ir swaz mir gevalle?'
dâ mite gesweicte er sị alle.
6550   dô diu vrouwe wart geslagen,
ir gebærde ẹnsuln wir iuch verdagen:
von dem slage wart si vrô
und ouch des tages nie mê wan dô.
wâ ḅi die vreude möhte nemen?
6555 daz muget ir gerne vernemen,
wan slege tuont selten iemen vrô.
ir vreude schuof sich sô:
si wære gerner tôt gewesen
tûsentstunt dan genesen:
6560 und als si den slac emphie
(wan er von mannes krefte gie),

dô hete si̧ gedingen unde trôst
si würde des lîbes belôst,
und swaz si mêre gespræche
6565 daz erz mit slegen ræche
unz er si gar erslüege.
des wart vil ungevüege
ir klagȩ, und schrê wider dem site,
und wânde den tôt gedienen mite.
6570 si stuont von im vil verre
und sprach: 'geloubet, herre,
ich enahtȩ ûf iuwer slege niht
und swaz mir von iu geschiht,
unde nemet ir mir den lîp,
6575 ich enwirde doch nimmer iuwer wîp.
des nemet iu ein zil.'
der rede treip si sô vil
unz er si anderstunt
sêre sluoc an den munt.
6580 sînen slac si niht envlôch:
vil sêre si sich drunder zôch,
daz si ir mêrȩ emphienge.
si wândȩ ir willȩ ergienge.
si sprach: 'wê mir vil armen wîbe!
6585 wære mîn geselle bî lîbe,
diz bliuwen wære vil unvertragen.'
    dô si sô lûte begunde klagen,
Êrec fil de roi Lac
[dannoch unversunnen lac]
6590 in des tôdes wâne,
und doch des tôdes âne.
geruowet was er etewaz
unde doch niht vil baz.
er lac in einem twalme
6595 und erschrihte von ir galme
als der dâ wirt erwecket,
von swærem troumȩ erschrecket.
er vuor ûf von der bâre
in vremder gebâre
6600 und begunde mit den ougen sehen.

in wunderte waz im wære geschehen,
und enweste wie er dar kam.
anderstunt er si vernam,
wande si vil dicke schrê:
6605 'ouwê, lieber herre, ouwê!
dîner helfe ger ich âne nôt,
wan dû bist et aber leider tôt.'
als si in dô nande,
zehant er si erkande
6610 und vernam wol daz si wære
in etelîcher swære,
er enweste wie oder wâ.
er enlac niht langer dâ:
als er erkande ir stimme,
6615 ûf spranc er mit grimme
und rûschte vaste under sı.
nû hiengen dâ nâhen bî
swerte vil an einer want:
der kam im einez in die hant.
6620 er hâte zornes genuoc.
des êrsten rûsches er sluoc
den wirt selbe dritten
(under den saz er enmitten):
die andern gâben die vluht.
6625 dâ warte niemen deheiner zuht:
man sach dâ niemen hôher stân:
'herre, welt ir vür gân,'
wande swem der wec wart,
der huop sich an die vart
6630 (ez was in sô geschaffen),
die leien vür die phaffen:
swie hôhe er wære beschorn,
er wart dô lützel ûz erkorn,
ez wære abbet oder bischof.
6635 hie vlôch aller der hof.
zen türn wart vil enge
von grôzem gedrenge:
der kneht vür sînen herren dranc.
der wec dûhte si vil lanc

6640 der zen türn ûz gie.
ich enkam ze solher brûtlouft nie:
ein schrit was in ein raste.
si begunden vaste
vliehen unde wenken.
6645 ez lâgen under benken
vil guoter knehte
wider ritter rehte.
eines dinges vil geschiht,
des enwundert mich niht,
6650 swer sînem lîbe vorhte treit,
daz er durch sîne gewarheit
dicke vliuhet grôzen schal
ûf die burc ûz dem tal.
sô vluhen dise ûz dem hûs
6655 und sluffen ze loche sam diu mûs.
in wart daz wîte bürgetor
beidiu dar inne und ouch dâ vor
ze wênic und ze enge,
sô daz si mit gedrenge
6660 vielen über mûre
gelîch einem schûre,
wan si diu grimme vorhte treip.
Lîmors liutlôs beleip.
vliehens gienc in michel nôt,
6665 wan si vorhten den tôt.
ir vluht was âne schande.
swer inz ze laster wande,
der überspræche sich dar an.
nû sprechet, swâ ein tôter man,
6670 mit bluotigen wunden,
gerêwet, in gewunden
houbet unde hende,
vüeze an einem gebende,
mit einem swerte alsô bar
6675 ûf ein ungewarnte schar
in aller gæhe liefe
und wâfen über si riefe,
er vlühe swem et wære

der lîp ze ihte mære:
6680 und wære ich gewesen bî,
ich hete gevlohen, swie küenę ich sî.
sîn getorste dâ niemen bîten
âne vrouwen Ênîten.
den tôten si vil gerne sach:
6685 ze liebe wart ir ungemach
allez verkêret
und ir vreude gemêret.

bî der hant er si vienc:
vil genôtę er suochende gienc,
6690 unz daz er sîn îsengewant
joch schilt unde sper vant,
und wâfente sich als ê,
sam im nie würde wê.
sîner rosse ęnvant er niht:
6695 'ouwê dirre geschiht!
suln wir nû ze vuoze gân?
daz haben wir selten ê getân.'
nû müeze got gesenden
disen ellenden,
6700 Êreckę und Ênîten,
ros dâ sị ûfe rîten.

als er der rosse niene vant,
nû tetę er als im was gewant.
sînen schilt nam er
6705 und in die winstern hant daz sper,
an sîner zesewen sîten
vuortę er vrouwen Ênîten
und gâhte vür daz bürgetor.
dâ wart ime vor
6710 sîn ros engegen brâht,
des im doch niender was gedâht
noch jenem der ez reit,
alse doch sîn sælikeit
volleclîche dar an schein.
6715 ez hete des wirtes garzûn ein
gevüeret ze wazzer.
dar ûf sazer.

sîne rotruangẹ er sanc,
vil ebene stuont sîn gedanc,
6720 wandẹ er enweste niht
umbe dise geschiht.
nû reit er ûf den burcwec.
daz ros erkandẹ Êrec
dô erz aller verrest sach.
6725 vil liebẹ im dar an geschach.
ez vuoctẹ et gotes wille.
nû stuont er vil stille
unz im daz ros sô nâhen kam
daz erz bî dem britel nam
6730 wider in sîne phlege,
unde huop sich after wege.
vür sich saztẹ er die künegîn
(ez enmohte dô niht bezzer sîn),
vrouwen Ênîten,
6735 und gedâhte rîten
allez vür sich durch daz lant.
nû was im der wec unerkant:
ouch irte daz sîne vart
daz diu naht vinster wart:
6740 ouch vorhtẹ er in dem lande
schaden unde schande
von dem lantvolke gewinnen,
swenne si würden innen
waz er getân hâte.
6745 nâch vrouwen Ênîten râte
(wan sị in den wec lêrte)
ûf die strâzẹ er kêrte
die er gebâret dar reit:
daz geschach durch gewarheit.
6750   ez wâren disiu driu lant
an ein ander gewant
unde nâhen genuoc,
daz dâ er den grâven sluoc,
und aber des wênigen man
6755 von dem er die wunden gewan,
und des künec Artûses gewalt.

disiu driu enschiet niuwan der walt
dâ er enmitten inne reit
nâch dirre arbeit.
6760　und als si kâmen in den walt
ûz der sorgen gewalt
wider ûf ir kunden wec,
nû vrâcte der künec Êrec
vrouwen Ênîten mære
6765 wie er komen wære
in des grâven gewalt
den ich iu geslagen hân gezalt.
nû tete si im die sache
ir ougen zungemache
6770 allez weinende kunt.
dô endete sich zestunt
diu swære spæhe
und diu vremde wæhe
der er unz an den tac
6775 mit ir âne sache phlac,
daz er si mit gruoze meit
sît er mit ir von hûse reit.
durch daz diu spæhe wart genomen,
des ist er an ein ende komen
6780 und westez rehte âne wân.
ez was durch versuochen getân
ob si im wære ein rehtez wîp.
nû hâte er ir lîp
ersichert genzlîchen wol,
6785 als man daz golt sol
liutern in der esse,
daz er nû rehte wesse
daz er an ir hæte
triuwe unde stæte
6790 unde daz si wære
ein wîp unwandelbære.
er druhte si an sîn bruste,
vil dicke er si kuste
vol minneclîchen
6795 und bat die tugentrîchen

daz si wolde vergeben
als ungeselleclîchez leben
unde manege arbeit
die si ûf der verte leit.
6800 bezzerunge er ir gehiez,
die er benamen wâr liez.
nû vergap si imz an der stat,
wan er sis vriuntlîchen bat.
si sprach: 'lieber herre,
6805 jâ enmuote mich sô verre
dehein ander ungemach,
der vil âne zal geschach.
ez huop mich allez ringe
wider deme dinge
6810 daz ich iuch muoste mîden:
solde ich daz langer lîden,
dar umbe müeste ich doch mîn leben
alsô schiere hân gegeben.'
dô diz wunder ergie
6815 ûf Lîmors, nû sehet hie
wâ ein garzûn entran.
der lief durch den walt dan,
dar umbe daz erz zuo der stunt
dem wênigen künege tæte kunt
6820 der dâ was sô unverzaget.
ich hân iu ê von im gesaget:
er was Guivreiz genant,
der selbe der mit sîner hant
Êrecke sîne wunden sluoc.
6825 dem was der wec wol kunt genuoc,
er begunde sêre gâhen.
ouch was ez im vil nâhen:
ir zweier gewalt
enschiet niuwan der walt.
6830 er bôzete an daz bürgetor.
dâ twelte er unlange vor,
er wart vil drâte in gelân.
nû gienc er vür den künec stân
und begunde ime sagen

6835 wie der grâvẹ Oringles wære erslagen,
und daz hætẹ ein tôter man getân.
nû begunde sich Guivreiz verstân
ze jungest an dem mære
daz ez Êrec wære.
6840 nochdan enwas er niht entslâfen.
vil lûte schrê er: 'wâfen!
welh ein schade muoz ergân,
und sol den lîp verlorn hân
der beste ritter der darf leben!
6845 im enwelle got genâde geben,
wirt ez dem lantvolke kunt,
si ermürdent in zestunt.
ouwê, möhtẹ ich im vor gesîn,
daz würde mînem vriunde schîn.
6850 doch wirt ez versuochet,
ob es got geruochet.'
nû wâfentẹ er sich drâte
und swaz er ritter hâte.
nû wart ir wol in der zal
6855 drîzec ritter über al.
diu ros brâhte man in dô.
zwîvelhaft und unvrô
sô kêrte der künec balde
engegen deme walde,
6860 daz er dem ellenden man
ûz dem lande hulfe dan.
nû gerieten sị beide einen wec,
an dirre sîten Êrec
unde jenenthalp er,
6865 der eine hin, der ander her,
daz si enmohten bewarn
si ẹnmüesten ein ander widervarn:
alsô vuoctez diu geschiht.
nû ẹnwestẹ ir deweder niht
6870 umbe des andern reise:
des kam Êrec in vreise.
dô si noch wâren verre,
der ellende herre

wart vil wol gewar
6875 der gewâfenten schar,
 wan der schal und der dôz
 was von den schilten grôz.
 er sprach ze vrouwen Ênîten:
 'vrouwe, ich hœre rîten
6880 engegen uns ein michel her.
 nû enwil ich âne wer
 alsô zagelîchen
 ûzem wege niht entwîchen.
 harte ringe ist mîn kraft:
6885 doch gibe ich in ritterschaft
 zeteslîcher mâze.
 nû erbeizet zuo der strâze
 unz ir gesehet wiez ergê.'
 ich wæne der vrouwen ê
6890 lützel leider geschach,
 wan si sîn unkraft gesach.
  in den wec hielt er.
 enmitten riten si dort her.
 der mâne bôt in schœne naht
6895 der dô der wolken was endaht.
 nû wart sîn der künec gewar,
 wan er was der vorderst an der schar.
 er sach in halten in den wec.
 nû bereite sich Êrec
6900 ie mitten ze wer.
 nû sî got der in ner!
 waz welt ir daz der künec tuo?
 wan er bereite sich ouch dar zuo,
 als er tjostieren solde,
6905 ob er niht verzagen wolde,
 des ich in vil sicher sage:
 er enwas doch niht ein zage.
 daz bescheinte er wol dâ
 und ouch dicke anderswâ.
6910 diu sper begunden si neigen
 und ir kraft erzeigen.
 zesamene liezen si gân:

       dô wart ein rîchiu tjost getân.
       die vil guoten knehte,
6915 nû trâfen si vil rehte
       beide nâch ir gemerke.
       nû half niuwan sîn sterke
       den baz geruoweten man
       daz er den prîs dâ gewan
6920 und im alsô wol geschach.
       Êrecken er dâ nider stach
       hinderz ors an daz gras
       als lanc sô der schaft was.
       über in erbeizetę er dô:
6925 des wart vrouwę Ênîtę unvrô.
       diz was Êrecke nie geschehen:
       ez enmöhtę ouch nieman gejehen,
       er enwellę in lięgen an,
       daz in ie dehein man
6930 gestæche zuo der erde:
       ouch wæres der werde
       vil wol über worden dâ zestunt,
       unde wærę er gesunt.
       sus was entwichen im diu kraft,
6935 daz er muoste meisterschaft
       dulden von des küneges hant.
       den helm er im abe bant
       und woldę in vol hân erslagen.
       daz enmohte diu vrouwe niht vertragen.
6940 dâ si dort stuont verborgen
       in grôzen sorgen,
       si ęntwelte deheine wîle,
       si spranc ûz dem zîle
       und begunde sich vellen
6945 über ir gesellen.
       si sprach: ʽnein, ritter guot,
       gewünne dû ie ritters muot,
       niht erslach mir mînen man!
       und gedenke dar an:
6950 er ist wunt sêre,
       dû bist sus gar ânę êre,

swaz dû im nû mê getuost,
wan dû es sünde haben muost.
in hât der künec Guivreiz,
6955 ob ich sînen namen weiz,
verwundet in die sîten.'
    Guivreiz vrouwen Ênîten
bî der stimme erkande,
ouch half ez daz si in nande.
6960 vil gâhes stuont er hôher dan.
er sprach: 'vrouwe, saget an
wer dirre ritter sî,
unde saget mir dâ bî
wâ von ir mich erkennet:
6965 ich binz den ir dâ nennet.
ich wæne mir übele sî geschehen.
vrouwe, ir sult mir verjehen
wiez umbe iuch sî gewant:
ist dirre herre Êrec genant
6970 und ir vrouwe Ênîte?
daz ich iht ze lange bîte:
wan ich bin durch in ûz komen,
und sage iu wie ich hân vernomen
von im mir leidiu mære,
6975 daz er bekumbert wære
ûf Lîmors hie nâhen bî.
ich vürhte er iu erslagen sî,
ich enschine ie mitten ûf der vart,
als ez mir gesaget wart,
6980 ich und mîne gesellen,
daz wir im helfen wellen.
ich sûme mich in dem walde:
ich solde im komen balde:
ez ist schade, wirt er erslagen.'
6985 nû begunde si imz aber sagen
unde wortzeichen geben:
des beleip im daz leben.
daz hüetelîn si im abe bant:
dô wart er im rehte erkant.
6990 vil gerne er in ane sach:

mit guotem willen er sprach:
'sît willekomen, herre,
und saget ob iu iht werre
oder waz wære diu geschiht.'
6995 Êrec sprach: 'mir enwirret niht:
ich bin anders wol gesunt,
wan dâ ich von iu wart wunt.'
des wart Guivreiz vil vrô.
sîn houbet entwâfentẹ er dô.
7000 von vreuden dise zwêne man
liefen ein ander an
und kusten sich mit triuwen.
Guivreiz stuont mit riuwen
umbẹ Êreckes ungemach,
7005 der im von sîner tjost geschach.
als er daz begunde klagen,
Êrec sprach: 'des sult ir gedagen
und ûz iuwer ahte lân.
ir enhabet an mir niht missetân.
7010 swelh man tœrlîche tuot,
wirts im gelônet, daz ist guot.
sît daz ich tumber man
ie von tumpheit muot gewan
sô grôzer unmâze
7015 daz ich vremder strâze
eine wolde walten
unde vor behalten
sô manegem guoten knehte,
dô tâtet ir mir rehte.
7020 mîn buoze wart ze kleine,
dô ich alters eine
iuwer aller êre wolde hân:
ich solde baz ze buoze stân.'
dô man der rede gar gesweic,
7025 Guivreiz vrouwen Ênîten neic
und hiez si willekomen sîn.
des genâdetẹ im diu künegîn.
nû si wurden wol gewar
daz im niht tœtlîches war,

7030 des wâren si gemeine vrô.
    ûf sâzen si dô
    und riten doch unverre.
    Guivreiz der herre
    vuorte si ûz deme wege
7035 in gemelîcher phlege
    an einen wisevlecken.
    durch den herren Êrecken
    beliben si dâ die naht
    ze ruowe nâch sîner unmaht.
7040 si wurden dâ berâten,
    als si des state hâten,
    mit vil guotem viure.
    daz enwas in dâ bortiure:
    dâ was waldes genuoc,
7045 der in niuwan an daz viur truoc.
    dô si dâ bî gesâzen
    und ein teil vergâzen
    kumberlîcher arbeit
    und Êrec hâte geseit
7050 waz kumbers er hete erliten
    sît daz er was von im geriten,
    dô si beide zeiner stunt
    von ein ander wurden wunt
    (daz selbe enhân ich niht verdaget,
7055 ich enhabe ius gesaget
    sô vil als ichs weste),
    dise lieben geste
    begunden si vil verre klagen
    und gote grôze genâde sagen
7060 daz Êrec dannoch lebete,
    wan im vil dicke swebete
    sîn lîp in solher wâge,
    als ûf des meres wâge
    ein schefbrüchiger man
7065 ûf einem brete kæme dan
    ûz an daz stat gerunnen.
    ofte hete er gewunnen
    ein leben zwîvellîchez

und disem wol gelîchez:
7070 nû hetę in an der genâden sant
ûz kumbers ünden gesant
got und sîn vrümekeit,
daz er nû allez sîn leit
hâtę überwunden,
7075 daz er ze disen stunden
vol vrœlîchen saz.
got helfę im nû vürbaz:
im ist noch gelungen âne strît.
nû was ouch slâfennes zît.
7080 dô giengen die knehte
spehen sament rehte
welh stat in dâ töhte
dâ man in betten möhte.
als si dô giengen suochen,
7085 nû sâhen si drî buochen
enhalp bî dem viure stân,
breit unde wol getân,
gelîche lanc gewahsen,
mit rîchen loupvahsen,
7090 mit wol zebreiten esten.
den vil lieben gesten
betten si dar under,
under eine besunder
Êreckę und vrouwen Ênîten,
7095 die ze manegen zîten
bî ein ander niht enlâgen
noch geselleschefte ęnphlâgen
mit slâfę und mit mazze.
dem unbescheiden hazze
7100 wart ein ende gegeben
und kurn in ein bezzer leben.
dem wirte betten sî
under die næhsten dâ bî
(diu selbe stuont enmitten),
7105 den rittern under die dritten.
'nû sage waz wærę ir bettewât?'
entriuwen, als ez der walt hât,

schœnez loup und reinez gras,
sôz in dem walde beste was.
7110 waz touc daz lange vrâgen,
wan daz si doch lâgen?
   diu naht ein süezez ende nam.
als in dô der tac kam,
nû riten si von dan.
7115 der vil wênige man,
Guivreiz ir wirt, vuorte sî
ze bezzerm gemache dâ bî,
ûf eine sîne veste
dâ er si bewart weste
7120 ze vollem gemache.
von aller guoten sache
sô was daz selbe hûs vol,
rehte als ich iu sagen sol.
   ez stuont enmitten in einem sê:
7125 der gap im genuoc und dannoch mê
der aller besten vische
die ie ze küneges tische
dehein man gebrâhte,
swelher hande man gedâhte.
7130 dar zuo was dâ daz beste jaget
dâ von uns ie wart gesaget.
ez hete der künec umbe den sê
wol zwô mîle oder mê
des waldes in gevangen
7135 und mit mûre umbegangen:
dar in engienc dehein tor mê
niuwan ûz gegen dem sê.
mit mûre was der selbe kreiz,
als ich iu ze sagen weiz,
7140 gelîche endriu gescheiden.
daz ein teil von den beiden
hâte rôtwildes genuoc:
swarzwilt daz ander teil truoc.
in dem dritten teile dâ bî,
7145 vrâget ir waz dar umbe sî?
dâ wâren inne besunder

niuwan kleiniu kunder,
vühse hasen und diu gelîche.
ez was et vil volleclîche
7150 erziuget dirre wiltban
und alsô daz dehein man
der doch gerne wolde jagen
nimmer dörfte geklagen
daz er wildes niht envunde.
7155 ouch hete der wirt der hunde
die smannes willen tâten
diz jagehûs wol berâten.
swenne er dar ûz sach maneges site
daz er rande dâ mite,
7160 swâ er bî den zinnen saz,
sô ensâhenz jene niht vil baz
die dâ mite randen.
wer solde im aber daz enblanden
swenne er möhte mit den vrouwen
7165 abe dem hûse schouwen
loufen die hunde?
wan ze swelher stunde
daz rôtwilt ersprenget wart,
sô was sîn jungeste vart
7170 ie ze wazzer in den sê,
unde wart ouch nimmer mê
erloufen niender anderswâ
wan under dem hûse dâ.
und swes muot begunde gern
7175 jagen swîn oder bern,
der vant ze dem genieze
vil starke breite spieze,
und wolde er den hasen jagen,
als ir ê hôrtet sagen,
7180 der mohte vinden
den wunsch von hasenwinden.
nû jage selbe swaz dû wilt.
hie sint hunde unde wilt
und swaz ze jagenne ist nütze,
7185 netze und guot geschütze,

und swes vürbaz gert dîn muot.
hie was diu kurzwîle guot.
   Penefrec was diz hûs genant,
dâ man dehein gebresten envant
7190 unde volleclîchen rât,
vischę unde wiltbrât,
beide semeln unde wîn.
swaz dâ mêre solde sîn,
vil lützel des dâ gebrast.
7195 dar umbe hete den werden gast
der wirt ze ruowe dar brâht,
wan im was des wol gedâht
daz er dâ mit sînem wîbe
wider kæme ze lîbe.
7200 ouch was dâ guot geræte
von rîcher bettewæte.
sîner vrümekeit ze lône
sô wart er dâ vil schône
gewirdet und gehalten:
7205 vil schône wart gewalten
sîn und der künegîn.
wer sol nû sîn arzât sîn,
der hœile sîne wunden?
dar zuo hetę er dâ vunden
7210 vrouwen vil rîche,
edele, wætlîche,
des küneges swester zwô.
die wâren doch des vil vrô
und in ir herzen gemeit
7215 daz er in alsô gereit
daz er ir dienest muoste nemen.
der arzâtę mohtę in wol gezemen.
si heilten sîne wunden,
wan siz wol kunden.
7220 ouch phlac sîn diu guote
mit vil getriuwer huote,
vrouwe Ênîte.
dâ von wart sîn sîte
schônę unde vol heil.

7225 si heten des phlasters ein teil
dâ von ich ê gesaget hân,
daz dâ Fâmurgân
hâte gemachet mit ir hant.
des hâtẹ in ze gebe gesant
7230 vrouwe Ginovêr ein teil.
daz was ouch dises mannes heil.
ûf dem hûs ze Penefrec
dâ ẹntwelte der künec Êrec,
unz er vol geheilet was
7235 und sîner wunden genas,
rehte vierzehen naht.
als im dô sînes lîbes maht
volleclîche wider wart,
dô hügetẹ er wider ûf die vart.
7240 swie guot gemach dâ wære,
im was dâ vil swære.
der tugenthafte man
zewârẹ er gedâhte von dan
wol alsô balde
7245 als er in einem walde
wærẹ âne obedach,
einẹ ânẹ allen gemach,
dâ den unvalschen degen
beide wint unde regen
7250 harte sêre muote.
daz kam von dem muote
daz im dehein werltsache
enwas vor dem gemache
dâ er ritterschaft vant
7255 und dâ er mit sîner hant
die sêre muostẹ urborn.
diz leben hâtẹ er erkorn.
im was dâ mite lîhte baz:
ez was sîn slâf und sîn maz.
7260 die vierzehen naht, daz ist wâr,
dûhten in als manec jâr.
er enwolde dâ niht tweln mê
und wære geriten, möhtẹ er, ê.

ouwê vrouwen Ênîten!
7265 waz sol doch si nû rîten,
diu schœne guote wol geborn?
wan si hâtę ir phert verlorn,
als ir ê wol hôrtet sagen,
dô der grâvę Oringles wart erslagen
7270 ûf Lîmors und dô von dan
Êrec mit ir sô kûmę entran.
daz siz nû verlorn hât,
des solde doch werden rât.
si wirt es wol ergetzet,
7275 wan man irz ersetzet,
daz si diz nimmer darf geklagen,
mit einem, als ich iu wil sagen,
daz doch nie dehein man
dehein schœnerz gewan
7280 noch solde beschouwen.
diz gâben ir die vrouwen,
des küneges swester zwô,
unde wâren des vil vrô
daz siz geruochte von in nemen.
7285 ouch mohte sis vil wol gezemen.
vrâget iemen mære
ob ez schœner wære
dan daz sį unz her geriten hât?
ir ahte vil ungelîche stât.
7290 alsô was ez gezieret:
rehte geparrieret,
schilthalben garwe
mit volblanker varwe,
daz niht wîzers enmohte sîn,
7295 und alsô schœne daz der schîn
den ougen widerglaste.
ez enmohte niemen vaste
deheine wîlę ane gesehen:
des hôrtę ich im den meister jehen.
7300 nû hete diu ander sîte
dirre ze widerstrîte
gekêret allen ir vlîz.

alzan genzlîchen wîz
sô disiu schilthalben was
7305 von der ich iu nû dâ las,
alse swarz was disiu hie
dâ diu wîzę abe gie.
ez was et swarz unde wîz.
dirre mislîche vlîz
7310 was schônę underscheiden:
zwischen den varwen beiden
was ein strich über geleit
wol eins halben vingers breit.
der strich grüene was
7315 unde lieht sam ein gras.
an dem mûlę er ane vie,
als ein penselstrich er gie
zwischen den ôren dane,
vil ebenę über die mane,
7320 engegen den goffen über den grât,
unz dâ daz phert ende hât,
zwischen den brüsten nider alsam,
als ez doch wol gezam.
diz wâren seltsæniu dinc.
7325 umbę ietweder ouge gienc ein rinc
der selben varwe, daz ist wâr.
weich und reit was im daz hâr,
nâch dem teile gevangen
dâz hin was gehangen,
7330 ze rehte dic und niht tief:
niht vol ez an diu knie ęnswief.
der zoph was vür daz houbet lanc,
halp swarz, halp blanc,
als in diu grüene varwe schiet.
7335 der zagel alsam geriet.
sît ich nû gesaget hân
wie daz phert wære getân,
wiez anders wære gestalt
daz sol iu werden gezalt.
7340 ez was erwünschet alsô:
weder ze nider noch ze hô,

weder ze kurz noch ze lanc,
weder ze grôz noch ze kranc.
sîn dürre houbet ez truoc
7345 nâch sînem rehte hôch genuoc,
mit ragenden ôren niht lanc,
daz eine swarz, daz ander blanc:
daz swarze ein wîzer rinc bevie,
ein swarzer umbe daz wîze gie:
7350 sîn kel dic und ûf gezogen,
ze rehter mâze gebogen,
kleine dâ si anz houbet gie:
geschaffen dort unde hie
daz es iuch wol möhte lüsten:
7355 starc und wît zen brüsten:
mit dürrem gebeine,
ze grôz noch ze kleine:
diu wâren vlach unde sleht,
als einem tiere ûfreht.
7360 ez hâte, sît ichz loben muoz,
kurzen vezzel, hôhen vuoz:
die wâren ouch ze rehte gar,
alle swarz gelîche var.
und enwischetez nimmer kneht,
7365 sô wærez doch schœne und sleht.
alsô was sîn geschaft
daz von sîner meisterschaft
ein werltwîser man
der aller dinge ahte kan
7370 niht bezzers betrahte,
ob er in sîner ahte
aht ganzer jâre sæze
unde niht vergæze
wan daz erpruofte sîn muot
7375 ein phert schœne und volle guot:
alsô was ez gestalt.
und ob er danne den gewalt
von dem wunsche hæte,
daz ez belibe stæte
7380 swes er dar zuo gedæhte,

und swenne erz vollebræhte,
daz erz vür sich stalte
und er von sînem gewalte
dar abe næme
7385 swaz dar an im missezæme,
alsô was ez vollekomen
daz er dar abe niht hete genomen
alse grôz als umbe ein hâr.
giht ieman: 'er enhât niht wâr',
7390 dem bescheide ich die rede baz,
daz er rehte erkenne daz
diu rede wese ungelogen.
ez was dâ heime niht erzogen.
  ich sage iu wie ez dar was komen.
7395 ez hete der wirt selbe genomen
einem wilden getwerge
vor einem holen berge,
dô er nâch sîner gewonheit
ze walde nâch âventiure reit.
7400 ez hâte ez vil vaste
gebunden zeinem aste:
dô was ez gegangen dan.
alsô vant ez dirre man:
abe dem aste er ez nam.
7405 als daz getwerc wider kam
und ez daz phert niene vant
an dem boume darz ez bant,
grôz was sîn ungemach.
und als ez daz phert ersach
7410 in vremder gewalt,
dô wart vil manecvalt
sîn schrîen und sîn weinen,
und begunde wol bescheinen
des pherdes güete:
7415 mit grôzem ungemüete
wan ez vil starke.
driu tûsent marke
bôt ez im von golde
daz er imz lâzen solde.

7420 nû versprach er swaz ez im bôt.
sîner habe was im unnôt:
alsô vuortę erz von dan.
nû huop der wênige man
von jâmer alsô grôzen schal
7425 daz im der berc engegen hal.
    daz satellîn daz dar ûf lac,
swer daz mit golde widerwac,
nâch sînem rehtę erz niht engalt.
dâ von enwirt iu niht mê gezalt,
7430 daz ich die redę iht lenge,
wan ez was doch zenge
einem gewahsen man.
und als erz ûz dem walde dan
ze Penefrec brâhte,
7435 er gapz den ers gedâhte,
sînen swesteren zwein:
dar an ez vil wol schein
daz er si liep hâte,
wan ez truoc sanftę und drâte
7440 unde sagę iu rehte wie.
swennez den vuoz zer erde lie,
sô trat ez alsô lîse
daz niemen wære sô wîse
der ze deheiner stunde
7445 den trit gehœren kunde.
swer dar ûfe gesaz,
zewâre sagę ich iu daz,
daz er dar ûfe lebete
rehte sam er swebete.
7450 wan daz ez niht rehte ęnkæme
und ein teil missezæme
von einem pherde alsô vil
ze sprechen (des ichz lâzen wil),
sô möhtę ich wunder von im sagen:
7455 sus wil ich lobes mê gedagen.
wan sagen swaz si wellen,
si mugen vil gezellen
unde sprechen ir muot,

ez enkam doch phert nie sô guot
7460 in deheines mannes gewalt:
waz sol iu mê dâ von gezalt?
    als uns der meister seite,
ein vrouwen gereite
wart ûf daz phert geleit,
7465 dâ meisterlîcher arbeit
vil werkes ane lac.
ez hete geworht vil manegen tac
der wercwîseste man
der satelwerkes ie began,
7470 ein meister, hiez Umbrîz,
der doch allen sînen vlîz
dar leite vür wâr
wol vierdehalbez jâr,
unz er in vollebrâhte
7475 dar nâch als er gedâhte.
daz ich iu rehte seite
von diseme gereite,
wie daz erziuget wære,
daz würde ze swære
7480 einem alsô tumben knehte:
und ob ichz aber rehte
iu nû gesagen kunde,
sô wærez mit einem munde
iu ze sagenne al ze lanc.
7485 ouch tuot daz mînem sinne kranc,
daz ich den satel nie gesach:
wan als mir dâ von bejach
von dem ich die rede hân,
sô wil ich iuch wizzen lân
7490 ein teil wie er geprüevet was,
als ich an sînem buoche las,
sô ich kurzlîchest kan.
    'nû swîc, lieber Hartman:
ob ich ez errâte?'
7495 ich tuon: nû sprechet drâte.
    'ich muoz gedenken ê dar nâch'
nû vil drâte: mir ist gâch.

'dunkę ich dich dannę ein wîser man?'
jâ ir. durch got, nû saget an.
7500 'ich wil diz mære sagen.'
daz ander lâzę ich iuch verdagen.
'er was guot hagenbüechîn.'
jâ. wâ von möhtę er mêre sîn?
'mit liehtem goldę übertragen.'
7505 wer mohtę iuz doch rehte sagen?
'vil starke gebunden.'
ir habet ez rehtę ervunden.
'dar ûf ein scharlachen.'
des mac ich wol gelachen.
7510 'sehet daz ichz rehtę errâten kan.'
jâ, ir sît ein weterwîser man.
'dû redest sam ez sî dîn spot.'
wê, nein ez, durch got.
'jâ stât dir spotlîch der munt.'
7515 ich lache gerne zaller stunt.
'sô hân ichz doch errâten?'
jâ, dâ si dâ trâten.
'ich hân lîhtę etewaz verdaget?'
jâ ęnwizzet ir hiute waz ir saget.
7520 'enhân ich danne niht wâr?'
niht als grôz als umbę ein hâr.
'hân ich danne gar gelogen?'
niht, iuch hât sus betrogen
iuwer kintlîcher wân.
7525 ir sult michz iu sagen lân.
    sehet wie grôz ein grûz sî:
sô vil enwas dâ niht holzes bî.
er was von helfenbeine
und von edelem gesteine
7530 joch von dem besten golde
daz ie werden solde
geliutert in dem viure:
valsch was im tiure.
von disen mâterjen drin
7535 sô hâte des meisters sin
geprüevet diz gereite

mit grôzer wîsheite.
er gap dem helfenbeine
und dâ bî dem gesteine
7540 sîn gevellige stat,
als in diu gevuoge bat.
er muosete dar under
danne golt besunder,
daz muostez werc zesamene haben.
7545 an disem gereite was ergraben
daz lange liet von Troiâ.
zaller vorderst stuont dâ
wie des wart begunnen
daz si was gewunnen
7550 unz daz si wart zestœret:
dâ mite was dâ gehœret.
dâ engegen ergraben was
wie der herre Ênêas,
der vil listige man,
7555 über sê vuor von dan,
und wie er ze Kartâgô kam,
und wie in in ir genâde nam
diu rîche vrouwe Dîdô,
unde wie er si dô
7560 vil ungeselleclîchen liez
und enleiste ir niht des er gehiez:
sus wart diu vrouwe betrogen.
an dem hindern satelbogen
sô was einhalp ergraben
7565 ir vil starkez missehaben
und wie sị im boten sande,
swie lützel sị ins erwande.
bescheidenlîche stuont hie
swaz er dinges begie
7570 daz sagebære wesen mac
von der zît unz an den tac
daz er Laurente betwanc.
daz wære ze sagenne ze lanc
wie er sị in sînen gewalt gewan.
7575 jenhalp stuont dar an

wie er vrouwen Lavîniam
zêlîchem wîbe nam,
und wie dâ ze lande was
gewaltic herre Ênêas
7580 âne alle missewende
unz an sîns lîbes ende.
  dâ mite der satel was bedaht,
daz was ein phelle wol geslaht,
sô er beste wesen solde
7585 von sîden und von golde.
der phelle was ze rehte tief:
vil nâch er zuo der erde swief.
dâ stuonden an besunder
al der werlde wunder
7590 und swaz der himel besliuzet.
ob iuchs niht verdriuzet,
sô wil ich iu ir ein teil sagen
und doch michels mê verdagen.
diu vier elementâ
7595 stuonden schînbære dâ
in ir sundervarwe,
und in iegelîchem garwe
swaz dem undertænic ist:
diz meisterte ouch starker list.
7600 diu erde von den vieren
stuont mit ir tieren,
swaz der dehein man
in sînem muote erkennen kan
an walde oder an gevilde,
7605 zam oder wilde:
dâ stuont diu menschlîch geschaft,
geworht von solher meisterschaft
sam ez wolde sprechen
und bildes reht brechen.
7610 dâ bî daz mer swebete:
dar inne sam er lebete
der visch, bî dem besunder
elliu merwunder
und swaz dâ bûwet smeres grunt.

7615 der tæte mir der namen kunt,
ich wolde sị gernẹ erkennen
und kunnen genennen.
dar zuo suochet iu einen man
der iu si wol genennen kan:
7620 envindet ir des danne niht
(daz ouch vil lỉhte geschiht),
sô volget mînem râte
und machet iuch ûf drâte,
vart selbe zuo dem mer:
7625 dâ vindet ir inne des ein her.
gât an daz stat stân
unde bitet si gân
ûz ziu an den sant:
dâ werdent sị iu erkant.
7630 enhilfet danne daz niht
(daz aber lỉhte geschiht),
sô suochet selbe den grunt:
dâ werdent si iu danne kunt
mit grôzem schaden, mit lützelm vrumen.
7635 nû râtẹ ich mînen vriunden sumen
daz si die niugerne lân
und hie heime bestân.
swes ein man wol al den tac
sô rehte lỉhtẹ engelten mac
7640 und nimmer mêr geniezen,
des lât iuch, vriunt, erdriezen.
   dâ stuont ouch daz dritte bî.
vrâget ir waz daz sî?
der luft in sîner ahte.
7645 die vogele maneger slahte
swebeten dar inne,
gewebeten mit solhem sinne,
rehte sam si lebeten
und ûf zen lüften strebeten.
7650 daz viur mit sînen trachen
und mit andern sachen
die des viures müezen leben,
die sach man ouch dar inne sweben.

diu endę ein lîste bevie
7655 diu nider zuo der erde gie:
diu was einer hende breit,
mit edelem gesteine beleit.
daz lachen was doch rîch genuoc
daz Jûpiter ze decke truoc
7660 und diu gotinne Jûnô,
dô si in ir rîche hô
in dem brûtstuole sâzen:
daz möhte sich gemâzen
disem sateltuochę als vil,
7665 daz ich iu sagen wil,
sam der mâne der sunnen.
ir sult mir des wol gunnen
daz ich iu sage die wârheit.
beide guot und gemeit
7670 wâren die stegereife,
breite goltreife,
gebildet nâch zwein trachen.
si kunde wol gemachen
des goltsmides hant
7675 der sichs ze vlîzę underwant.
die zagele si ze munde bugen,
ir vedern stuonden sam si vlugen,
ir ougen wâren steine,
vier jâchande kleine.
7680   wes was dirre deweder,
darmgürtel joch stîcleder?
ir müestetz werc wol besehen
ê ir westet wes ir soldet jehen,
ob ez von golde wære durchslagen
7685 oder mit sîden undertragen.
daz ez borten solden sîn,
daz enwürdę iu an den bilden schîn
oder ir enbegriffetz mit der hant,
ez wærę iu immer unerkant.
7690 die rinken wâren silberîn,
dar umbe daz man wîzen schîn
vor dem golde sæhe,

veste unde spæhe.
harte guot was daz panel,
7695 niht eines kalbes vel,
der ich doch manegez hân gesehen:
dâ enkunde niemen an erspehen
leder eines nagels breit:
ez was guot und gemeit,
7700 als ez dem satele gezam
und im wol ze mâze kam,
gevüllet prîslîchen wol,
linde sam ein boumwol,
daz ez daz phert niht zebrach.
7705 swaz man sîn vor dem satel sach,
daz was gesteppet dicke.
ze guotem aneblicke
was dar an entworfen sus
wie Tispê und Pîramus,
7710 betwungen von der minne,
behert rehter sinne,
ein riuwic ende nâmen
dô si zem brunnen kâmen.
daz die vasen solden sîn,
7715 daz was ein netze guldîn,
gebriten von goltdræten
vesten unde stæten,
über die goffen zebreit.
dar umbe wâren geleit
7720 edel steine genuoge,
ziegelîcher vuoge,
dâ sich die maschen strihten,
kriuzewîs sich schihten.
an iegelîches knophes stat
7725 was ein rubîn ûf gesat
in lâsûrvarwe kasten.
die steine dar ûz glasten
einer hande garwe,
vol liehter varwe.
7730   guot und gevüege
was daz vürbüege,

starc unde vil gemeit,
ein borte zweier vinger breit,
nâch dem zoume vollekomen
7735 dar an daz phert was genomen.
ez wâren verworht dar inne
mit schœnem sinne
die einlif edelen steine:
der zwelfte der was eine
7740 vor in den zoum geleit
in ein schîben, diu was breit,
diu nider vür den zoph gie
und vor dem houbete hie.
der liehte carbunculus,
7745 dâ behielt er sîn ambet sus,
wan im daz lieht ist geslaht,
ob im ie ze vinsterre naht
ze rîtenne geschæhe,
daz man dâ von gesæhe.
7750 die einlif wâren hie in geleit,
an daz vürbüege zebreit,
zwischen den gehangen
guote goltklangen:
die hôrte man verre klingen.
7755 von sus getânen dingen
was der satel vollebrâht
und baz dan ichs hân gedâht.
deiswâr ouch bedunket mich
reht unde billich
7760 daz er mit vollem mære
harte schœner wære
dan dehein ander gereite,
wan er mit wârheite
dem schœnisten wîbe wart gegeben
7765 diu in den jâren mohte leben,
der edeln vrouwen Ênîten.
    nûst zît daz si rîten,
wan in sint diu ros komen.
hânt si danne urloup genomen
7770 von dem ingesinde?

jâ, von kinde ze kinde
und von des küneges swestern.
man ensolde willen vestern
vor noch sît beschouwen
7775 an deheinen andern vrouwen
zaller slahte guote.
zuht was in ir huote.
die vrouwen hânt ez alsô brâht
daz ir von rehte wirt gedâht
7780 in der vorderisten zal
swâ guoter wîbe wirdet wal.
swâ mitę ein wîp gedienen sol
daz si gotę und der werlde wol
von schulden muoz gevallen,
7785 des phlâgen sį âne gallen,
mîn vrouwe Filledâmûr
und ir swester Genteflûr.
nû riten si von dan,
Ênîtę und dise zwêne man,
7790 der wirt selbę und Êrec.
daz phert truoc dô den wec
sô sanfte vrouwen Ênîten
daz ze deheinen zîten
eins hâres sanfter niht enlebet
7795 der ûf dem ebenwâge swebet,
sô er den wint ze wunsche hât
und im sîn schef ânę angest gât.
si gedâhten rîten dâ zehant
ze Britanje in daz lant
7800 zem künegę Artûse.
ûf welhem sînem hûse
si in benamen vunden,
daz enwesten sį zuo den stunden.
der künec Guivreiz dô sprach
7805 dô in ze rîtenne geschach:
ʽwir vinden in ze Karidôl
oder benamen ze Tintajôl.ʼ
sus riten si nâch wâne,
und doch der gewisheit âne,

7810 unz hin umbe mitten tac.
nû truoc si der huofslac
ûf einer schœnen heide
an eine wegescheide:
welh ze Britanje in daz lant
7815 gienge, daz was in unerkant.
die rehten strâze si vermiten:
die baz gebûwen si riten.
und dô si nâch der wîle
geriten wol vünf mîle,
7820 ein burc si sâhen vor in stân,
michel unde wol getân.
und als si Guivreiz ersach,
daz wart im vil ungemach
und begunde in vaste beswæren
7825 daz si dar komen wæren.
'nû sage, von wiu?' daz weiz ich wol
und sagez sô ichz sagen sol.
des enist noch niht zît.
wie gebitelôs ir sît!
7830 wer solde sîn mære vür sagen?
ich enwil iuch niht verdagen
wie diu burc geschaffen wære:
daz vernemet an dem mære.
    vil guot was daz burcstal:
7835 als uns der âventiure zal
urkünde dâ von gît,
sô was ez zwelf huoben wît.
ez was ein sineweller stein
dâ niender bühel ane schein,
7840 ebene sam er wære gedrân,
und ouch rehte getân
nâch des wunsches werde,
ûf von der erde
entwahsen wol den mangen.
7845 den berc hete in gevangen
ein burcmûre hôch und dic.
ein ritterlîcher aneblic
ziertez hûs innen.

ez rageten vür die zinnen
7850 türne von quâdern grôz,
der vuoge niht zesamene ęnslôz
dehein sandic phlaster:
si wâren gebunden vaster,
mit îsen und mit blîe,
7855 ie drîę unde drîe
nâhen zesamene gesat.
dâ ęnzwischen enwas diu stat
gezimbers niht lære.
dâ sâzen die burgære
7860 nâch grôzer ir werdekeit.
alsô was daz hûs zebreit
mit den türnen. nâch ir zal
sô was ir drîzec über al.
sus was daz hûs gevieret:
7865 die türne gezieret
obene mit goldes knophen rôt,
der iegelîcher verre bôt
in daz lant sînen glast.
daz bewîste den gast
7870 dem dar ze varne geschach,
daz er den schîn verre sach
und er des hûses ûf der vart
des tages niht verirret wart.
ein wazzer drunder hin vlôz,
7875 des val gap michelen dôz,
wan ez durch ein gevelle lief.
daz selbe tal was alsô tief,
swer ûf die zinnen sitzen gie
und er ze tal diu ougen lie,
7880 den dûhte daz gevelle
sam er sæhę in die helle:
der swindel in ze tal zôch,
sô daz er wider in vlôch.
an der anderen sîten
7885 dâ man zuo mohte rîten,
dâ stuont ein stat vil rîche,
bezimbert rîchlîche,

diu einhalp anz wazzer gie.
anderhalp daz undervie
7890 ein boumgarte schœnę und wît,
daz weder vor noch sît
dehein schœner enwart gesehen:
des hôrtę ich im den meister jehen.
   als Êrec daz hûs ersach,
7895 ze sînem gesellen er sprach,
ob er die burc erkande,
und bat in daz er sį nande.
sus antwurtę im der herre:
ʽich erkenne sį: wir sîn verre
7900 geriten von unser strâze.
daz ez got verwâze!
iedoch sô manege zîte
sô ich disen wec rîte,
sô ist mir bœslîch geschehen:
7905 ich hân mich übelę übersehen,
gezeiget zuo der winstern hant.ʼ
er sprach: ʽBritanje daz lant
des endes verre hin lît.
kêre wir wider enzît:
7910 ich bringę iuch wider ûf den wec.ʼ
dô sprach der künec Êrec:
ʽwie zæmę uns daz, vil edel man,
daz wir sus riten dan?
sît wir sô nâhen komen sîn,
7915 sô volget durch den willen mîn,
daz ich die burc müeze sehen.
daz sol benamen geschehen.
diz hûs ist sô wünneclich
und alsô schœne daz ich
7920 ûzen dar an kiuse wol,
ist ez etewes innen vol
daz man sol gerne schouwen,
ez enist niht âne vrouwen.
ich wil daz hûs erkunnen:
7925 des sult ir mir wol gunnen.ʼ
   ʽmirst leit daz ich ius gunnen sol.

wê dan sô irz bevindet wol!'
'waz meinet ir, künec Guivreiz?'
'ich enmeine niht wan daz ich weiz.'
7930 'durch got, nû saget waz?'
'nû kêret wider. daz kumt uns baz.'
'mich wundert waz ir meinet.'
'ez wirt iu wol bescheinet,
und welt ir niht erwinden.'
7935 'ich muoz ez benamen ervinden.
ez enist niht wirsers dan der tôt.'
'sô kumt ir lîhtẹ in die nôt
die iuwer vriunt enmugen verklagen.'
'muget ir mirz durch got nû sagen?
7940 mich wundert waz ez müge sîn.'
'dâ erwindet durch die liebe mîn.
ich dienez immer als ich sol.'
'daz enzæme mir niht wol:
wan sô möhtet ir haben wân
7945 daz ich durch vorhte hæte lân
dise selben reise.
ouch enist dehein freise
ir enmöhtent si mich wizzen lân:
und wære sị danne sô getân
7950 dar umbẹ ich soldẹ erwinden,
daz liezẹ ich an mir vinden.'
'her künec', sprach Guivreiz,
'ich sagez rehte als ichz weiz:
diu vreise ẹnist niht ze ringe,
7955 und ûf daz gedinge
als iuwer munt gesprochen hât,
daz ir dise reise lât,
sô wil ich iuchz wizzen lân.
diz hûs heizet Brandigân,
7960 und ist vil manec ritter guot
durch sînen genendigen muot
ûf âventiure her komen,
die alle dar an hânt genomen
schaden zuo den schanden,
7965 die besten von allen landen.

des ist nû gewesen lanc
daz ir deheinem nie gelanc,
wan allen gelîche,
sô daz sî klegelîche
7970 alle hie sint erslagen.
waz mac ich iu mêre sagen?
wan ich wil unde muoz
mich bieten an iuwern vuoz,
daz ir erwindet durch mînen rât.
7975 ein âventiure hie stât
ze solhem gewinne
daz ich in mînem sinne
des vil grôze angest hân,
ez müeze iu alsam ergân
7980 als ez allen den ergie
die noch her kâmen ie.'
   Êrec sus antwürten began:
'sô wære ich ein verzaget man
und hete des missewende.
7985 ich enweste der rede ein ende,
solde ich sus erwinden.
muget ir mich lân bevinden,
waz ist ez oder wie hât ez namen?
ich müeste mich wol immer schamen,
7990 solde ich vürhten ich enweiz waz.
nû war umbe tuot ir daz
daz ir sô lange mich verdaget
daz ir mirs niht ein ende saget?
wan swaz doch mir dâ von geschiht,
7995 benamen ich enerwinde niht
unz ich die rede baz enweiz.'
   dô sprach der künec Guivreiz:
'nû wil ich iuch wizzen lân
wie diu âventiure ist getân,
8000 und rehte wiez dar umbe stât,
sît irs enwellet haben rât.
sist Joie de la curt genant.'
daz selbe wort ist unerkant
under tiutschen liuten:

8005 durch daz wil ichz diuten:
des hoves vreude sprichet daz.
ouch sagetẹ er im vürbaz.
er sprach: 'muget ir warten?
seht ir den boumgarten
8010 der under dem hûse lît?
dâ hât sich nû vil manege zît
ein ritter gehalten inne.
si stât ze solhem gewinne
als ich iu rehte wil sagen.
8015 swer si hie sol bejagen,
daz hât er im ze rehte
daz er sị an im ervehte.
• der wirt ist sîn œheim.
als noch ie an im schein,
8020 sô ẹnlebet sîn gelîche
niender in dem rîche
von sterkẹ und ouch von manheit.
swaz im noch ritter widerreit,
die si wolden bejagen,
8025 die hât er alle erslagen:
im enmohte niht wider sîn.
noch erwindet durch die liebe mîn.'
dô sprancte der künec Êrec
vil sêre lachendẹ ûf den wec.
8030 er sprach: 'edel ritter, nû wol dan!
und ist ez niuwan ein man
an dem si ze gewinne stât,
des möhte werden guot rât.
wâ mite machet irz sô grôz?
8035 weder ist er berc oder berges genôz,
daz man in alsô vürhten sol?
ich wânde daz hûs wære vol
gewürmes und wilder tiere
diu uns alsô schiere
8040 âne wer den lîp næmen,
sô wir dar kæmen.
noch hân ich ze lebene wân.
er enwirt doch des niht erlân,

ob es got geruochet,
8045 ez enwerdę an im versuochet.
sleht er mich, sô bin ich tôt:
daz ist der werldę ein ringiu nôt.'
  Guivreiz der künec guot
erkandę in wol alsô gemuot
8050 daz er benamen vollerite
und daz durch niemen enmite.
dâ von geschach im ungemach.
dô erz hûs von êrstę ane sach,
ez enhalf dehein widerstrîten,
8055 er enwolde vollerîten.
    nû huoben si sich ûf den wec.
und als der künec Êrec
mit sînem schœnen wîbe,
ze vreise sînem lîbe,
8060 nû reit gegen Brandigân,
die stat die er drunder sach stân,
dâ was inne vreuden vil,
tanz und aller slahte spil
daz jungen liuten wol gezam.
8065 und als er zuo geriten kam
und si die schœnen Ênîten
dâ vür sâhen rîten
und nâch ir die zwêne man,
nû sâhen si die vrouwen an
8070 und begunde menlîch des jehen
daz er unz dar nie gesehen
deheine vrouwen hæte
von lîbę und ouch von wæte,
von pherdę und von gereite,
8075 sô schœnę und sô gemeite.
sâ zuo den stunden
si alle begunden,
wîp und man beide,
von nâhe gândem leide
8080 ir vreuden entwîchen
und vil jæmerlîchen
klagen daz wünneclîche wîp,

und daz verliesen sînen lîp
soldę ein alsô vrumer man,
8085 wan dâ ęnzwîvelten sį niht an.
　　si sprâchen: 'herre, rîcher got,
war umbe geschuof dîn gebot
einen sô vollekomen man?
dâ wære vol dîn genâde an
8090 daz dû in hætest bewart
vor dirre leidigen vart,
daz er iht wære komen,
wan hie wirt im der lîp benomen.
ouwê dû vil armez wîp!
8095 wie dû queltest dînen lîp,
ob dû möhtest wizzen wol
waz dir hie geschehen sol!
wie dîniu liehtiu ougen
mit trüebe suln verlougen
8100 daz si sô spillîchen stânt
unde kumbers niht enhânt,
unde dîn vil rôter munt,
der die liute hie zestunt
dir engegen lachen tuot!
8105 und wie dû dînen gelphen muot
mit leide verkiusest,
sô dû dînen man verliusest!'
si klageten et alle.
diz engeschach niht mit schalle:
8110 ez wart mit murmel getân,
daz er sichs iht soldę entstân.
　　der rede tâten si genuoc.
manec wîp sich zen brüsten sluoc,
die andern sêre weinten.
8115 waz si dâ mite meinten,
daz weste der tugentrîche
und entete dem niht gelîche
als er dar umbę iht weste.
Êrec der muotveste
8120 bedâhte sich vrœlîch und wol,
alsam der unverzagete sol

den man niht lîhte entsprechen enmac.
deheines swachen gelouben er phlac.
er enwolde der wîbe liezen
8125 entgelten noch geniezen.
swaz im getroumen mahte,
dar ûf enhete er dehein ahte.
er enwas dehein wetersorgære:
er sach im als mære
8130 des morgens über den wec varn
die iuweln sam den mûsarn:
ouch hiez er selten machen
dehein viur ûz der spachen,
daz man im dar an sæhe.
8135 er enphlac deheiner spæhe:
ez was umbe in sô gewant,
im was der tisch in der hant
als mære enge sô wît,
und swaz ungelouben gît
8140 dâ enkêrte er sich niht an.
er was ein alsô vester man,
swie in daz volc untrôste,
daz in daz niht belôste
sîner manlîchen stætekeit
8145 gegen einem hâre breit,
und emphienc ez allez vür spot.
er gedâhte: 'die wîle und mich got
wil in sîner huote hân,
sô enmac mir niht missegân:
8150 und enwil er mirs niht bîten,
sô mac ich ze disen zîten
alsô mære sterben,
sô der lîp doch muoz verderben.'
    er was et herzen sorgen vrî.
8155 nû reit er zuo und gruozte sî
mit lachendem munde.
nû huop er dâ ze stunde
ein vil vrœlîchez liet.
nû murmelte aber diu diet:
8160 'nû schînet du enwizzest wol

waz dir hie geschehen sol.
nû ęnist doch leider dar niht lanc
daz dîn vrœlîchez sanc
ein vil riuwic ende gît:
8165 daz geschiht ê morgen ze dirre zît.
möhtestû wizzen und dîn wîp
daz dû dînen gelphen lîp
solt als unlange hân,
sô liezestû dîn singen stân.'
8170 alsô reit von in dan
der vil unverzagete man
ûf daz hûs ze Brandigân.
dâ wart im sîn reht getân,
sô daz man in vil schônę emphie.
8175 der wirt engegen ime gie
verre vür daz bürgetor:
dâ saluiertę er in vor,
mit im die burgære.
liep unde swære
8180 was er im ze gaste.
er vorhtę et des vil vaste,
im würde der lîp dâ benomen:
anders was er im willekomen.
daz tete der herre wol schîn
8185 den zwein und der künegîn,
wan man ir ze rehte phlac.
dannoch was ez hôher tac.
als dise werden geste
gesâzen ûf der veste,
8190 nû kurztę in die stunde
der wirt sô er beste kunde
und sîne burgære
mit sô manegem mære
daz sį niht enmohte betrâgen.
8195 bî einer wîle begundę er vrâgen
ob si zen vrouwen wolden gân.
diu vrâge was in liep getân.
alsô vuortę er si dan,
die vrouwen und die zwêne man,

8200 ûf eine stiege,
der meister enliege,
in ein sô schœne palas,
dô diu gotinne Pallas
rîchsete hie en erde,
8205 des genuocte si zir werde
ob si wære berâten
mit solher kemenâten.
ez was vil wol gezieret,
sinewel, niht gevieret,
8210 guot unde reine,
von edelem steine,
der ie mê von marmel kam,
als ez ir ougen wol gezam
und als ez der wunsch gebôt,
8215 gel grüene brûn rôt
swarz wîz weitîn,
dirre mislîche schîn
sô gebent und sô geliutert was
daz er glaste sam ein glas
8220 geworht mit schœnen witzen.
hie sâhen si inne sitzen
den wunsch von den wîben.
wer möhte iu die geschrîben
und geloben ze rehte gar?
8225 man enmohte sô wünneclîcher schar
nie gelîches iht beschouwen.
ez wâren ahzec vrouwen,
alle gelîche gekleit.
si hâten an sich geleit
8230 eine wât rîche,
und doch unvrœlîche,
nâch vil kostlîchem site.
hie erzeigeten si vil lîhte mite
daz in daz herze wære
8235 in etelîcher swære,
wan man si ouch selten lachen sach.
ez wâren ir röcke und ir dach
von swarzem samîte.

dehein ermel noch ir sîte
8240 enwas in gebrîset:
als ichs bin bewîset,
sô was in zuo den zîten leit
hôchvart unde stolzheit.
ir houbet wâren gebunden
8245 sô si beste kunden,
mit wimpeln, die wâren wîz.
dâ enschein ane dehein ander vlîz
wan sleht und unwæhe,
âne goldes spæhe.
8250   dô die geste in giengen,
dise vrouwen si emphiengen
baz dan si wâren gemuot,
als dicke der bescheiden tuot
der sînes leides nieman
8255 engaltet swâ erz bewarn kan.
der wirt zuo in sitzen gie:
dô sâzen die geste hie,
Êrec mit vrouwen Ênîten
und Guivreiz dâ besîten.
8260 diu ougen liez er über gân.
nû dûhte in einiu wol getân,
diu ander schœner dâ bî:
diu dritte swachete aber sî:
vor ir was diu vierde
8265 in lîbes gezierde:
der vünften er des prîses jach,
unz er die sehsten ersach:
diu sibende erlaschte dise gar,
unz er der ahten tete war:
8270 diu niunde in dûhte gekrœnet,
diu zehende baz geschœnet
mit dem gotes vlîze:
der selben zitewîze
sô was diu einlifte getân,
8275 hæte si diu zwelfte lân:
diu drîzehende wære vollekomen,
enhete irz diu vierzehende niht benomen:

diu vünfzehende was ein wunschkint:
doch was ir aller schœnę ein wint
8280 wider die sehzehenden vrouwen:
noch mohtę er gerner schouwen
die sibenzehenden diu dâ saz:
doch geviel im diu ahzehende baz
dan diser vrouwen dehein,
8285 unz im diu niunzehendę erschein:
dô muostę im wol gevallen
diu zweinzegest vor in allen.
wer möhte si gar geschrîben?
diu swachest under den wîben
8290 diu zierte wol ein rîche
mit ir wætlîche.
    als er der wünneclîchen schar
rehte getete war,
nû gedâhtę er in sînem muote:
8295 'rîcher got der guote,
hier an ist mir erkant
daz dû von schulden bist genant
der vil wunderlîche got,
daz dîn gewalt und dîn gebot
8300 an ein alsô enge stat
sô manec wîp hât gesat
dâ mite vil manec wît lant,
als dir selbem ist erkant,
vil schône gezieret wære:
8305 daz lâstû vreuden lære.'
ze dem gedankę er stille dagete.
der wirt ie mitten sagete
den vrouwen niuwiu mære
war umbe der gast wære
8310 mit sînem wîbe dar komen.
als diz die vrouwen heten vernomen,
hie mite wâren si zehant
ir herzeleides gemant
des in allen was geschehen.
8315 daz man si ê hete gesehen
wünneclîche vreudenvar,

des verlougenten si gar.
daz bluot ir hiufeln entweich:
dô wurden nase und wengel bleich.
8320 daz machete in der ougen regen.
    nû enweste Êrec der degen
wiez hier umbe was gewant,
unz imz Guivreiz tete erkant.
er sprach: 'muget ir schouwen
8325 wie dise edeln vrouwen
mit jâmer quellent den lîp?
si wâren der ritter wîp
die dâ hie sint erslagen.
wan kunde doch ich iu gesagen,
8330 daz ir dise reise hætet lân?
alsô muoz hie bestân
diu schœne vrouwe Ênîte,
missegât iu an dem strîte.'
    nû bewegete der vrouwen smerze
8335 Êrecke sô gar sîn herze,
sît in der lîp was gestalt
sô gar in vreuden gewalt,
daz ir jugent und ir leben
sô gar den sorgen was ergeben,
8340 wan in durch ir triuwe
der jâmer was als niuwe
als dô si sîn begunden.
ie under stunden
sâhen si den ellenden man
8345 mit jâmervarwen ougen an
und klageten sînen genæmen lîp
und erbarmte in daz sîn wîp
solde bî in dâ bestân,
wan des wâren si gewis âne wân.
8350   sus gedâhte der ellende:
'got sî der daz wende
daz ich sô iht gevar
daz ich dise vreudenlôse schar
iht mêre mit mînem wîbe
8355 sô daz ich iht belîbe.'

hie heten die geste beide
vil swære ougenweide,
wan in tete der vrouwen swære wê.
   nû ist zît daz man gê.
8360 der wirt vuorte si̯ ezzen.
nû e̯nwart dâ niht vergezzen
si e̯nheten alles des die kraft
daz man dâ heizet wirtschaft.
nû hânt si vol gezzen
8365 und sint dar nâch gesezzen
und redeten aller hande.
der künec von dem lande
vrâgte si̯ ob iht mære
ûf ir wege wære.
8370 dô sageten im die geste
swaz ietweder weste
daz doch sagebære geschach.
Êrec ouch zem wirte sprach:
'wirt und lieber herre,
8375 nâhen unde verre
hânt mir die liute vor gezalt
wunder vil manecvalt
von dises hûses êre.
des envrâge̯ ich nû niht mêre,
8380 wan ichz selbe hân ersehen
und muoz von schulden mite jehen:
si hânt benamen die wârheit.
ouch ist mir mære geseit
daz hie ein âventiure bî
8385 mit starkem gewinne sî
von einem guoten knehte.
nû weste̯ ich gerne rehte
wiez hier umbe wære gewant:
daz tuot mir, herre wirt, erkant.'
8390   der künec ein wîle des gesweic:
daz houbet im ze tal seic,
und saz ein teil in riuwen.
daz kam von sînen triuwen,
und benamen bî sîner vrümekeit

8395 was im des gastes vrâge leit,
wan er hetę ouch ê vernomen
daz er dar wære komen
ûf der âventiure gewin.
daz beswârte sînen sin,
8400 und gedâhte manegen enden
wie er daz möhtę erwenden
und wie er im den rât erkür
daz er den lîp iht verlür
und im den muot benæme,
8405 als in beiden zæme.
ze jungest er in ane sach,
belangen er zuo ime sprach:
'herrę, ich wil iu râten wol,
als ich mînem gaste sol,
8410 dem liebisten den ich ie gewan,
dar nâch und ich iu guotes gan,
daz ir der vrâge habet rât
und si gar ûz der ahte lât
umbe disę âventiure.
8415 ez ist vert und hiure
unde nû wol zwelf jâr,
als ich iu sage vür wâr,
michel schade dâ von geschehen:
ouch habe wir beide gesehen
8420 sô vil ander dinge
diu uns sus genuoc ringe
die zît mugen gemachen:
nû reden von andern sachen.'
Êrec im antwürten began
8425 als ein unverzageter man,
des herze doch vil stæte was
und vester dan der adamas,
von dem man solhe kraft seit:
unde würde der geleit
8430 zwischen zwein bergen stehelîn
(wie möhtez wunder grœzer sin?),
die zemüelę er kleine
ê man ez dem steine

iender möhtę erkiesen an.
8435 dannoch hâte dirre man
ze quecheit stæteren muot
dâ von daz einer slahte bluot
disen stein geweichen mac:
sô ęnkundę ouch âne stôdes slac
8440 niht sînen muot betwingen
noch ûf zageheit bringen.
der rede begundę er lachen.
er sprach: 'von swelhen sachen
ich niht gevrâgen entar,
8445 die sint ouch ze griulîch gar.
daz ich dar nâch gevrâget hân,
daz enhân ich niht dar ûf getân
daz ich des iht gesinne
daz ich dar an gewinne
8450 sunderprîs vür alle die
die noch her kâmen ie,
wan daz mich des betrâget.
swenne man mich dâ von vrâget,
beide wîp unde man,
8455 daz ich ins niht gesagen enkan,
und ich doch hie gewesen bin:
dar an velschent sị mînen sin.'
    nû wânte der wirt er meintez sô.
dâ von begundę er in dô
8460 dise rede wizzen lân,
als ich iu ê gesaget hân,
rehte zuo der mâze
als im ûf der strâze
sîn geselle sagete,
8465 und ob der iht verdagete,
ze vollen sagetę er im daz
und beschiet in des baz.
er sagete, der boumgarte
der wære gevestent harte,
8470 und swie er wærę unumbegeben,
dar in endorfte niemen streben
dem ze ihte mære

lîp und êre wære.

er sprach: 'dâ wonet inne

8475 mit sîner vriundinne

ein ritter sô manhaft

daz doch er mit sîner kraft

alle die erslagen hât

die des enwolden haben rât

8480 von tumbes herzen stiure,

si ensuochten âventiure.

ich sage iu, swelh ritter guot

her kumt ûf den selben muot,

der suoche wan die porte:

8485 bî dem êrsten worte

sô vindet er si offen stân.

er mac drin rîten oder gân:

die andern belîbent hie vor.

sô besliuzet sich daz tor:

8490 diu rede muoz sich scheiden

danne under in beiden,

wan swaz ir dewederm geschiht,

si enhânt et scheidæres niht.

ich enweiz wiez nû ergê:

8495 wol ein halp jâr oder mê

ist des daz im niemen enkam,

sît daz er den lîp benam

rittern die ich genennen kan.

er sluoc benamen hie drî man

8500 sô man si beste erkande

in deheinem lande.

der eine Venegus hiez,

der et niht des enliez

daz ze manheit gezôch,

8505 Opinâus der nie gevlôch,

Libaut der dritte man,

der vordes manegen prîs gewan:

der was von Winden geborn.

und hânt die den lîp verlorn,

8510 sô endurfet irs niht versuochen.

und welt ir es geruochen,

sô gibę ich iu den besten rât,
deist daz ir vehtens abe stât.
sô gemuot ist der starke man,
8515 swem er noch gesigetę an,
dem sluoc er abe daz houbet.
ob ir des niht geloubet,
und welt irz danne selbę ersehen,
sô muoz iu alsam geschehen.'
8520   dô sprach der künec Êrec:
'ich weste wol, der Sælden wec
giengę in der werldę eteswâ,
rehtę enwestę ich aber wâ,
wan daz ich in suochende reit
8525 in grôzer ungewisheit,
unz daz ich in nû vunden hân.
got hât wol ze mir getân
daz er mich hât gewîset her
dâ ich nâch mînes herzen ger
8530 vinde gar ein wunschspil
dâ ich lützel wider vil
mit einem wurfe wâgen mac.
ich suochtez unz an disen tac:
gote lop, nû hân ichz vunden
8535 dâ ich wider tûsent phunden
wâgę einen phenninc.
diz sint genædeclîchiu dinc,
daz ich hie vinde solh spil.
die redę ich iu baz bescheiden wil.
8540 ich hân von iu ê vernomen
daz dirre herrę ist vollekomen
an degenlîcher manheit.
des ist sîn êre vil breit
und ze ganzem lobę erkant
8545 über elliu disiu lant,
wan er hât wunder getân.
dâ wider ich leider niht enhân
[begangen solher dinge,
mîn êre ęnwege ringe.
8550 dâ von ein ritter wirt erkant,

des hât mir noch mîn hant
vil lützel erworben:
an lobe ich bin verdorben
unz an disen tac.
8555 dâ von ich gerne wâgen mac
mîne kranken êre,
daz sich diu hie mêre
daz ich vol ze lobe stê
oder daz si gar zegê.
8560 ob mir got der êren gan
daz ich gesige an disem man,
sô wirde ich êren rîche.
und merket wie ungelîche
uns giltet daz selbe spil.
8565 ez giltet im unnâch sô vil
zem zwelften teile als ez mir tuot.
er setzet wider valsche guot,
sîn golt wider êre.
ez enprîset in borsêre,
8570 wirt im des siges an mir verjehen,
wan sôst im dicke baz geschehen.
ouch bin ich schiere verklaget.
vür wâr sî iu daz gesaget,
er enwirt des niht erlân,
8575 ich enwelle in bestân.'
    der wirt sprach: 'saget, herre mîn,
wes soldet ir mir nû lieber sîn
danne ir iu selben sît?
nû gân wir slâfen, des ist zît.
8580 geleben wir morgen den tac,
ich bringe iuch an in, ob ich mac.
doch râte ich iu mit triuwen daz
daz ir iuch noch bedenket baz:
daz selbe dunket mich ein sin,
8585 wan unde komet ir dar in,
sô riuwet ir mich sêre,
wan sô gesehet ir uns nie mêre.
des selben nemet iu ein zil.'
'herre, alsô got wil'

8590 sprach der ritter Êrec.
 dâ mite giengen si enwec
slâfen ze kemenâten.
diu was wol berâten
mit rîcher bettewæte
8595 und mit anderem geræte.
si was vol behangen
mit guoten umbehangen:
der gemæle was von golde rîch.
dar zuo was der esterîch
8600 mit guoten teppechen gespreit,
als ez des wirtes rîcheit
wol vür bringen mohte
und sînen êren tohte,
wan er was herre über daz lant,
8605 der künec Îvreins genant.
er gebôt den kameræren
daz si ir vlîzic wæren,
als man rîcher künege sol.
des wurden schône unde wol
8610 gêret dise geste drî.
Guivreiz der künec dâ bî
in einer kemenâten lac
dâ man sîn wol ze rehte phlac.
 Êrec und vrouwe Ênîte
8615 hâten guote zîte
dâ si ensamet lâgen
und guoter minne phlâgen
unz in erschein der morgen.
manlîcher sorgen
8620 enwas sîn herze niht gar vrî,
wan man wil daz er niht ensî
gar ein vollekomen man
der im niht vürhten enkan,
und ist zen tôren gezalt.
8625 ez enwart nie herze alsô balt,
im enzæme rehtiu vorhte wol.
swie gerne ein man daz vürhten sol
dâ von sîn lîp en wâge stât,

habe doch solher vorhte rât
8630 diu zagelîch sî.
der vorhte was sîn herze vrî.
sît im der tac ze kamphe stuont,
er tete als die wîsen tuont,
wan hie gehôrte vorhte zuo.
8635 ûf stuont er vil vruo.
mit vrouwen Ênîten er kam
dâ er messe vernam
in des heiligen geistes êre,
und vlêhete got vil sêre
8640 daz er im behielte den lîp.
des selben bat ouch sîn wîp.
ze vlîze begunde er sich bewarn,
alsam ein ritter der sol varn
kemphen einen vrumen man.
8645 nâch der messe schiet er dan.
dô was der imbîz bereit,
grôz wirtschaft die er alle meit.
deheines vrâzes er sich envleiz:
abe einem huone er gebeiz
8650 drîstunt, des dûhte in genuoc.
ein trunc man im dar truoc
und tranc sant Jôhannes segen.
zehant wâfente sich der degen
und bereite sich als er solde,
8655 sam er enmitten wolde
in den boumgarten rîten.
nû enwart vrouwen Ênîten
sorge nie mê sô grôz:
der regen ir von den ougen vlôz.
8660   nû was diu stat des mæres vol:
die liute westen alle wol,
als ir ê habet vernomen,
daz ein ritter dar was komen
der sich des ûz hete getân
8665 daz er wolde bestân
den in dem boumgarten.
des muoste gewarten

der künec Îvreins von Brandigân.
ouch enwolden hinder im bestân
8670 sîne burgære:
diu burc beleip liute lære
âne die trûrigen schar,
diu beleip dar ûfe gar,
wan den was sô leide geschehen
8675 daz si des niht enwolden sehen
daz si beswârte mêre.
von al ir herzesêre
was doch diz ir meistiu nôt
daz ir enruochte der tôt.
8680   nû wâren die gazzen in der stat
und diu dach gar besat
von den liuten die des biten
wenne er kæme geriten.
enmitten reit Êrec
8685 nider jenen burcwec
der in zem boumgarten truoc.
nû hôrte er untrôstes genuoc
und ir stille liezen.
die liute im niht engehiezen
8690 baz oder dehein senfter nôt,
wan daz im gewis wære der tôt.
des begunden si sô vil gesagen,
und wolde er immer verzagen
von bœsen geheizen, von starker drô,
8695 sô wære er verzaget dô.
diz vernam er vür ein spil
und enahtez lützel noch vil.
  ob uns daz buoch niht liuget,
sô was alsô erziuget
8700 der selbe boumgarte,
daz es uns mac wundern harte,
witzige unde tumbe.
ich sage iu daz dar umbe
weder mûre noch grabe engie
8705 noch in dehein zûn umbevie,
weder wazzer noch hac,

noch iht daz man begrîfen mac.
dâ gienc alumbę ein eben ban
und enkunde doch dehein man
8710 dar in gân noch gerîten,
niuwan zeiner sîten,
an einer vil verholnen stat.
dâ gienc ein engez phat:
daz enweste der liute niht vil.
8715 swer ouch zuo dem selben zil
von geschihtę in kam,
der vant dâ swes in gezam
von wünneclîcher ahte,
boume maneger slahte,
8720 die einhalp obez bâren
und andersît wâren
mit wünneclîcher blüete:
ouch vreutę im daz gemüete
der vogele süezer dôz.
8725 ouch enstuont dâ diu erde blôz
gegen einer hande breit,
diu ęnwære mit bluomen bespreit,
die missevar wâren
und süezen smac bâren.
8730   nû was der wâz alsô guot
von dem obezę und von der bluot
und der vogele widerstrît
den si uopten zaller zît
und solh diu ougenweide,
8735 swer mit herzeleide
wære bevangen,
kæmę er dar in gegangen,
· er müestę ir dâ vergezzen.
des obezes mohte man ezzen
8740 swie vil odér swâ er wolde:
er muostę unde solde
daz ander dâ belîben lân.
ez was dar umbę alsô getân,
ez enmohte niemen ûz getragen.
8745 hœret ir iht gerne sagen

wâ mite der boumgarte
beslozzen wære sô harte?
ich weiz wol daz unmanec man
den list ze disen zîten kan
8750 dâ mite diz was getân.
man sach ein wolken drumbe gân
dâ niemen durch enmohte komen,
wan als ir habet dâ vernomen.
   nû reit der wirt selbe vor in
8755 gegen dem boumgarten hin,
daz er in wîste an die stat
zuo dem ritter als Êrec bat,
ze dem verholnen bürgetor.
hie beleip daz volc allez vor
8760 âne vrouwen Ênîten.
ouch muoste mite rîten
Guivreiz der herre:
ir menige enwart niht merre
niuwan dise viere.
8765 nû kâmen si vil schiere
daz si daz begunden ane sehen
des si von schulden muosten jehen
ez wære ein seltsæne dinc.
hie was gestalt ein wîter rinc
8770 von eichînen stecken.
des wunderte Êrecken.
ir iegelîch was sus bedaht,
ein mannes houbet drûf gestaht,
wan einer der was lære.
8775 wâ von daz wære?
dâ hienc ein grôz horn an.
   Êrec dô vrâgen began
wiez hier umbe wære getân.
'dâ wærez iu bezzer verlân',
8780 sprach der wirt zem gaste,
'und mac iuch riuwen vaste
daz ir her komen sît.
iuch hât verleitet iuwer strît.
nû sehet selbe die wârheit

8785 daz ich niht enhabe misseseit.
ob irz noch geloubet,
sehet, daz sint diu houbet:
diu hât der ritter abe geslagen.
ouch wil ich iu mêre sagen:
8790 der stecke der noch lære stât,
der ist der iuwer gebiten hât,
dâ sol iuwer houbet ûfe stân.
würdet ir aber des erlân
oder dehein ander man
8795 der disem ritter gesigetę an,
daz doch niht geschehen enmac
(ez sûmet sich sô manegen tac),
der solde blâsen ditze horn
(dar zuo ist ez erkorn)
8800 drîstunt vil lûte,
dâ mitę er daz dûte
daz er gesiget hæte.
des êre würde stæte,
unde würdę ouch erkant
8805 über elliu disiu lant
vür alle ander man.
waz sol diu rede? dâst doch niht an.
ich wænę er iender sî geborn
dem ze blâsen sî geschehen diz horn:
8810 alle ritter die nû sint,
daz ist et wider in ein wint.
sît daz dûs entwesen enwilt,
edel ritter, got sî dîn schilt
und müeze dir der sêle phlegen:
8815 dir enmac et niemen des gewegen,
ez ensî ein endę umbe dînen lîp.'
alsô dô daz schœne wîp
dirre vreise war genam
unde dar zuo vernam
8820 disen grôzen untrôst,
dô wart ir herze belôst
liebes unde vreuden gar,
ob si deheine bræhte dar.

diu kraft ir zuo der varwe entweich,
8825 und wart tôtvar und bleich
und viel vor leide in unmaht.
der liehte tac wart ir ein naht,
wan si gehôrte noch gesach.
swie dicke ir leide geschach,
8830 als ir gebærde verjach,
sô enwart ir herzen ungemach
nie zir lebenne merre.
der wirt und ir herre
die labeten si dô
8835 und wurden mit ir unvrô.
    als si ûf sehen began
und sich widere versan,
Êrec vil manlîchen sprach:
'vrouwe, lât den ungemach,
8840 mîn süeziu Ênîte.
ir weinet zunzîte.
waz gât iu solher klage nôt?
weder bin ich siech oder tôt?
jâ stân ich bî iu wol gesunt.
8845 ir möhtet beiten an die stunt
daz ir mich sæhet bluotvar
oder mînen schilt zehouwen gar
oder mînen helm verschrôten
und mich dar under tôten.
8850 dannoch hetet ir guote zît.
nû heizet ez doch ein strît
daz under uns sol geschehen.
wem noch des siges werde gejehen,
des enhân wir dehein gewisheit.
8855 ouch ist mir daz vür wâr geseit,
got sî als guot als er ie was.
hei wie dicke er noch genas
dem er genædic wolde wesen!
wil er, sô trûwe ich wol genesen.
8860 iuwer weinen ist mir swære:
und westet ir wie mir wære,
sô endörftet ir niht sô sêre klagen,

wan ich wil iu zewâre sagen,
enhæte ich aller manheit
8865 niender eines hâres breit,
wan der die ich von iu hân,
mir enmöhte nimmer missegân.
swenne mich der muot iuwer mant,
sôst sigesælic mîn hant.
8870 wan iuwer guote minne
die sterkent mîne sinne,
daz mir den vil langen tac
niht widere gewesen enmac.'
hie muoste er sich scheiden
8875 von sînen gesellen beiden
und eine rîten vürbaz.
vil sêre muote si daz
und hâten sorcsamen muot,
Ênîte und der künec guot,
8880 umbe den herren Êrecken.
in wîste vür die stecken
der wirt selbe mit der hant
ûf einen stîc den er dâ vant:
der was grasic und niht breit.
8885 si beliben alle, er eine reit.
ich enweiz wie ez im ergie:
ez enwas et ritter nie
mê guntrœstet dan er wart.
er vuor ein angestlîche vart.
8890 des trûrte sîn geselleschaft.
nû bewar et in diu gotes kraft,
daz im der lîp belîbe:
des helfet sînem wîbe
durch got biten alle,
8895 daz im der sige gevalle.
hin reit der künec Êrec
eine den grasigen wec
wol drîer rosseloufe lanc
durch bluomen und durch vogelsanc
8900 in jenen boumgarten vort.
nû sach er vor im dort

eine pavelûne stân,
rîch unde wol getân,
beide hôch unde wît,
8905 zweier slahte samît,
von strichen swarz unde wîz
und gemâl en allen vlîz.
dâ stuonden entworfen an
beidiu wîp unde man,
8910 und die vogele sam si vlügen,
doch si die liute dar an trügen,
diu tier wilde unde zam,
ob iegelîchem sîn nam,
diu bilde von golde.
8915 daz der knoph wesen solde,
daz was ein wol geworht ar,
von golde durchslagen gar.
si was gespannen überz gras.
an dirre pavelûne was
8920 êre und gevüere.
dise zeltsnüere
wâren sîdîn garwe
und niht von einer varwe,
rôt grüene wîz gel
8925 brûn, geworht sinewel.
    hie under er gesitzen sach
ein wîp, als im sîn herze jach,
daz er bî sînen zîten
âne vrouwen Ênîten
8930 nie dehein schœner hete gesehen.
wan der muoste man et jehen
daz ir wünneclîcher lîp
geprîset wære über elliu wîp
diu dô wâren oder noch sint.
8935 Ênîte was des Wunsches kint,
der an ir nihtes vergaz.
diu vrouwe diu nû hie saz
was vil schône gekleit.
ane hâte si geleit
8940 einen mantel hermîn langen;

dâ hete si sich in gevangen.
daz dach ein rîcher samît was,
var als ein brûnez glas,
vil wol gezobelt vür die hant.
8945 ein wimpel ir hâr zesamene bant.
welh ir roc wære?
des vrâget ir kamerære:
ich gesach in weizgot nie,
wan ich niht dicke vür si engie.
8950 ouch enmohte si Êrec niht gesehen:
daz muoste dâ von geschehen
daz dâ vor alumbe hie
der mantel dâ si sich in vie.
daz bette dâ si ûfe saz,
8955 wol erziuget was daz:
die stollen grôz silberîn,
von guotem gewürhte der schîn.
    dô er si dâ sach sitzen,
mit zühteclîchen witzen
8960 sô erbeizete der gast.
sîn ros bant er an einen ast.
an den stam leinte er
beide schilt unde sper.
sînen helm er abe bant
8965 und sturzte in ûf des schiltes rant.
des hüetelîns wart sîn houbet blôz,
wan sîn zuht was vil grôz.
alsô gienc er vür si stân.
daz wære ir lieber verlân,
8970 wan si vorhte irz gewerren.
doch gruozte si den herren,
wan sis diu gewonheit niht erlie.
mit solhen worten si in emphie:
'herre, ich gruozte iuch gerne wol,
8975 wan daz nieman dem andern sol
bieten ungetriuwen gruoz.
wan daz iu sol unde muoz
schade und laster hie geschehen,
sô hæte ich gerne iuch gesehen.

8980 wes rât hât iuch her brâht?
   oder habet ir iuz selbẹ erdâht
   durch iuwers herzen gelust?
   sô traget ir under iuwer brust
   einen ungetriuwen râtgeben,
8985 wan er hât verrâten iu daz leben.
   herre, gât durch got von mir stân.
   ez muoz iu an den lîp gân,
   und ersiht iuch mîn herre:
   er ist von uns unverre'.
8990 ê si die rede getæte
   und in gewarnet hæte,
   nû gehôrtẹ er eine stimme
   starc unde grimme,
   diu lûte sam ein horn dôz,
8995 wan im was der drozze grôz,
   von dem si gie. diz was ir man.
   von ir was er geriten dan,
   gewâfent daz im nihtes gebrast
   und alsô wol sam der gast,
9000 durch jenen boumgarten,
   baneken unde warten
   ob er iht ze tuone vunde.
   nû ersach er dâ ze stunde
   disen gast vor der vrouwen stân
9005 daz dûhtẹ in tœrlîch getân
   und woldẹ im versmâhen,
   und begunde gâhen
   wider umbe zuo dem vremden man.
   nû gesach in Êrec dan
9010 rîten von verre.
   des boumgarten herre
   was lanc unde grôz,
   vil nâch risen genôz.
   der underwant sich grôzer drô.
9015 sîn ros was grôz unde hô,
   starc rôt zundervar.
   der varwe was sîn schilt gar:
   sîn wâpenroc alsam was,

er selbe rôt, als ich ez las,
9020 gewâfent nâch sînem muote.
ich wæne sîn herze bluote
swennę er niht ze vehtenne ęnvant:
sô mordic was sîn hant.
    nû reit er zuo dem gaste
9025 und gruoztę in ein teil vaste,
gelîch einem übelen man.
er sprach: ʽvalschære, nû sagę an,
wer hiez iuch der vrouwen sô nâhen gân?ʼ
ʽwaz hân ich dar an missetân?ʼ
9030 ʽez ist et vil tœrlich.ʼ
ʽherre, wes scheltet ir mich?
ʽdâ dunket ir mich ze balt.ʼ
ʽherrę, ir sprechet iuwern gewalt.ʼ
ʽsaget, wer brâhtę iuch her?ʼ
9035 ʽguote vriunt.ʼ ʽnû saget doch, wer?ʼ
ʽmîn herzę und mîn selbes muot.ʼ
ʽdâ ęnriet ez iu dehein guot.ʼ
ʽez hât mich noch gewîset wol.ʼ
ʽdaz endet sich hie.ʼ ʽez ensol.ʼ
9040 ʽzwiu sihę ich iuch gewâfent sîn?ʼ
ʽherre, dâst der harnasch mîn.ʼ
ʽwiltû vehten wider mich?ʼ
ʽwelt dan ir, sô wil ouch ich.ʼ
ʽwes ist dir, tumber gouch, gedâht?ʼ
9045 ʽdes werdet ir wol innen brâht.ʼ
ʽez wirt dir ein vil leidez spil.ʼ
ʽir sprechet niht: ob got wil.ʼ
ʽwie versmâhet dir mîn rede sô?ʼ
ʽich enahte niht ûf iuwer drô
9050 und wil si wol genôzen
zwein bergen grôzen.
die swuoren bî ir sinnen
daz si wolden gewinnen
in selben ein gezæmez kint,
9055 ein grôzez, als ouch si dâ sint.
dô verhancte des got
daz ez wart der liute spot,

und gebâren eine veltmûs.
ouch sint verbrunnen grôziu hûs
9060 von wênigem viure.
in ist daz ellen tiure,
die sô gremelîch wellen sîn.
daz selbe sol hie werden schîn.
ê wir uns hiute scheiden,
9065 unser einem oder uns beiden
ist daz giuden gar gelegen.'
'jâ, des wil ich dir verphlegen'.
alsô jach der rôte man.
mit dirre rede schiet Êrec dan.
9070   vil drâte er hin wider gie
dâ er sîn ros stânde lie.
sinen helm er ûfe bant
und bereite sich zehant.
ûf sîn ros er drâte saz.
9075 der ander des ouch niht vergaz,
er enbereite sich alsam.
ir ietweder den schilt nam
und lîmte in an sich vaste.
dem wirte und dem gaste
9080 begunden schenkel vliegen.
si erzeicten âne triegen
einen grimmeclîchen zorn.
diu ros si nâmen mit den sporn
und liezen zesamene strîchen
9085 vil genendeclîchen
von aller ir krefte.
die eschînen schefte
wurden dô geneiget
und in diu vart erzeiget
9090 zen vier nageln gegen der hant.
ir mezzen wart dô wol bewant,
wan si gerieten beide:
hie wart diu sperweide
vor dem lîbe durch gesant
9095 durch beide schilte unz an die hant.
die starken schefte ganz beliben,

swie sêre si würden dar getriben.
wider zugen si diu sper
in manlîcher ger
9100 und riten von ein ander dan,
die zwêne gelîch gemuote man,
durch tjostieren mêre.
diu ros wurden aber sêre
und vaste mit den sporn gemant
9105 und wider zesamene gesant.
hie huop sich herzeminne
nâch starkem gewinne.
si minneten sunder bette:
diu minne stuont ze wette,
9110 sweder nider gelæge,
dem wart der tôt wæge.
mit scheften si sich kusten
durch schilte zuo den brusten
mit solher minnekrefte
9115 daz die eschînen schefte
kleine unz an die hant zekluben
und daz die spiltern ûfe stuben.
mit der manne laste
kâmen diu ros sô vaste
9120 zesamene gestôzen
daz den kamphgenôzen
wurden ir houbet
vil sêre betoubet
und daz diu ros gelîche
9125 an daz ertrîche
hinder sich gesâzen.
die zoume wurden lâzen,
und erbeizten zuo der erde.
got herre, nû gewerde
9130 des künec Êreckes phlegen!
wan er bestât einen degen
der hât ellen unde kraft:
des bin ich umbe in angesthaft.
nû schieden si beide
9135 diu swert von der scheide

und wurfen si̯ umbę in der hant.
hie gienc ez über der schilte rant
dô si zesamene trâten.
die grimmen slege si tâten.
9140 die schilte buten si dar:
die wurden ouch alsô gar
unz anz gestelle zeslagen,
daz si ir niht mêre getragen
vor den armen enmohten
9145 und in ze wer entohten.
dô wurfen si die von der hant.
nû schirmtę in daz îsengewant
vor dem tôde dicke.
die heizen viures blicke
9150 vrumten diu wâfen
swâ si ein ander trâfen.
hie ergie sô manec grimmer slac
daz die werlt wol wundern mac
von helmen und von swerten
9155 daz si ez erwerten.
vil ofte kam ez dar an
daz der harte grôze man
den minnern vor im dan sluoc
vastę und verre genuoc:
9160 sô sluoc in aber Êrec
her widere den selben wec.
der kêre si sô vil tâten
unz daz si gar vertrâten
beide bluomen unde gras,
9165 daz dâ niht grüeners enwas
dan umbe mitte winterzît.
alsô werte dirre strît
von morgen unz nâch mittem tage.
῾geselle Hartman, nû sage,
9170 wie erwertę inz der lîp?᾿
die kraft gâben in ir wîp.
diu dâ gegenwürtic saz,
diu geschuof ir manne daz:
ob im dehein zwîvel geschach,

9175 swenne er si wider ane sach,
    ir schœne gap im niuwe kraft,
    sô daz er unzagehaft
    sîne sterke wider gewan
    und vaht als ein geruoweter man.
9180 des enmohte er niht verzagen.
    sô wil ich iu von Êrecke sagen:
    Êrec, ze swelhen zîten
    er gedâhte an vrouwen Ênîten,
    sô starcten im ir minne
9185 sîn herze und ouch die sinne,
    daz er ouch mit niuwer maht
    nâch manlîcher tiure vaht.
      dô si diz lange genuoc getriben
    unde beide ganz beliben,
9190 dô gedâhte der grôze dar an:
    'mirst zorn daz dirre kleine man
    alsô lange vor mir wert.'
    mit grimme begreif er daz swert
    und gedâhte et vellen
9195 sînen kamphgesellen.
    er warf ez umbe in der hant:
    der vil michel vâlant
    enkunde sich erbarmen:
    sîn herze gap den armen
9200 krefteclîcher sterke genuoc.
    mit guotem willen er ez sluoc:
    ûf den helm er in erriet,
    dâ die swarte daz mittel schiet,
    und sluoc ez alsô vaste
9205 daz von dem slage erglaste
    ein breitiu vlamme viurîn,
    daz daz viur möhte sîn
    gevangen mit einem schoube.
    got lône im derz geloube,
9210 wan ich niht drumbe geswern enmac.
    dirre grimmeclîche slac
    Êrecke in sîn houbet erschal,
    daz er vil kûme meit den val.

sîniu ôren und diu ougen
9215 begunden ir ambetes lougen,
daz er gehôrte noch gesach.
wan daz daz swert enzwei brach,
ez wære gewesen sîn ende.
vil schiere der ellende
9220 sîne kraft herwider gewan,
daz er gesach und sich versan
und gehôrtẹ alsam ouch ê.
schadẹ und schame tetẹ im wê,
daz sîn ie dehein man
9225 solhẹ oberhant gewan.
daz er von sîner meisterschaft
in sô grôze unkraft
sînes lîbes was komen,
des wart râche hie genomen.
9230 der gedanc an sîn schœne wîp
der kreftigetẹ im den lîp.
sînen schaden begundẹ er anden
und gap ze beiden handen
daz swert mit grimmen muote
9235 und vaht im nâch dem bluote
ûf daz herte stahelwerc.
doch er wider in schinẹ ein berc,
dô et im der wer zeran,
dô muostẹ er vor im dan
9240 sînen slegen entwîchen.
daz tetẹ er unlasterlîchen.
wan ich weiz benamen daz
und deheine sache baz,
er enwære vergebene niht gebert,
9245 er enhæte sich gewert,
wærẹ im daz swert ganz beliben.
alsus wart er getriben
mit gewalte von dem gaste.
Êrec begundẹ et vaste
9250 rechen den grôzen slac.
er ensluoc niht sam er ê phlac,
sîn slege wâren grimmeclîch,

zagen slegen ungelîch.
er gap slac umbe slac,
9255 daz slac neben slage lac.
sus bertę er daz îsengewant
unz im daz swert vor der hant
von den slegen erglüete
und daz im sîn güete
9260 umbe die ecke vastę entweich.
sîn brûniu varwe diu wart bleich
und muoste bresten sam jenes ê.
nû waz welt ir daz er tuo mê?
daz im sîn in der hant beleip,
9265 dâ mite warf er den er dâ treip
ûf sîne brust sô vaste
daz jener von dem laste
vil nâch gestrûchet was
und gevallen ûf daz gras.
9270 iedoch gestuont der vâlant
und gesach im îtel die hant
und daz swert zebrochen.
'nû wirdę ich wol gerochen'
gedâhtę im der rôte man.
9275 mit grimme lief er in an
und woldę in allen gâhen
in vaste zuo im vâhen,
ûf heben unde stôzen
mit sînen kreften grôzen,
9280 daz er aller zevüere.
nû hetę ouch ze sînem gevüere
Êrec in sîner kintheit
zEngellande, sam man seit,
vil wol gelernet ringen
9285 zandern behenden dingen.
ouch half in daz man îsengewant
vil müelîchen mit der hant
an dem manne mac begrîfen.
des begundę er im entslîfen,
9290 daz sîn wille niht ergie.
vor in die gürtel er in vie,

unden er sich von im bôt:
dô was dem andern dar zuo nôt
daz er in zuo im vienge,
9295 doch des niht ergienge.
  Êrec sîn kraft erzeicte.
als sich jener neicte,
dô sazte er sîn ahselbein
daz ez an jenes brüsten schein,
9300 sô daz er in niht zuo im liez.
vil vaste er in von im stiez
unde zuhte in wider dan
sô gâhes daz der michel man
sîgen begunde.
9305 von swære er niht enkunde
sich erholn, er ensuochte die erde.
hie beviel in der werde,
Êrec der wunderære
machete im sô swære
9310 als et in wol luste.
er kniete im ûf die bruste
und gap im sô manegen stôz
daz jenen lebennes verdrôz
der dâ under ime lac:
9315 aller wer er gar verphlac.
  als er zwîveln began,
dô bat im der rôte man
den minnern einen vride geben.
er sprach: 'ritter, lât mich leben
9320 eine wênige stunt
und nemt mir danne den gesunt.'
'welt ir mir des siges jehen?'
'des enmac noch niht geschehen.'
'waz ist danne daz ir welt?'
9325 'edel ritter, dâ twelt
unde saget mir wer ir sît.'
sus antwurte der obene lît:
'daz habet ir selten ê gesehen,
ouch ensolz mir niht geschehen:
9330 wan dâ ergienge ein wunder an,

swenne sich der ober man
müeste dem undern ergeben.
welt ir eine wîle leben,
sô volget guotem râte
9335 und saget mir vil drâte
von wannę ir sît oder wer,
und dar zuo swes ich vürbaz ger.'
sus antwurtę im der rôte man:
'iuch triuget diu rede, wan dâst niht an.
9340 swie ir mir habet an gesiget
und mit gewalte obe liget,
ich wil ê werden erslagen,
ir enmüezet mir sagen
wer ir sît oder welher hande.
9345 jâ mac mir disiu schande
von solhem manne sîn geschehen
dem nimmer siges wirt gejehen
und daz ich mich ê tœten lân.
hâtz ein unadels man getân,
9350 sô ęnwoldę ich durch niemen leben.
hât aber ez mir got gegeben
daz irs wert von gebürte sît,
sô geruochet lâzen den strît,
wan sô tuon ich iu sicherheit
9355 daz ich gerne bin bereit
allem iuwerm gebote.
ich man iuch verre bî gote
iuwer triuwę, und wizzet dâ bî,
ob des niht ensî,
9360 daz hie mîn leben endet,
wan sô bin ich geschendet.
mich bedunket des vil verre
daz mir daz minner werre
ob ich mit êren sterbe
9365 dan an êren verderbe.'
des antwurtę im der guote
mit lachendem muote:
'ich wil mich lâzen twingen
vil gernę an disen dingen.

9370 dochz wider dem site sî getân,
    sô wil ich iuchz wizzen lân:
    mîn vater ist ein künec rîch,
    mîn muoter wol sîn gelîch,
    über Destrigâles lant,
9375 Êrec bin ich genant.'
    'sol ich des gewis wesen?'
    'jâ ir.' 'sô lât mich genesen
    und nemet mîne sicherheit.
    sehet, der bin ich iu bereit:
9380 sô muget ir dienest von mir hân,
    des iu sus muoz abe gân,
    ob ich von iu wirde erslagen.
    ich wil iu mînen namen sagen.
    Mâbonagrîn heize ich.'
9385 Êrec erbarmte sich,
    alsô daz er in leben lie.
      als er die sicherheit emphie,
    nû half er im ûf bî der hant.
    ir ietweder enbant
9390 des andern wâfenriemen,
    wan in enhalf ander niemen,
    und entwâfenten ir houbet.
    hie wurden si beroubet
    hazlîches muotes:
9395 êren unde guotes
    gunden si ein ander wol,
    als ein geselleschaft sol.
    si sâzen zesamene ûf daz gras,
    wan ir ietweder was
9400 vil müede von dem strîte.
      nû redeten si zuo der zîte
    vil und maneger slahte
    von ietwederes ahte
    und daz in ensamt geschach.
9405 der künec Êrec dô sprach:
    'iuwer dinc ich wol vernomen hân,
    daz hie der künec von Brandigân,
    der wirt, ist iuwer œheim.

ez enist iuwer dinge dehein,
9410 ich enhabes etewaz vernomen
und ensî es an ein ende komen
wie ez umbe iuch sî gewant.
wan ein dinc ist mir unerkant:
sô lange ir hinne gewesen sît,
9415 saget, wie vertribet ir die zît,
iu enwære mê der liute bî?
swie wünneclîch et hinne sî
und swie deheiner slahte guot
sô sêre ringe den muot
9420 sô dâ liep bî liebe lît,
als ir und iuwer wîp sît,
sô sol man wærlîchen
den wîben doch entwîchen
zetelîcher stunde.
9425 ich hân ez ûz ir munde
heimlîchen vernomen
daz hin varn und wider komen
âne ir haz mac geschehen.
swie sis niht offenlîche enjehen,
9430 si wellent daz man in niuwe sî
und niht zallen zîten bî.
ouch zæme disiu vrouwe baz,
diu disiu jâr hinne saz,
under anderen wîben.
9435 wie ir mohtet belîben
ein alsô wætlîcher man,
wie mich des verwundern enkan!
wan bî den liuten ist sô guot.
nû weder habet ir disen muot
9440 von iemannes gebote?
oder welt irs lôn haben von gote?
oder sult ir immer hinne sîn?'
    des antwurte im Mâbonagrîn:
'ich wil iu des ein ende geben.
9445 ich enhân mir ditze leben
von deheinem vrîen muote erkorn,
wan er nie wart geborn

der liute gerner sæhe.
nû loset durch welhe spæhe
9450 ich mir daz selbe leben erkôs.
ich enwolde werden triuwelôs,
sô muoste ich ez behalten
und solde ich hinne alten,
mir enschüefe sîn got rât,
9455 als er von sînen genâden hât.
hiute nimt ez ende,
ein teil mit missewende,
daz ich lîhte sol verklagen.
herre, nû wil ich iu sagen
9460 wem ich umbe ditze leben
mîne triuwe hân gegeben.
ez kam alsô daz ich gereit
hie vor in mîner kintheit
von hinnen in ein ander lant.
9465 dâ ich dise vrouwen vant
in ir muoter gewalt,
ein kint wol einlif jâr alt,
von edelem künne:
ouch ensach ich grœzer wünne
9470 nie an kindes lîbe
von manne noch von wîbe,
als mir mîn sin dô verjach.
und dô si mîn ouge ersach
sô edel und sô wünneclich,
9475 dô nam si mîn herze an sich,
wan wir dô beidiu wâren
junc von gelîchen jâren.
zehant ich umbe ir minne warp.
der selbe gewerp ouch niht verdarp.
9480 wande si mit mir entran.
als ich si dô brâhte dan
ûf diz selbe hûs her heim,
dô enwolde mir mîn œheim
des niht langer beiten,
9485 ich enmüeste swert leiten.
dô nam ich swert hie inne.

als dô mîn vriundinne
und ich ze tische sâzen,
dô wir wol halp gâzen,
9490 dô begreif si mich sus verre.
si sprach: 'gedenket, lieber herre,
waz ich durch iuch habe getân'
und bat si des geniezen lân.
vil tiure wart ich gemant,
9495 und hiez mich loben an ir hant
ze leisten swes si bæte.
des lobetę ich ir stæte,
als mich et diu liebe twanc:
ouch enhetę ich des deheinen gedanc
9500 daz si mich ihtes bæte
wan daz ich sanfte tætę.
doch wære si gewert
swes si hæte gegert,
swaz ich bringen möhte
9505 und mir ze tuone töhte,
und tuon noch swes si gert ze mir.
des selben bin ich gewis an ir.
swaz si wil daz wil ouch ich,
und swaz ich wil des wert si mich.
9510 wie möhte diu geselleschaft
hân deheiner liebe kraft
under mannę und wîbe,
diu niuwan mit dem lîbe
schînent gesellen guot,
9515 und dâ sich scheidet sô ir muot
daz daz eine lützel oder vil
gert des daz ander niht enwil?
dâz diu ungevuoge geschiht,
des enist under uns zwein niht.
9520 von hiutę über hundert jâr
gewanctę ichs nimmer umbę ein hâr,
ir wille ęnsî mîn bestez heil,
wan daz ist der meiste teil
rehter vreude die ich hân,
9525 swâ ich iht des mac begân

dâ ir willę an geschiht:
des selben enwenket si mir niht.
von diu swennę ich niht entæte
gerne swie si bæte,
9530 dâ missetætę ich an mir
michels harter dan an ir.
    und als diu sicherheit ergie,
von vreuden si mich umbevie.
si sprach: 'wol mir daz ich lebe
9535 alsô wünneclîcher gebe
der mich got hât gewert.
allez des mîn herze gert,
daz hân ich umbevangen.
ez ist mir wol ergangen.
9540 ouch wil ich mich vermezzen,
wir haben hie besezzen
daz ander paradîse.
die selben stat ich prîse
vür alle boumgarten.
9545 als ir selbe muget warten,
hiest inne michel wünne
von aller vogele künne
und von missevarwer bluot:
hie wærez wesen inne guot.'
9550 si sprach: 'hie wil ich inne
mich nieten iuwer minne.
diz ist diu gâbe der ich bite:
hie behertę ich wol mite
deich iuwer müge belîben
9555 ânę angest vor andern wîben:
daz ir hie inne mit mir sît,
wir zwei, unz an die zît
daz iu hie innę ein man
gesige alters eine an,
9560 alsô daz ez vor mir geschehe,
daz ich die wârheit selbe sehe.'
nû war umbe tete si daz?
daz wil ich iu bescheiden baz.
des enhâte si deheinen wân

9565 daz ez immer möhtẹ ergân
oder daz man in iender vunde
der mich überwunde.
sô rehte tiure dûhtẹ ich sî.
ouch bin ichs noch gewesen vrî
9570 unze hiutẹ an disen tac,
daz ich vil wol erziugen mac,
ob irz niht wol geloubet.
sehet et ir diu houbet?
diu hân ich elliu abe geslagen.
9575 ouch wil ich iu mêre sagen:
der stecke der dâ lære stât,
daz er niht houbetes ûf enhât,
und dâ daz horn hanget an,
der beitet eines niuwen man:
9580 den soldẹ ich mit iu hân bestat
und iuwer houbet drûf gesat.
des hât uns beide got erlân.
ich wæne hiutẹ erworben hân
ein schadelôse schande,
9585 sît mich von disem bande
hât erlœset iuwer hant.
got der hât iuch her gesant.
hiutẹ ist mînes kumbers zil:
nû var ich ûz und swar ich wil.
9590 und sî iu daz vür wâr geseit:
ir sît ze grôzer sælikeit
disem hove her komen,
wan mit miṛ was im benomen
elliu sîn wünne gar,
9595 und was et schœner vreuden bar.
sît daz in mîn abe gie
sô enwart et hie nie
deheiner slahte spil erhaben:
durch daz in lebende was begraben
9600 mîn jugent unde mîn geburt,
sô ist et Joie de la curt
genzlîchen nider gelegen.
nû suln si ir aber phlegen,

wan nû hânt si wider ir trôst.
9605 ez hât von michelm sêre erlôst
iuwer ellenthaftiu hant
diz vil riuwige lant
und gar ze vreude gekêret:
des sît ir immer gêret.
9610 herre, nû sult ir ûf stân
unde vrœlîchen gân
blâsen daz selbe horn,
wan daz ist dar zuo erkorn,
ob mich iemen überwunde,
9615 daz erz dâ ze stunde
dâ mite tæte den liuten kunt
daz erz bliese drîstunt.
daz ist dâ nû gehangen,
unz michs mac belangen,
9620 ungeblâsen manegen tac,
daz ich dises heimuotes phlac.'
nû nam erz abe dem stecken
und bat ez Êrecken
blâsen. dâ ze stunde
9625 sazte erz ze munde.
vil michel wart der horndôz,
wan ez was lanc unde grôz.
als si dô über al
hôrten disen hornschal,
9630 die vor dem boumgarten
des siges solden warten,
nû sâhen si alle ein ander an,
wan dâ enwas dehein man,
der des hete deheinen wân
9635 daz ez sus wære ergân
daz der ritter Mâbonagrîn
solde überwunden sîn,
und rieten die burgære
daz ez ein trüge wære,
9640 unz inz Êrec anderstunt
mit dem horne tete kunt,
und dô zem dritten mâle.

nû wart âne twâle
wider dem alten site getân.
9645 der künec Îvreins von Brandigân
der nam vrouwen Ênîten
und vuorte si besîten
ze jenem boumgarten in.
daz enweste niemen dâ âne in
9650 wâ man in solde komen,
daz geleite enwære von im genomen.
nû îlten si alle
mit vrœlîchem schalle
dâ si die herren sâhen an.
9655 hie wurden dise zwêne man,
Êrec und Mâbonagrîn,
von aller dirre menigîn
schône gesaluieret
und der tac gezieret
9660 mit vrôem wîcsange.
dâ wider und in lange
daz herze was getrüebet,
sô wart nû vreude güebet
und Êrec schône gêret,
9665 sîn prîs wol gemêret.
si riefen dâ ze stunde
mit gelîchem munde
beide man unde wîp:
'ritter, gêret sî dîn lîp!
9670 mit sælden müezest immer leben!
got hât dich uns ze trôste gegeben
und in daz lant gewîset.
wis gevreuwet und geprîset,
aller ritter êre!
9675 jâ hât dich immer mêre
got und dîn ellenthaftiu hant
gekrœnet über elliu lant.
mit heile müezest werden alt!'
hie was diu wünne manecvalt.
9680   ouch enwas zuo den zîten
der schœnen vrouwen Ênîten

herzenleides niht geschehen.
des swer ich wol und wil es jehen
daz disen vrouwen beiden
9685 ir gemüete was gescheiden,
diu under der pavelûne saz
unde dirre der dâ baz
an dem strîte gelanc:
in sweic der munt, ir herze sanc.
9690 diu eine vreuden krône truoc,
diu ander hâte leides genuoc
geladen mit herzensêre
dâ von daz si niht mêre
in dem boumgarten solde sîn
9695 und ir âmîs Mâbonagrîn.
ouch want si die hende
umbe solhe missewende
diu ir manne dô geschach.
als si vrouwe Ênîte gesach
9700 dort sitzen unde weinen,
nû begunde si dô bescheinen
ein wîplîch gemüete.
ir vil grôziu güete
betwanc et die süezen
9705 daz si si muoste grüezen,
swie doch jener swære.
manec wehselmære
sageten si dô beide
von liebe und ouch von leide
9710 und geselleten sich dâ mite
nâch wîplîchem site.
von lande und von' ir mâgen
begunden si dô vrâgen
und sich mit rede engesten
9715 und sageten swaz si westen.
ze künde rechenten si sâ
daz si genifteln wæren nâ.
nû wie möhtez næher sîn?
sît daz der herzoge Îmaîn,
9720 der herre von Tulmein,

vrouwen Ênîten œheim,
dirre vrouwen veter was.
ouch wâren sị beidẹ, als ich ez las,
von einer stat ze Lûtẹ erborn.
9725 sehet, hie wart trûren verkorn.
zesamene hielsen si sich dô
und wâren beidẹ ein ander vrô:
daz si dâ mite bescheinten,
wan si von vreuden weinten.
9730 daz weinen schierẹ ende nam,
und lachten, daz in baz gezam.
ze handen sich dô viengen
die vrouwen unde giengen
dâ si ir herren vunden.
9735 vor vreuden si enkunden
diz niht langer verdagen,
si ẹnmüesten offenlîche sagen
daz si genifteln wæren.
nâch disen niuwen mæren
9740 jâhen sị alle gelîche
daz si got wunderlîche
zesamene hæte gesant
in ein alsô vremdez lant.
    nû vuoren wîp unde man
9745 ûz dem boumgarten dan.
diu houbet, als ir hôrtet sagen,
diu drinne wâren abe geslagen,
diu nam man abe den stecken
(des êre got Êrecken),
9750 und wurden boten gesant
nâch der phafheit in daz lant
daz man sị begrüebe nâch êren.
hie begunde sich êrste mêren
diu vreude ûf Brandigân.
9755 diz was von schulden getân.
wan alsô schiere diz erschal
in daz lant über al,
von solhem mære
daz des hoves vreude wære

9760 widere gewunnen
　　der in was zerunnen,
　　des küneges mâge und dienestman
　　die vuoren ze hove alle dan
　　mit den lantvrouwen
9765 die niuwen genâde schouwen.
　　　hie samenten sich die besten.
　　der wirt mit sînen gesten,
　　die er dar mohte bringen,
　　erbiten und betwingen,
9770 si macheten ein hôchzît
　　diu mit wirtschefte sît
　　werte vier wochen.
　　mit vreuden wirt zebrochen
　　diu swære gewonheit
9775 die er durch sînen neven leit:
　　der wirt er hie ergetzet
　　und ist im wol ersetzet
　　mit vil wünneclîcher kraft.
　　　Êrec und sîn geselleschaft
9780 was dâ zen hôchzîten:
　　die enliez der künec niht rîten.
　　doch was er âne vreude hie,
　　alsô daz er sîn herze nie
　　von swærem kumber brâhte.
9785 swenne er dar an gedâhte,
　　sô entweich im aller sîn muot,
　　als ez dem erbarmherzen tuot:
　　dem ervollent dicke diu ougen
　　offenlîch und tougen,
9790 swenne er iht des gesiht
　　daz wol zerbarmenne geschiht.
　　ouch was diz genuoc erbarmeclîch:
　　ez enwart nie man sô vreuden rîch.
　　dem doch iht erbarmen sol,
9795 ich enwizze daz benamen wol,
　　hæte er die nôt ersehen,
　　im wære ze weinenne geschehen.
　　im erbarmte diu ellende schar,

die ahzec vrouwen die dâ gar
9800 ir vreuden weise wâren,
als dâ an ir gebâren
was vil riuweclîche schîn,
den der rôte Mâbonagrîn
ir âmîse hâtę erslagen.
9805 beide trûren unde klagen
daz was ir ambet alle tage.
rehtę alsam der hasę en jage
schiuhet sîne weide,
sô vluhen si daz von leide
9810 daz si dar inder kæmen
dâ si vreude vernæmen.
ouch enwolden si den man
zallem ir lebennę an
mit ir danke nie gesehen
9815 von dem in leide was geschehen.
nû half in Êrec trûric sîn.
daz wart doch hier an wol schîn
daz er ze deheinen zîten
mit vrouwen Ênîten
9820 sînes dankes von in kam.
mit guotem trôstę er in benam
ir herzeleides etewaz.
nû waz tuot dem manne baz
wan der in nâch leide trœstet wol?
9825 des ist vriunt vriundes schol.
doch begundę er in râten,
daz si vil gerne tâten,
daz si dâ niht mê beliben
und si ir jâr baz vertriben
9830 und daz si urloup næmen
unde mit im kæmen
zem künegę Artûse,
wan si dâ ze hûse
nimmer wolden werden vrô.
9835 urloubes gerten si dô.
daz enwas dem wirte niht leit,
wan im was wol daz geseit

daz si hæten des gejehen,
in wære sô leide dâ geschehen
9840 daz si ûf dem hûs ze Brandigân
nie dehein vreude möhten hân.
nû wolde er in gerne urloup geben,
ob si ze bezzerunge ir leben
möhten verkêren,
9845 und ob nâch sînen êren
si wolden vreude walten,
sô sæhe er si ungerne alten
inder wan in sîner phlege.
vil gerne bereite er si after wege.
9850 der wirt ir willen huote:
sît er si nâch ir muote
riuweclîchen kleite,
ros ouch dar nâch bereite
sô daz ir varwe beider,
9855 pherde unde kleider,
gelîch und wol zesamene schein,
swarz riuwevar al ein.
    diu hôchzît hete ende.
nû schiet der ellende
9860 mit disen vrouwen von dan.
dâ geschach im hovelîchen an
daz er si von danne nam
dâ in wesen niht enzam.
nû saz der wirt von Brandigân
9865 ûf ein schœne kastelân
unde die sîne
ûf ir ros von rabîne,
sô si si heten beste,
und kondewierten die geste
9870 von dem hûs genuoc verre.
sô bat si Êrec der herre
mit heile dâ belîben.
dan reit er mit den wîben
und brâhte si ze hûse
9875 dem künege Artûse.
    dar was er michel willekomen,

und wart des guot war genomen
daz si sô gelîche wâren gekleit
und ze pherden bereit,
9880 und begunden des von schulden jehen
daz si nie ęnhæten gesehen
deheine seltsænern schar,
sô manege vrouwen in einer var.
und die dar umbe ęnwesten,
9885 die vrâgeten von den gesten
wiez umbe si wære gewant,
unz inz Êrec tetę erkant.
hie emphie der valsches vrîe
von al der massenîe
9890 sîner arbeit ze lône
alsô der êren krône
daz er zem prîse wart geseit
daz von grôzer manheit
nieman zer werlde kæme
9895 tiurrę oder baz genæme,
wan nie manne von den landen
sô grôz dinc wærę erstanden
von rîcher âventiure.
wan daz vrou Sældę ir stiure
9900 gap sîner ammen diu sîn phlac
dô er in der wagen lac,
sô ęnmöhtez nimmer sîn geschehen.
als si die vrouwen heten gesehen,
daz dûhte sį ein vremdiu sache.
9905 nû vuorte si ze gemache
diu vil edel künegîn.
ir sêle müeze sælic sîn,
wan si vil gernę âne bete
vol tugentlîche tete.
9910   nû weste der künec Artûs
die geste gernę in sînem hûs.
und als er in beite sît
sô langę unz in des dûhte zît
daz er möhte zuo in gân,
9915 hie was Êrec und Walwân

joch Guivreiz, si drîe
und diu ander massenîe
under ein ander vil vrô.
zuo in sprach der künec dô:
9920 'ir herren, wir suln gân schouwen
unser niuwekomen vrouwen,
und trœsten sị nâch ir leide.'
ûf stuonden si dô beide,
der künec Artûs und Êrec.
9925 bî handen giengen si den wec
in ir kemenâten.
dô was diu baz berâten
mit vrouwen dan vordes ie.
der wirt zuo in sitzen gie:
9930 die andern sazten sich ouch sâ,
der eine hie, der ander dâ.
   und als si der künec ersach
lîden umbẹ ir ungemach
gelîche klage, gelîche riuwe,
9935 gelîcher stæte, gelîcher triuwe,
gelîcher schœne, gelîcher jugent,
gelîcher zuht, gelîcher tugent,
gelîcher wæte, gelîcher güete,
gelîcher ahte, gelîcher gemüete,
9940 diz dûhtẹ in wîplîch und guot
und bewegetẹ im den muot
und muostẹ im wol gevallen.
er sprach vor in allen:
'Êrec, lieber neve mîn,
9945 dû solt von schulden immer sîn
geprîset unde gêret,
wan dû hâst wol gemêret
unsers hoves wünne.
swer dir niht guotes engünne,
9950 der enwerde nimmer mêre vrô.'
'âmen' jâhen sị alle dô,
wan si im guotes gunden.
si wurden überwunden,
diu vil riuwigen wîp,

9955 daz si ir muot und ir lîp
ze vreuden verkêrten
und den künec dar an êrten
daz er in die wât nam
diu in ze vreuden niht enzam,
9960 und kleite si mit solher wât
sô si ze vreuden beste stât,
von sîden und von golde.
Êrec der Êren holde
und Guivreiz le pitîz
9965 die wurden dô en allen vlîz
gêret und enthalten
und ir alsô gewalten
als ir namen wol gezam,
unz daz Êreckę ein mære kam
9970 daz sîn vater wære tôt.
nû was des sînem lande nôt
daz er sich abe tæte
solher unstæte
und daz er heim vüere:
9975 daz wære gevüere
sînen landen und sîner diet.
mit urloubę er dô danne schiet
von dem künegę Artûse,
ze várne heim ze hûse.
9980 dô er von dem hove schiet,
dô trôstę er nôtige diet
die sînes guotes ruochten,
und ob siz nimmer gesuochten,
nâch iegelîches ahte
9985 und als erz haben mahte,
alsô daz sị einen gemeinen segen
mit triuwen tâten über den degen,
daz got sîner êren wielte
und im die sêle behielte.
9990 ouch schiet der wênige man,
der künec Guivreiz, mit im dan,
engegen sînem rîche.
nû wurden si wirdeclîche

gekondewieret beide
9995 unz an ir wegescheide.
nû schieden si sich under in,
als ich des gewis bin,
sô nie gesellen zwêne baz,
âne nîtlîchen haz,
10000 Guivreiz gegen Îrlant,
Êrec gegen Karnant.
nû was den sînen wol kunt
beidiu der tac und diu stunt
wenne er ze lande solde komen.
10005 zehant heten sich ûz genomen,
sô man si von dem lande
zen tiuristen erkande,
sehs tûsent oder mêre.
durch ir herren êre,
10010 wan si in gerne sâhen,
sô îlten si in emphâhen
engegen im wol drîe tage.
ez ensî daz er missesage,
sô enmac niemen des gejehen
10015 daz er ie habe gesehen
dehein willeclîchern antvanc.
als si ir schuldic triuwe twanc,
sô emphiengen si in alle
mit zühteclîchem schalle,
10020 mit rossen bedahten,
und die ez haben mahten
und ritter wâren genant,
die heten besunder zuo ir hant
ir baniere rîche,
10025 der kovertiure gelîche,
undersniten wæhe
mit vil vremder spæhe.
daz gevilde hie geverwet was
rôt wîz gel und als ein gras
10030 von ir sîdînen wât,
sô si diu werlt beste hât.
sus emphiengen die von Karnant

17*

ûz Destrigâles lant
ir herren der wider kam,
10035 als einem rîchen künege zam,
in sînem künecrîche.
dô hâte er sæliclîche
in manegem lande daz bejaget,
als uns diu wârheit von im saget,
10040 daz niemens lop enstuont sô hô
under den die et lebeten dô
von manlîcher getât.
an sînem lobe daz stât
daz er genant wære
10045 Êrec der wunderære.
ez was et sô umbę in gewant
daz wîten über elliu lant
was sîn wesen und sîn schîn.
sprechet ir wie daz mohte sîn?
10050 von diu, schein der lîp nû dâ,
sô was sîn lop anderswâ.
alsô was sîn diu werlt vol:
man ensprach et niemen dô sô wol.
als in got heim gesande,
10055 ze vreuden sînem lande
gebôt er ein hôchzît,
daz vordes noch sît
in dem selben lande nie
dehein sô wünneclîchę ergie
10060 und von herren alsô grôz.
her kam vil manec sîn genôz,
die ich iu gerne nande,
ob ich ir namen erkande.
hie emphienc er lobelîche
10065 die krône von dem rîche
der sîn vater, der künec Lac,
unz an in mit êren phlac,
wan er vil manege tugent begie.
ouch enwart dehein vrumer vater nie
10070 mit sînem sune baz ersat.
wer zæme baz an sîner stat?

got segenẹ im sîn rîche:
er hât ez billîche.
wir suln im sîn wol gunnen,
10075 wan er hâts wol begunnen
mit vreuden und mit wirtschaft.
man mohtẹ et dâ grôze kraft
von rittern und von vrouwen
wol sehs wochen schouwen.
10080 swie lange si werte,
swes man ze vreuden gerte
wie vil des menlîch dâ vant!
hie saztẹ er sô sîn lant
daz ez vridelîchen stuont.
10085 er tete sam die wîsen tuont,
die des gote genâde sagent
swaz si êren bejagent
und ez von im wellent hân.
sô triuget manegen ein wân
10090 der in benamen beswîchet,
sô er sich des muotes rîchet,
ob im iht guotes widervert,
daz im daz sî beschert
niuwan von sîner vrümekeit,
10095 unds gote dehein genâde seit.
vil lîhtẹ ein ende des geschiht.
alsô ẹntete der künec niht.
sît in got hâte gêret,
dô wartz ouch im gekêret
10100 ze lobẹ in allen stunden.
des wart er schœne vunden
als im sîn herze gerte,
wan im sîn êre werte
unze an sînen tôt,
10105 als im der himelvoget gebôt,
ânẹ alle missewende.
in dem ellende
hâte vrouwẹ Ênîte
erliten übele zîte:
10110 daz hât si wol bewendet,

wan sich daz hie endet,
und muoz sich verkêren
ze gemache unde zêren
und ze wünne manec leide.
10115 ze wunsche wurben si beide,
wan si got hâte gesant
ze vreuden in ir eigen lant,
ir vater und ir muoter.
der künec selbe huoter
10120 ir willen swâ er mohte,
und doch als im tohte,
niht sam er ê phlac,
dô er sich durch si verlac,
wan er nâch êren lebete
10125 und sô daz im got gebete
mit veterlîchem lône
nâch der werlde krône,
im und sînem wîbe,
mit dem êwigen lîbe.
10130 durch got des bitet alle
daz uns der lôn gevalle
der uns gote gehulde
(deist goldes übergulde)
nâch disem ellende.
10135 hie hât diz liet ein ende.